RENCONTRES AVEC LA GRÈCE ANTIQUE

DU MÊME AUTEUR

Aux éditions des Belles Lettres

THUCYDIDE, édition et traduction, en collaboration avec L. Bodin et R. Weil, 5 vol., C.U.F., 1953-1972.
THUCYDIDE ET L'IMPÉRIALISME ATHÉNIEN - La pensée de l'historien et la genèse de l'œuvre (1947 ; 1961 ; épuisé en français).
HISTOIRE ET RAISON CHEZ THUCYDIDE, 1956, 2e éd. 1967.
LA CRAINTE ET L'ANGOISSE DANS LE THÉÂTRE D'ESCHYLE, 1958, 2e éd. 1971.
L'ÉVOLUTION DU PATHÉTIQUE, D'ESCHYLE À EURIPIDE (P.U.F., 1961), 2e éd. 1980.
LA LOI DANS LA PENSÉE GRECQUE, DES ORIGINES À ARISTOTE, 1971.
LA DOUCEUR DANS LA PENSÉE GRECQUE, 1979.
« PATIENCE, MON CŒUR ! » - L'essor de la psychologie dans la littérature grecque classique, 1984 (2e éd. 1991).

Aux éditions Hermann

PROBLÈMES DE LA DÉMOCRATIE GRECQUE, 1975 (Agora, 1986).

Aux Presses Universitaires de France

LA TRAGÉDIE GRECQUE, 1970, 2e éd., « Quadrige », 1982.
PRÉCIS DE LITTÉRATURE GRECQUE, 1980.
HOMÈRE (coll. Que sais-je ?), 1985,
LA MODERNITÉ D'EURIPIDE (coll. Écrivains), 1986.

Aux éditions Vrin

LE TEMPS DANS LA TRAGÉDIE GRECQUE, 1971 (traduction du texte paru en 1968 à Cornell University Press).

Aux éditions Julliard

SUR LES CHEMINS DE SAINTE-VICTOIRE, 1987.
LA CONSTRUCTION DE LA VÉRITÉ CHEZ THUCYDIDE (coll. Conférences, Essais et leçons du Collège de France), 1990.

Aux éditions de Fallois

LES GRANDS SOPHISTES DANS L'ATHÈNES DE PÉRICLÈS, 1988.
LA GRÈCE À LA DÉCOUVERTE DE LA LIBERTÉ, 1989.
DISCOURS DE RÉCEPTION À L'ACADÉMIE FRANÇAISE ET RÉPONSE DE M. ALAIN PEYREFITTE, 1989.
OUVERTURE À CŒUR, roman, 1990.
ÉCRITS SUR L'ENSEIGNEMENT. *Nous autres professeurs* (1969), *L'Enseignement en détresse* (1984), 1991.
POURQUOI LA GRÈCE ?, 1992.
LES ŒUFS DE PÂQUES, nouvelles, 1993.
LETTRE AUX PARENTS SUR LES CHOIX SCOLAIRES, 1994.

JACQUELINE DE ROMILLY
de l'Académie française

RENCONTRES AVEC LA GRÈCE ANTIQUE

15 études et conférences

LE GRAND LIVRE DU MOIS

22, rue La Boétie, 75008 Paris

ISBN 2-87706-236-8

PRÉFACE

Ce livre est un recueil de conférences ou d'articles qui remontent à des dates diverses, allant de 1964 à 1994 : ces études n'ont d'autre unité qu'un même désir de comprendre et de faire aimer la culture de la Grèce antique, dans son originalité propre — originalité qui rend compte de l'influence qu'elle n'a cessé d'exercer depuis lors et dont nous vivons encore aujourd'hui. Ce sont donc bien des « rencontres », faites au hasard des circonstances, mais toujours inspirées par un même esprit.

Les textes ont été rangés dans l'ordre chronologique des sujets traités ou des œuvres concernées, en commençant par Homère et en allant jusqu'à notre temps : le principe d'un tel ordre correspond à la conviction que l'Antiquité grecque a été un temps de découvertes et de progrès pratiquement continus, dont l'élan reste puissant et stimulant même dans le monde moderne.

Cela ne veut pourtant pas dire que le recueil offert présente, lui, la moindre continuité. Il s'agit d'un choix, et même d'un choix où le hasard a eu une grande part. On a surtout voulu, dans la masse des articles et conférences accumulés en cinquante ans de travail, former un recueil qui, pour un public simplement curieux, éviterait les recherches trop spécialisées, et qui, d'autre part, apporterait aux hellénistes des textes difficiles à trouver ailleurs : le recueil ne contient que des inédits, ou des articles éparpillés dans des *Mélanges* offerts à des savants. Nous remercions d'ailleurs les éditeurs de ces *Mélanges*, qui nous ont autorisés à les reproduire [1] ailleurs.

Le choix ne vise donc pas à composer un ensemble. Ainsi s'explique l'absence de beaucoup d'articles, portant, entre autres, sur la période classique. À cela s'ajoute le fait qu'un autre volume, destiné à paraître en même temps aux Éditions des Belles-Lettres, groupe d'autres études, toutes relatives à la tragédie : celle-ci est donc absente du présent recueil — une absente d'importance. On trouvera ici, en revanche, de nombreuses études sur Homère : il a paru raisonnable de les regrouper. Et, en même temps, bien que spécialiste de la Grèce classique et du Ve siècle, je ne cesse de m'émerveiller quand je vois paraître, en ce premier texte de toute la littérature occidentale, tant de raffinement et de force, en un mot tant d'art, et tant d'humanité. De plus, la connaissance d'Homère a fait assez de progrès au cours des dernières décennies pour qu'il ne soit pas déplacé de lui donner une part de choix, aux dépens d'un équilibre qui n'était pas ici recherché. Je le répète : il s'agit bien ici d'échantillons et non pas d'une composition systématique.

De même, ces études sont diverses par le ton et la forme. Les unes portent sur un texte précis, ou même sur un aspect bien déterminé de ce texte ; les autres esquissent des synthèses, à grands traits. J'espère que l'on me pardonnera cet inconvénient. Il rejoint en moi une idée :

c'est que, dans une œuvre littéraire, et en particulier dans une œuvre littéraire grecque, chaque détail reflète l'esprit qui est celui de l'œuvre et de la suite des œuvres. Il en offre la confirmation. Et j'aime voir concorder, dans ce cas, l'analyse et la synthèse : leur alternance me rassure.

Mais la différence entre les textes ne s'arrête pas là. Certaines études s'adressent à de larges auditoires, peu informés des études grecques (c'est le cas, par exemple, pour la première et la dernière) ; elles font le point ou esquissent des perspectives, sans plus ; d'autres, au contraire, ont été écrites pour des publics informés, et parfois spécialisés. J'espère que chacun trouvera, comme on dit, « chaussure à son pied ». En tout cas, mon cœur de professeur aime à croire qu'il est bon et naturel de vouloir apprendre toujours un peu plus, et que chacun peut faire son profit de recherches auxquelles rien ne le préparait.

Dans ces études plus précises, j'ai conservé les notes et les références plus ou moins savantes dont s'accompagnait la première publication : les lecteurs intéressés pourront s'y reporter et les autres tourner la page. Pour cette raison, j'ai maintenu dans les notes certaines habitudes de présentation qui régissent les publications spécialisées, avec des abréviations traditionnelles[2]. Mais j'ai fait en sorte que la lecture du texte lui-même n'exige aucune connaissance de ces habitudes, et n'exige pas non plus la moindre connaissance de la langue grecque, même si certains mots grecs surgissent ici ou là dans le texte, comme des repères plus précis. En vertu du même scrupule, on a ajouté, pour ceux qui désireraient s'y reporter, non seulement un index des passages cités ou mentionnés, mais deux cartes permettant de situer les villes et les îles.

Si cette diversité entre les études réunies ici créait une difficulté, il faut d'ailleurs ajouter que la similitude d'inspiration qui les rapprochait en entraînait une autre. Depuis 1964, j'ai écrit plusieurs livres : ils poursuivent tous la même recherche, insistent tous sur le sens de l'humain dans la littérature grecque. Sans doute un lecteur très informé découvrira-t-il des idées, des arguments, des exemples, qui se répètent soit d'une étude à un livre, soit entre deux études. Mais je n'ai conservé aucun texte qui n'apporte un point de vue nouveau, une analyse plus complète, un nouveau jeu de preuves. Ici aussi mon expérience de professeur me suggère que répéter les idées importantes peut parfois n'être pas un mal. Et puis n'est-ce pas une merveille de constater, avec Homère, par exemple, que tout, depuis la composition d'ensemble jusqu'au détail des mots, illustre le même désir de mettre au centre l'homme ? À chaque nouvelle preuve, je m'enchante : comment ne pas souhaiter faire partager cet enchantement ? L'unité et l'originalité de la culture grecque justifient donc les éventuelles répétitions de ce recueil comme elles en justifient le manque évident d'unité formelle.

J'ai dit qu'il s'agissait de rencontres. Elles ne donneront pas toutes à chacun le même plaisir ; mais j'aimerais que certaines puissent laisser deviner le rayonnant visage de la Grèce et donner l'envie de le connaître mieux, à travers les œuvres.

NOTES DE LA PRÉFACE

1. Leurs noms sont donnés en première page de chaque étude.
2. Voici ces abréviations, pour les revues, les références, les œuvres :
- REG : Revue des Études grecques ;
- JHS : Journal of Hellenic Studies ;
- W.St. : Wiener Studien ;
- RFIC : Rivista de Filologia e d'Istruzione Classica ;
- sqq. (après une référence) : *et sequentes*, c'est-à-dire « et suivants » ;
- cf. : *confer*, c'est-à-dire « voir » ;
- op. cit. : *opus citatum*, c'est-à-dire « ouvrage cité » ;
- pour les chants d'Homère, usage des lettres grecques pour numéroter les chants (majuscules pour l'*Iliade*, minuscules pour l'*Odyssée*) ;
- enfin *Ol.*, pour Lysias, signifie *Olympique*.

I

HOMÈRE

1

HOMÈRE ET LA POÉSIE ORALE : NAISSANCE D'UNE LITTÉRATURE *

Si j'ai choisi de vous parler d'Homère aujourd'hui, c'est parce que peu d'exemples me paraissent susceptibles d'illustrer aussi bien la façon dont les études grecques se renouvellent, à coups de découvertes dans tous les domaines, et la façon dont le progrès ainsi accompli dans la lecture des grands textes peut éclairer notre réflexion sur des problèmes qui se posent encore à nous à l'heure actuelle. Mieux comprendre ce que fut la première œuvre littéraire de la littérature occidentale, c'est aussi mieux comprendre ce qu'est une littérature et quelle en est la fonction.

*

Quand je dis que les études homériques se sont renouvelées, ce n'est pas, comme il arrive si souvent avec les œuvres grecques, parce que l'on a découvert des textes

* Conférence faite au Collège Universitaire Fontenaisien, le 28 avril 1981.

nouveaux. Les lyriques, les tragiques, Ménandre : pour ceux-là, notre connaissance de l'œuvre ne cesse de s'accroître, parce que l'on retrouve, en général sur papyrus, des œuvres qui étaient jusque-là perdues. Mais on n'a jamais perdu ni l'*Iliade* ni l'*Odyssée* ; et ce n'est pas de cette façon-là que notre connaissance de l'épopée s'est accrue. Comment, alors ? Eh bien d'abord par les découvertes historiques et archéologiques qui ont permis de mieux situer Homère par rapport à la matière même de son œuvre.

On peut partir de données bien connues. Elles sont bien connues, mais on a eu longtemps tendance à les ignorer, et à tenir Homère pour un début en soi. On en a fait un auteur naïf, un point de départ. Or Homère est un point d'arrivée et marque l'aboutissement d'un très long passé.

L'*Iliade* raconte la guerre de Troie, l'expédition des Achéens contre Troie en Asie Mineure ; ces Achéens sont commandés par Agamemnon, roi d'Argos et de Mycènes. Autrement dit l'expédition appartient à la civilisation dite mycénienne. Qui la connaissait, cette civilisation, avant les découvertes archéologiques de la fin du XIXe siècle et du début du nôtre ? C'est alors que l'on a connu la richesse des palais crétois, comme Cnossos, et que l'on a pris contact avec une civilisation raffinée qui s'épanouit jusque vers 1400 avant J.-C. C'est alors aussi que l'on découvrit Mycènes et la civilisation mycénienne, qui devait prendre la relève, et s'inspirer des modèles crétois, mais avec quelque chose de plus rude et de plus guerrier. Les masques d'or de Mycènes nous sont familiers. Ils avaient été inconnus pendant une trentaine de siècles. On a aussi découvert Troie, où se rendaient ces Achéens commandés par Agamemnon. Cela dut avoir lieu vers 1200, peu avant la nouvelle vague qui vint détruire et ruiner ces palais et cette civilisation. Les Achéens durent partir et entretenir pendant des siècles d'exil le souvenir de leur grandeur perdue. Puis, vers le IXe siècle, l'Asie Mineure se réveille, des colons y viennent, le commerce se développe — et bientôt, l'on a Homère. Bientôt ? En fait son œuvre reflète des éléments de toutes ces périodes qui nous sont devenues familières : des souvenirs de la Crète, avec ses palais compliqués, des souvenirs des objets mycéniens, dont les fouilles ont parfois permis de retrouver l'équivalent — comme la coupe aux colombes dont parle le chant XI de l'*Iliade* et dont on a retrouvé le modèle à Mycènes — mais aussi des souvenirs plus récents, le fer, d'usage récent, à côté du bronze, d'usage ancien ; sans parler des Phéniciens, partout présents dans l'*Odyssée*, comme ils le furent seulement à partir du IXe siècle. Bref, avec toutes nos connaissances actuelles, nous pouvons dire avec certitude que les poèmes homériques ne correspondent pas à un moment déterminé et cohérent de la civilisation grecque, mais qu'ils amalgament en un tout des données appartenant à quatre siècles d'histoire, à quatre siècles de renouvellements et de révolutions dans tous les usages.

Ceci est confirmé par le caractère de la langue homérique, qui est une langue artificielle, littéraire, composite ; des éléments sont ioniens, d'autres éoliens, quelques-uns, d'origine plus récente, sont attiques. Et tout cela se mélange librement dans toutes les parties de l'œuvre. De même, cette langue a gardé le souvenir d'une lettre perdue, le digamma, dont elle tient compte ou non, à son gré. Là aussi, quatre siècles d'histoire ont laissé leurs couches successives, pour aboutir à une création d'art, à une langue de convention.

Et ceci nous mène au point où je voulais en venir en parlant de poésie orale : c'est que ces poèmes sont aussi l'aboutissement de quatre siècles de poésie orale. Et ici les découvertes auxquelles je pense ne sont plus des trouvailles archéologiques, mais le résultat d'une enquête nouvelle, d'une idée nouvelle. Cette idée a été la suivante. On voit dans Homère — en particulier dans l'*Odyssée*, le rôle des aèdes et la façon dont, au cours des festins par exemple, ils chantaient tel ou tel épisode célèbre, de la guerre de Troie en particulier. Et l'on s'est dit, très tôt : mais ce rôle de l'aède est celui que l'on retrouve dans beaucoup de pays où a survécu la poésie orale, ne pourrait-on pas l'étudier, là où elle existe encore, et voir comment fonctionne une telle poésie, de manière à expliquer, par analogie, les créations des aèdes grecs, qui chantèrent avant Homère ? Deux noms sont célèbres pour avoir mené cette recherche avec un zèle infatigable et en avoir dégagé des conséquences : ce sont ceux de Milman Parry et de son disciple Albert Lord, deux Américains qui ont enregistré, collationné, comparé, étudié, les créations et récitations des bardes yougoslaves. Ceci a commencé il y a quarante ans et ils en ont classé plus de 12 000. Là-dessus, bien des choses se sont éclaircies. On a, naturellement, constaté les énormes possibilités de la mémoire. On a aussi saisi sur le vif la tendance qu'ont les poètes à idéaliser un certain moment du passé : ceci est vrai aussi bien des bardes yougoslaves que des aèdes irlandais ou gallois et de ceux qui, de proche en proche, transmirent les contes du Graal et de la Table Ronde, ou de Roland à Roncevaux. Mais surtout, cette observation minutieuse du détail a permis de comprendre l'usage des formules, qui, dans toute poésie orale, facilite la mémorisation et ouvre la voie à l'adaptation. On sait la fréquence de ces formules dans Homère, avec ces morceaux de vers tout faits qui accolent à un nom propre toujours la même épithète, et recourent aux mêmes groupes de vers pour introduire un combat, un repas, une aurore, une réponse. Mais il suffit aussi d'avoir lu un peu d'Homère pour reconnaître qu'à partir de ces éléments repères, une étonnante variation intervient. Cette fluidité des formules est un art de la poésie orale, dont le jeu savant apparaît chaque jour plus clairement. D'autre part, l'art de varier et d'adapter des thèmes connus apparaît aussi à un niveau plus haut. Car il a été prouvé qu'un aède pouvait prêter à un héros un haut fait appartenant à un autre, qu'il pouvait grouper des éléments jusqu'alors indépendants — bref, qu'il pouvait, à partir d'histoires connues, inventer et créer —, être « poète ».

Or, ces divers éléments de poésie orale, dans le cas d'Homère, sont, en réalité, attestés. Ils peuvent l'être indirectement, par la seule vraisemblance : peut-on croire, par exemple, que la guerre de Troie dont parle l'*Iliade*, n'était connue que par l'extrait étrange que l'*Iliade* nous en donne ? Peut-on croire que les aèdes ne parlaient pas de sa cause, ne racontaient pas l'enlèvement d'Hélène ? Homère, cependant, y fait allusion comme à une donnée connue. Et peut-on croire qu'il n'y avait pas de chants sur les dix premières années de la guerre — mieux encore : sur la prise de la ville ? Homère fait allusion à l'affaire du cheval de Troie : ne la racontait-on pas ? Et l'*Iliade* fait constamment allusion à la mort prochaine d'Achille : ne chantait-on pas la mort d'Achille ? Tous ces épisodes existaient sans aucun doute — et le fait est qu'on les trouvait dans d'autres épopées, un peu postérieures à Homère, mais qui puisaient au même fonds, beaucoup antérieur à

Homère. De là à penser qu'il a utilisé, adapté, modifié ces légendes-là aussi, l'enchaînement est raisonnable. Peut-être la mort d'Achille et le deuil de sa mère se retrouvent-ils dans l'*Iliade*, sous la forme de la mort de Patrocle, et de la pitié de Thétis pour son fils, non pas mort, mais désespéré. D'autre part, les luttes que mène Achille dans l'*Iliade* rappellent beaucoup celles qu'il menait dans l'*Éthiopide* contre le prince éthiopien Memnon, et les données de l'*Éthiopide* pourraient bien avoir été les premières : Homère s'en serait alors inspiré. De même pour d'autres légendes dont il fournit au passage un résumé allusif et concis, comme celles de Méléagre et de Bellérophon. Enfin l'on sait, par lui-même, que les aventures des Argonautes étaient alors abondamment célébrées — et il n'est pas exclu du tout qu'il leur ait emprunté certaines des aventures de son Ulysse dans les îles des magiciennes — ce qui, bien entendu, rend passablement caduc tout effort pour retrouver une géographie odysséenne tant soit peu précise.

Je ne poursuivrai pas dans cette voie, car je serais vite entraînée vers des hypothèses nécessairement incertaines. Mais deux choses du moins sont sûres. La première est qu'il a existé, et pendant des siècles, des sources d'Homère — sous la forme de multiples récits, connus des aèdes et du public, mais sans cesse renouvelés et améliorés. Homère, littérairement aussi, est donc l'aboutissement d'une longue série. La seconde est que son originalité ne peut se définir qu'en fonction de ce que nous entrevoyons de cette tradition, dans la suite de laquelle il se situe.

Tout cela est bel et bon — et l'on voit que les études homériques ont été, au cours des trente dernières années, profondément renouvelées par ces perspectives. Les savants s'opposaient en unitaires et analystes, les uns pensant qu'Homère a un beau jour écrit ces deux épopées comme nous les avons, les autres pensant qu'il est l'auteur d'un poème central, longuement accru et déformé par des poètes postérieurs, plus ou moins bien inspirés. Dans l'état actuel de nos connaissances, il faut nuancer les choses. Le rapport même d'Homère avec la poésie orale ôte beaucoup de son sens à la théorie unitaire. Nous reparlerons de l'autre plus loin. Mais d'ores et déjà il est clair que les unitaires ont parlé sans connaître assez la poésie orale et ses lois. On peut croire qu'Homère a un beau jour écrit l'*Iliade*, et que lui ou un autre a de même écrit l'*Odyssée*. Mais s'il l'a fait c'est à partir d'éléments anciens, appartenant à d'autres ensembles, différents d'âge et d'inspiration, et peut-être difficiles à assimiler sans grincement. On ne peut plus être unitaire sans tenir compte de la diversité.

En insérant Homère dans la suite de la poésie orale, on a cessé de considérer son œuvre comme on considère les poèmes écrits et fixes du monde moderne.

*

Et pourtant il est temps de le dire : Homère, dans cette série de compositions orales, occupe une place à part. Homère clôt la poésie orale, mais il inaugure la poésie écrite.

C'est important, l'écriture ! Et on aimerait pouvoir fixer avec un peu de certitude les rapports entre elle et l'élaboration des poèmes. Or tout ce que l'on sait est ceci : les Grecs de l'époque mycénienne utilisaient une écriture — le linéaire B — qui n'avait pas été faite pour leur langue et lui convenait mal : (écriture syllabique, elle ne marquait pas les variations des syllabes finales, correspondant à la déclinaison ou à la conjugaison). Cette écriture a été déchiffrée il y a une trentaine d'années — encore une découverte, et d'importance ! Elle semble surtout avoir servi pour des comptes. Mais il est sûr qu'elle disparut avec la civilisation mycénienne. À partir de ce moment-là les Grecs vécurent pendant plusieurs siècles sans écriture. Puis, au VIIIe siècle, ils empruntèrent l'alphabet phénicien, le modifièrent pour l'adapter à leur langue, et l'employèrent bientôt pour tout. L'usage en apparaît très vite sur les vases. Et il ne disparaît plus.

Le VIIIe siècle, c'est aussi le siècle d'Homère. Peut-être a-t-il connu et employé l'écriture. Peut-être... En tout cas ses disciples et ses continuateurs l'ont employée, presque tout de suite.

Naturellement, il serait capital de savoir si Homère s'est aidé de l'écriture pour composer l'*Iliade* et l'*Odyssée*. C'est une question dont les savants discutent, sans grande certitude jusqu'à présent. Dans les poèmes mêmes, personne n'écrit ni ne lit. Il y a bien parfois quelque allusion à des « signes » d'avertissement ou de malédiction — mais rien ne permet d'affirmer qu'il se soit agi de signes d'écriture. Et ceci, par parenthèse, fait une grande différence avec les poèmes des bardes yougoslaves, qui, tout en pratiquant la poésie orale, font constamment intervenir des messages écrits entre le héros et les siens ou entre le roi et ses hommes. Si Homère avait connu l'écriture et l'avait employée, au moins un peu, on comprendrait mieux l'extraordinaire ampleur de ses poèmes et la subtilité de leur agencement. Il aurait pu, sinon tout écrire, du moins se munir de repères et de relais. C'est, je crois, la solution vers laquelle s'oriente la majorité des savants à l'heure actuelle. Certains ont même cherché à relever, à côté des traits de composition orale, des traits de composition écrite, se trahissant dans certaines parties de l'œuvre.

Mais, en tout cas, très peu de temps après, l'écriture a dû être utilisée pour fixer les deux poèmes, tels qu'ils étaient. Cela veut dire que dorénavant ils échappèrent au devenir instable des œuvres orales. Cela veut dire aussi qu'ils avaient été jugés dignes d'y échapper. Les poésies orales que l'on peut encore capter de nos jours n'ont pas fait ce saut ; et pourtant l'écriture est à la disposition de ces chanteurs depuis de nombreux siècles ; et tout le monde l'emploie, sans parler des autres procédés d'enregistrement que l'on a été, du dehors, leur proposer ou leur imposer. Dans le désir de fixer le poème par l'écriture, il y a cet esprit de mise en commun si propre au génie grec et qui fait préférer l'œuvre objectivement dominée au savoir incontrôlable d'un maître en poésie. Mais il y a aussi l'idée que l'œuvre est par elle-même une réalisation réussie, accomplie, à conserver *ne varietur*. Autrement dit c'est par une décision lucide que l'œuvre est arrachée au cycle oral pour devenir une œuvre écrite avec des lettres, une œuvre littéraire.

On remarquera d'ailleurs que, pour les autres épopées qui, à d'autres époques, ont subi la même mutation, il y a toujours un élément de perfection littéraire, senti comme tel, à la base de cette fixation. C'est le cas de la *Chanson de Roland* ; c'est le cas de *Tristan et Iseut*. Les traditions orales ont abouti à des œuvres dignes d'être écrites, et qui se voulaient littéraires.

Dans le cas des poèmes homériques, il se peut que les qualités proprement poétiques, la diction, le ton, la versification, l'aisance, aient contribué à cette promotion. Mais il est certain que ce qui dut compter avant tout, ce qui définissait l'œuvre, c'était l'agencement même des épisodes en une longue histoire continue, pourvue d'une progression et d'un sens, dégagé peu à peu de la structure d'ensemble.

Et le fait est que la différence est grande — entre les chants qui, même mis bout à bout, raconteraient, par exemple, la guerre de Troie, du début à la fin, et l'agencement d'une œuvre qui, choisissant un moment de cette guerre, noue une action autour de la colère d'Achille, menant de cette colère aux victoires troyennes, au départ de Patrocle et à sa mort, au retour d'Achille au combat, pour s'achever, non pas avec la mort d'Hector, mais avec la restitution de son corps, c'est-à-dire avec le renoncement que doit s'imposer le bouillant Achille, et avec l'apaisement qui suit tant de rages et de deuils. L'œuvre, centrée autour de quelques grands sentiments essentiels à l'homme, est construite de manière à les montrer qui s'épanouissent dans toute leur force, selon un enchaînement calculé. De même, toutes les histoires d'ogres ou de magiciennes, de rencontres et de tempêtes, ne prennent leur vrai sens qu'insérées dans l'obstination d'Ulysse à regagner sa demeure : elles retardent son retour mais nous le font désirer et le lui font mériter, en un agencement moins puissant que celui de l'*Iliade*, mais peut-être plus subtil ; les scènes d'attente, à Ithaque ou avec Télémaque, y alternent avec les scènes vécues ou racontées ; et l'ensemble fait passer savamment des fantaisies du surnaturel (toujours racontées) aux scènes intimistes des retrouvailles conjugales, en passant par les relations humaines idéalisées, comme celles qui lient Ulysse à ses hôtes phéaciens.

Cette qualité, qui a pu être aidée par la pratique de l'écriture ou qui au moins a semblé digne d'être, après coup, fixée par elle, est celle qui consiste à doser, à préparer, à combiner. J'insiste parce qu'elle est aujourd'hui l'objet d'études multiples et d'explications de textes passionnantes. J'en ai fait l'expérience cette année même en étudiant les traitements dont Achille menace d'affecter, ou affecte en réalité, le corps d'Hector. La montée de la colère, la montée de la réprobation, chaque thème s'inscrit dans une série de détails, de réflexions, de formules légèrement différentes, dont on ne peut que s'émerveiller. Et c'est là, vraiment, ce qui fait que nous y croyons, et que l'histoire nous paraît tragique. Mais en étudiant ces faits, je rencontrais sur mon chemin les études de Ch. Segal, qui montrait la même savante gradation pour la violence en général. Et, quelques semaines après, je lisais une étude de M. Owen, montrant, dans les premiers chants de l'*Iliade* d'inépuisables symétries, d'inépuisables parallélismes. Ainsi l'entrevue de Pâris et d'Hélène, parallèle à celle d'Hector et Andromaque, offrant par là un contraste, ou bien le rôle au combat de Glaucos qui donne la note affective préparant cette entrevue d'Hector et d'Andromaque[1]. L'auteur anglais parle d'une « infinité de petites structures (*patterns*) qui se tissent et s'entrelacent entre elles, découvrant à chaque instant de nouveaux liens et de nouvelles significations ». Tel est le sens de la plupart des études récentes sur Homère, même celles qui partent de quelque discordance de fait, ou de quelque bizarrerie de présentation. Et l'art qu'elles mettent ainsi en lumière est une part essentielle de cette perfection que permet d'atteindre, et, en tout cas, de fixer, la pratique, alors toute neuve, de l'écriture.

Mais, à ce moment-là, une nouvelle mise au point s'impose en ce qui concerne les études homériques.

Nous avons vu que l'existence de la poésie orale et de ses lois empêchait la théorie unitaire de prévaloir sans nuances. Inversement ce contraste entre la poésie orale et l'œuvre unique, accomplie, que transmet désormais l'écriture, interdit aux théories analystes de dépecer les épopées en fragments désunis et en apports incohérents : il n'y a plus guère d'analystes négatifs, comme il n'y a plus guère d'unitaires intolérants : il y a des néo-analystes, dont le but est de tenter de retrouver l'originalité d'Homère à travers les différents épisodes de poésie orale dont il a pu se servir, sans pour autant nier jamais l'art suprême avec lequel l'œuvre littéraire a été, pour finir, élaborée. La poésie orale éclaire Homère non seulement par ce qu'il lui doit, mais par ce qui l'en distingue. Et c'est ainsi que l'œuvre d'Homère qui conclut une longue période — celle de la poésie orale — en ouvre d'un coup une autre, capitale à nos yeux : l'ère même de la littérature.

*

Toutefois il ne suffit pas pour définir cette littérature de reconnaître qu'elle cherche une certaine perfection et exige une certaine qualité de composition — composition d'ensemble et organisation du détail en vue de cet ensemble. Car ce serait faire bon marché de la matière même des poèmes et de ce qui les distingue de la poésie orale qui les a précédés.

Or c'est là que je voulais en venir : la découverte de cette poésie orale et de son importance permet aussi de serrer de plus près l'originalité d'Homère et les qualités qui l'ont fait mettre à part de tous les autres aèdes.

Certes, nous n'avons pas — et pour cause ! — ces

œuvres de poésie orale dont il a pris la suite. Mais nous pouvons parfois reconstituer leur inspiration ; nous le pouvons grâce aux poèmes du cycle, qui sont postérieurs à Homère, mais qui reflètent, je l'ai dit, des traditions antérieures à lui. Ces poèmes, sans doute, nous ne les avons pas non plus. Mais nous en possédons des résumés, et parfois quelques vers, ou des imitations. D'autre part, à partir du moment où nous faisons appel à des sources postérieures à Homère pour saisir ce qui existait avant lui, nous pouvons aussi bien descendre beaucoup plus bas : les néo-analystes grecs ont souvent fait appel à des chansons grecques modernes, dans lesquelles, apparemment, se sont maintenues, à travers les siècles, d'authentiques traditions populaires. Et même en dehors de Grèce : les contes et récits recueillis un peu partout dans le monde, et parlant d'ogres, de cyclopes ou de magiciennes, peuvent souvent très utilement être rapprochés d'Homère : ils sont assez largement attestés pour impliquer un fonds commun, qui fut aussi la source d'Homère, et dans lequel il a choisi, modifié, ordonné à son gré. Enfin il n'est pas interdit de penser que les autres traditions de poésie orale nous donnent une idée assez juste de celle qui a pu exister chez les Grecs. En comparant les héros de la guerre de Troie à ceux de l'épopée irlandaise, entre autres, on décèle des différences qui peuvent tenir à la différence des peuples, mais qui, lorsqu'elles s'accompagnent de ressemblances suffisantes — ce qui n'est pas rare — peuvent aussi bien correspondre à la différence entre les chants primitifs et l'élaboration littéraire d'Homère.

De fait, que l'on prenne l'une ou l'autre de ces formes de comparaison, ou qu'on les emploie toutes, le résultat est le même : nous découvrons toujours qu'Homère a puisé dans un fonds bigarré de poésie orale et en a orienté l'inspiration dans un sens plus humain. Et j'emploie ici humain dans sa double signification : Homère écarte la magie et le surnaturel pour insister sur l'homme ; et il écarte la violence et l'horreur pour insister sur la compréhension et la pitié.

La première indication peut surprendre. Pour nous, Homère est plein de merveilleux. L'*Odyssée* abonde en métamorphoses, en drogues magiques, en personnages surhumains : et l'*Iliade* nous fait assister à quantité de scènes entre dieux ; mieux : elle nous montre les dieux intervenant constamment entre les hommes, et faussant tout le résultat de leur action, sans qu'ils y puissent rien. C'est une divinité qui retient Achille au moment où il va frapper Agamemnon. C'est une divinité qui trompe Hector au moment le plus décisif et le livre, sans possibilité de résister, à Achille. C'est une divinité encore qui contraint Achille à rendre le corps d'Hector. Ce dernier exemple, comme le premier, pourrait correspondre à une façon de représenter une impulsion d'origine humaine ; mais le second ne se prête pas à cette explication : il nous oblige à voir, dans Homère, un monde où le surnaturel vient tout fausser.

Cependant, il faut voir les choses dans leur vraie perspective, et non avec nos yeux de modernes ; et la comparaison montre assez qu'Homère a écarté beaucoup de ce surnaturel[2]. On le voit par exemple quand il résume des légendes connues par ailleurs. Car il arrive à raconter l'histoire de Bellérophon sans mentionner une seule fois Pégase, le cheval ailé, qui permit les exploits de Bellérophon, et bientôt lui inspira un orgueil fatal. Il arrive aussi à résumer l'histoire de Méléagre, en une centaine de vers, sans mentionner une seule fois ce tison magique qui figurait la vie de Méléagre et permit à sa mère de le vouer à la mort. Les tragiques, eux, ont parlé de Pégase, ont parlé du tison magique ; et le fonds de légende auquel ils puisaient là a tous les caractères d'une très vieille tradition folklorique. Dans Homère on voit intervenir des dieux, mais — dans l'*Iliade* en particulier — les objets magiques ont disparu le plus possible.

Et surtout, quand on pense aux héros d'Homère, en les comparant à d'autres, on voit comme ils restent des hommes, toujours. Bien sûr, il leur arrive d'être aidés par un dieu, qui leur ramasse une flèche, ou bien en écarte une qui allait les atteindre. Mais eux-mêmes ne sont ni d'une taille, ni d'une force, qui dépasse l'humanité. Et si nous lisons, par exemple, les exploits de Cuchulaïn, dans la poésie irlandaise ancienne, la différence éclate aux yeux. Cuchulaïn porte quatre épées dans chaque main. Il tue, sans jamais recevoir la moindre égratignure, des 200, 300, 500 guerriers. D'ailleurs sa mère a été grosse pendant trois ans et trois mois. Quand il va combattre, son spasme veut qu'un œil sorte et l'autre rentre, que l'un devienne petit comme le trou d'une aiguille et l'autre grand comme un gobelet... J'en passe... Car je ne saurais croire que les sources d'Homère aient connu tant d'invraisemblances ; mais celles-ci nous font mesurer le soin avec lequel lui-même les a toutes évitées. Même cet éclat lumineux qui apparaît sur la tête de Cuchulaïn et d'Achille devient, chez Homère, une simple impression, facilitée par une comparaison toute quotidienne avec la fumée qui s'élève des feux, le soir. Et même son armure n'est plus magique, bien qu'elle soit de fabrication divine. Les héros d'Homère sont aussi près que possible des humains ordinaires.

Du reste, les dieux interviennent, mais ils faussent peu

le jeu. Ce sont des dieux très humains, somme toute. Dans l'*Odyssée*, l'amitié d'Athéna pour Ulysse est presque celle d'une sœur aînée, qui conseille, accompagne, soutient, mais ne fait guère de miracles. Et, dans l'*Iliade*, les dieux prennent bien parti pour un camp ou pour l'autre ; mais leur opposition entre eux rétablit quelque peu l'équilibre. Leurs interventions, d'ailleurs, demeurent de portée limitée. Thétis peut procurer une armure à son fils, mais elle ne peut le sauver d'une mort imminente. Même Zeus doit laisser périr son fils, si le destin le veut ainsi...

Enfin, cette action divine ne suppose de la part des hommes aucune abdication. Lorsque les héros sont dupés par les dieux et ne peuvent plus rien faire, ils savent accepter ce sort avec un courage sans illusion, que rehausse leur adversité. Un exemple est célèbre : celui d'Hector, qui croit avoir à ses côtés Déiphobe et qui voit soudain qu'il est seul, qu'un dieu l'a trompé, qu'il est perdu. Il s'écrie : « Hélas, point de doute, les dieux m'appellent à la mort... » Mais il conclut : « Eh bien ! non, je n'entends pas mourir sans lutte ni sans gloire, ni sans quelque haut fait dont le récit parvienne aux hommes à venir » (XXII, 296-305). L'aisance avec laquelle les dieux se jouent d'un homme ne sert ici qu'à mieux fonder sa valeur et sa dignité [3].

Peut-être ces traits sont-ils plus caractéristiques de la religion grecque, ou de l'inspiration homérique que de la littérature en tant que telle. Pourtant on peut remarquer un fait : des poèmes centrés sur les dieux existent, en effet, au point de départ de bien des civilisations ; mais ce sont alors des écrits religieux, non pas des inventions délibérées, mettant en scène des hommes, et les proposant à l'admiration, à la pitié, à la sympathie d'un public qui peut se reconnaître en eux. Homère ouvre la voie à la tragédie, au roman, à tout ce qui sera littérature, parce qu'il s'y inscrira une certaine idée de la condition humaine.

Mais j'ai dit également que ces données mettaient en relief l'humanité, au sens moral du terme. Là aussi, il faut un mot d'explication. Car l'*Iliade* est un poème de guerre, rempli de coups, de blessures, de morts et de vengeances. Et les monstres parmi lesquels se débat l'Ulysse de l'*Odyssée* ne sont pas moins cruels. Cela est vrai. Mais, ici encore, comparons.

Comparons avec Cuchulaïn : nous y voyons le massacre. L'héroïne n'épousera qu'un héros ayant tué cent hommes à chaque engagement ; les têtes coupées ornent des arbres ; on brise les têtes à coups de pierres, etc. Rien de tel dans Homère où toute cruauté s'explique par une offense qui bouleverse — et où elle est, en plus, très volontiers blâmée.

Ou bien comparons avec ce que nous savons sur les poésies orales du temps d'Homère : nous en retrouvons la trace dans les poèmes du cycle, et, de là, dans les tragédies. Or les grands mythes cruels que nous connaissons grâce à ces dernières n'étaient pas inconnus d'Homère ; il y fait parfois une allusion voilée. Mais il semble éviter avec soin d'en mentionner l'horreur. Le meurtre d'Agamemnon est plus aisément attribué à Égisthe et la part de Clytemnestre est le plus souvent laissée dans l'ombre ; de même, Homère évite de dire qu'Oreste a tué sa mère. Il ne mentionne ni Iphigénie ni son égorgement par Agamemnon — encore qu'il semble l'avoir connu. Il ne cite pas le cannibalisme de Lycaon et de Pelops. Il ne dit pas qu'Ajax a été fou et a massacré les troupeaux ; et, bien que cela soit implicite dans la *nekuia*, il évite de préciser qu'il s'est suicidé. Il semble se refuser à croire qu'Œdipe ait eu des enfants de sa mère. Tout cela existait. Il le connaissait. Il n'en voulait pas.

Inversement, il a retenu (ou ajouté) tout ce qui pouvait éveiller la pitié, la sympathie et l'émotion. À côté d'Hector, il a tenu à montrer les femmes qui l'entourent, l'aiment, dépendent de lui, comme Hécube ou Hélène, mais surtout Andromaque. Et la scène d'adieux, avec le petit enfant qui a peur du casque, et avec l'angoisse inavouée qui pèse sur ses parents, rend Hector semblable à tous les jeunes époux que menace la guerre ; elle lui attache notre sympathie, nous rend son sort précieux. Sans compter que c'est lui qui s'inquiète du sort éventuel d'Andromaque, et non pas elle, comme dans les épopées en général. Mais la même chose vaut pour Achille dont la peine, lorsque Patrocle est mort, le rend plus proche de nous, plus attachant. Tout ce qui peut éveiller la pitié, même pour des guerriers obscurs, Homère l'a retenu. Parfois c'est un mot rapide sur ceux ou celles qui les atteindront en vain. Parfois c'est un vers superbe, opposant un gisant au fracas du combat ; et il n'est pas indifférent de savoir que le vers auquel je fais allusion (« il gisait long de tout son long, oublieux des chars à jamais ») était, ailleurs, employé pour la mort d'Achille ; il est, au chant XVI de l'*Iliade*, attribué à un homme obscur, Cébrion, le cocher et le demi-frère d'Hector. La pitié pour la mort apparaît partout, intense. De toute façon, il est inutile de citer ici des détails : Homère n'a-t-il pas choisi de clore son épopée guerrière sur une scène d'humanité, sur Achille accueillant Priam et lui rendant le corps d'Hector ? Les derniers chants ne montent-ils pas tous vers cette conclusion ? Et le résultat n'est-il pas d'ouvrir notre cœur à plus de pitié — pitié pour Priam, pour Hector, pour Achille lui-même ? L'humanité est là inscrite en pleine lumière ; et c'est par elle que les héros nous deviennent proches et nous touchent.

Je n'ai là parlé que de l'*Iliade* ; car la présence de telles conduites et de telles émotions dans une épopée guerrière est tout à fait remarquable. Mais on pourrait ajouter que l'*Odyssée* elle aussi exalte un certain idéal d'humanité (par exemple dans la peinture qu'elle offre des usages de l'hospitalité) et que sa ligne générale en fait un poème de la fidélité poussée à ses limites. Car cet Ulysse, qui aurait pu vivre à jamais avec la divine Calypso ou avec la charmante Nausicaa, cet Ulysse ne pense qu'à sa chère vieille Pénélope, dans son petit palais d'Ithaque. Il préfère à tout sa part toute modeste, tout humaine — une part toute semblable à la nôtre. Et cette fidélité à ce qui nous ressemble nous le fait aimer.

Est-ce là le fait de la Grèce ? Est-ce celui d'Homère ? Un peu des deux, sans doute ; mais je soutiendrais volontiers qu'ici encore cette orientation prédispose les poèmes homériques à devenir le début d'une littérature. Grâce à cette humanité, ils ont créé des personnages qui sont un peu nous-mêmes et un peu des types — des personnages qui nous émeuvent, que nous croyons avoir connus, auxquels nous pouvons penser comme à des amis. Andromaque, Pénélope : elles ont existé littérairement et existent encore. On écrit encore sur elles, on compose encore de la musique sur elles. Et de même pour Hector, Achille, Ulysse... Avant Hamlet ou Anna Karénine, avant le Père Goriot ou le Grand Meaulnes, ils incarnent des rêves, des souvenirs, des idées : ils sont ce que la vie comporte de plus précieux : des personnages littéraires. Or il n'est pas douteux que, s'ils ont acquis ce statut et l'ont conservé depuis près de trois mille ans, c'est parce que Homère a su, en refusant d'en faire des êtres surhumains, violents, exceptionnels, leur donner une existence humaine, proche de la nôtre et capable d'éveiller en nous des émotions fondées sur la sympathie, la pitié et l'admiration. Les tragiques grecs se sont nourris d'eux et en ont renouvelé l'image, mais ils n'ont pu le faire que parce que, une fois pour toutes, ils étaient devenus réalités littéraires.

★

Tout ce que j'ai exposé ici suppose que, par rapport à toute la poésie orale qui a précédé, Homère avait une qualité à part, justifiant que son œuvre ait été écrite, puis copiée, puis fixée — comme nous l'entendons d'une littérature. Je voudrais seulement ajouter que cette place à part, il l'a gardée dans toute la culture grecque qui a suivi. Les poèmes du cycle ont dû être moins copiés, puisqu'ils se sont perdus. Mais les deux poèmes que sont l'*Iliade* et l'*Odyssée* n'ont jamais cessé d'être copiés ni récités. Le texte en a été revu à Athènes ; et, tous les ans, on donnait des récitations *dans l'ordre* (ce qui distingue l'œuvre fixe de la poésie orale). On s'en servait pour l'éducation. On en faisait apprendre le texte par cœur aux jeunes gens — en entier. Plus tard, on voulut y trouver des leçons de tout, des sens allégoriques, des modèles moraux ou politiques, voire stratégiques. Le lyrisme, l'histoire, la tragédie sont sortis d'Homère. Et tous les hommes cultivés ont continué à le lire, jusqu'à la fin de l'Antiquité. Je rappelle ces faits parce qu'en un sens ils justifient le caractère exceptionnel que j'ai essayé d'attribuer à ces œuvres. Mais je les rappelle aussi parce qu'ils illustrent l'extraordinaire portée que peut prendre une œuvre littéraire. La poésie orale vient et passe. Elle peut être un trésor précieux. Mais elle est pour le présent. Homère a été — pour reprendre le mot de Thucydide — « une acquisition pour toujours ». On y a cru. On en a vécu. Nous en vivons encore plus ou moins. Et par là ce premier nom de notre littérature occidentale est aussi l'exemple insurpassable de la force que peut prendre une véritable littérature. Un chef-d'œuvre littéraire change plus le monde que toutes les découvertes ou toutes les victoires. C'est une des leçons du vieil Homère, que je me permets d'offrir ici comme thème de méditation. C'est une leçon stimulante, comme toutes celles qui nous viennent de Grèce.

NOTES DE L'ÉTUDE N° 1

1. Les ouvrages auxquels il est fait allusion ici sont : Ch. Segal, *The Mutilation of the Corpse,* Mnemos. Supp. 17, Leiden, 1971 ; et E. T. Owen, *The Story of the Iliad,* 1re éd., Oxford Univ. Press, 1947.
2. Sur ces faits, voir notre livre *Pourquoi la Grèce ?* aux pages 34-35.
3. Voir, depuis cette conférence, *Pourquoi la Grèce ?*, aux pages 52-55.

2

LES MÉTAMORPHOSES DANS HOMÈRE*

Quiconque lit Homère aujourd'hui retire de son œuvre le sentiment que les dieux y interviennent constamment, y prennent à volonté toutes sortes de formes et transforment à l'occasion les autres. Cette impression était déjà celle de Platon ; et il blâmait Homère pour cette façon de traiter le divin. Dans la *République*, aux pages 380 c et suiv., il écrit : « Crois-tu que Dieu soit un magicien, capable de nous tendre des pièges et d'apparaître sous des formes diverses, tantôt réellement présent et changeant son image en une foule de figures différentes, tantôt n'offrant de lui-même que des fantômes trompeurs et sans réalité ? » et, citant l'*Odyssée* XVII, 485 et suiv., il ajoute : « Alors, mon excellent ami, repris-je, qu'aucun poète ne s'avise de nous dire que "les dieux, sous les traits de voyageurs étrangers, parcourent les villes avec des déguisements de toute espèce", qu'aucun ne débite ses mensonges sur

* Conférence faite à l'Université de Lausanne, le 26 novembre 1984.

Protée et Thétis... » (381 d). J'arrête là la citation, dont la suite évoque, non pas Homère, mais la tragédie. Dans ce que je viens de citer, en revanche, l'allusion à Homère est formelle. Or, si l'on examine avec un peu de soin les épopées d'Homère, on s'aperçoit bien vite que celui-ci était tout aussi sévère que Platon, et qu'il a épuré et modifié les traditions antérieures, éliminant très largement les métamorphoses qu'elles contenaient. C'est ce que je voudrais montrer — illustrant par là un trait des mythes grecs, à savoir la facilité avec laquelle ils varient d'un texte à l'autre et sont en fait reliés à l'esprit des auteurs qui les ont évoqués.

★

Je commencerai par le plus simple, et par ce à quoi fait d'abord allusion Platon : les métamorphoses des dieux olympiens.

Un premier fait doit être constaté : Homère en a écarté un grand nombre, qui nous sont bien connues par ailleurs. L'exemple de Zeus le prouve assez.

Au chant XIV de l'*Iliade* (315-328), Zeus évoque (sans modestie !) ses multiples amours en dehors du mariage et les enfants qui en naquirent. Parmi les élues figure Danaé ; et l'on nous raconte ailleurs que Zeus prit pour la séduire la forme d'une pluie d'or ; il y a aussi Europe, pour laquelle il prit la forme d'un taureau, et Alcmène, pour qui il prit, dit-on, la forme d'Amphitryon, son mari. De tout cela, pas un mot dans Homère ! Je sais bien que le passage a été condamné par certains. Mais le fait est qu'il n'y a rien ailleurs non plus et que nous n'avons chez Homère que peu de métamorphoses des dieux olympiens [1].

Il y en a pourtant. Mais, si nous cherchons lesquelles, une surprise nous attend. Nous ne trouverons ni pluie d'or, ni taureaux, tant s'en faut. En fait les dieux d'Homère, quand ils revêtent une autre forme que la leur n'en retiennent que deux : presque toujours un être humain, et exceptionnellement un oiseau[2].

Le cas d'un humain est de beaucoup le plus fréquent ; et ce n'est pas n'importe quel humain : pour agir sur l'esprit d'un personnage, le dieu revêt la forme d'un de ses amis ou d'un de ses proches. Quand Iris vient trouver Hélène, elle a pris les traits de sa belle-sœur (III, 122) ; quand Aphrodite vient trouver Hélène, elle a pris — au moins au début — l'aspect d'une vieille fileuse que celle-ci aimait (III, 385-386). Quand Athéna vient se mêler à la bataille, au chant IV, elle prend les traits d'un guerrier précis, Laodoque (86-87). Arès, dans le même cas, prend ceux d'un chef des Thraces, Acamas (V, 462). Le même Arès, pour stimuler les combattants, prend ceux de Calchas (XIII, 45). Apollon prend les traits d'un oncle d'Hector (XVI, 715-719) et chacun sait de quelle façon dramatique Athéna trompe Hector en son dernier combat en prenant l'aspect de Déiphobe, frère d'Hector (XXII, 228). On pourrait multiplier les exemples[3], distinguer les cas où le dieu prend une forme connue, ou une forme presque anonyme, ceux où la voix est également d'emprunt, ou bien seule d'emprunt, joindre aux exemples de l'*Iliade*, les transformations d'Athéna dans l'*Odyssée*, soit en un héros précis (comme Mentès dans la Télémachie ou Mentor ensuite) soit en un homme anonyme (comme le petit berger en qui Ulysse, à son retour à Ithaque, ne reconnaît pas sa fidèle amie et à qui il se plaint après coup (XIII, 312 et suiv.) : « Quel mortel, si habile soit-il, pourrait te reconnaître aussitôt rencontrée : tu prends toutes les formes ! »)... Les longues listes sont ici inutiles : le principe est tout à fait net ; et il est caractéristique de l'art d'Homère.

Tout, chez lui, se tient le plus près possible de l'expérience humaine. Et, en l'occurrence, quoi de plus naturel pour les dieux que de choisir, pour agir sur les hommes, la forme qui les trompera et leur donnera confiance ? Les dieux mènent le jeu ; mais ils le mènent au niveau des hommes. Si bien qu'un doute plane bien souvent dans les esprits : est-ce là un dieu ? ou est-ce un homme ? Le divin se manifeste en plein quotidien.

À cela s'ajoute que la métamorphose elle-même n'est jamais décrite : le merveilleux est retenu pour ses conséquences, et non pas en lui-même.

Ce refus des métamorphoses en animaux ou en éléments naturels est donc remarquable. Il l'est d'autant plus que, à l'origine, les dieux grecs étaient étroitement liés à des figures animales (comme semblent le rappeler les formules plus tard incomprises comme Athéna « aux yeux de chouette » ou Héra « aux yeux de vache ») et que les métamorphoses animales sont fréquentes dans toutes les épopées[4]. Ce goût exclusif d'Homère pour la transformation en êtres humains en prend un relief accru.

Il est cependant un cas où l'on voit dans Homère des divinités se transformer en animaux : mais il s'agit alors — je l'ai dit — uniquement d'oiseaux ; et la métamorphose est si peu appuyée que souvent l'on a hésité entre métamorphose et simple métaphore et que la question reste un sujet de débat entre savants[5].

Le fait est que, parfois, on a une simple métaphore évoquant le mouvement rapide des dieux se déplaçant à travers les airs. C'est le cas lorsque Apollon, dans l'*Iliade*

(XV, 237), descend des cimes de l'Ida, « pareil au milan, rapide tueur de colombes, le plus vite des êtres ailés » : cela ne veut nullement dire qu'il se change en milan ; il s'approche d'Hector et lui parle, sous sa forme propre. Dans des passages de ce genre, il n'y a pas plus de métamorphose que quand Athéna descend du ciel « comme un arc en ciel empourpré » et vient alors aborder Ménélas sous les traits de Phénix (XVII, 544 et suiv.) [6].

Mais, d'autres fois, on glisse à l'identification. Les savants ont relevé trois cas dans l'*Iliade* et quatre dans l'*Odyssée* où la transformation est, soit possible, soit certaine. Le but peut être alors de suivre une scène sans être vu : dans l'*Iliade*, au chant VII, 59, Apollon et Athéna viennent suivre le combat ; ils sont « semblables à des vautours » ; mais ils le sont vraiment, puisqu'ils se perchent sur un chêne ! De même Hypnos pour échapper à Zeus (XIV, 286-291). De même encore Athéna à Ithaque, lorsque, « semblable à une hirondelle », elle va se percher sur les poutres du toit (*Od.*, XXII, 239) [7]. Il est difficile de nier l'existence d'une vraie transformation. Pourtant Athéna, devenue oiseau, n'en sera pas moins capable, soudain, de déployer l'égide (297), de même que le fait, pour Ino, d'être apparue à Ulysse sous forme de mouette ne l'empêche pas de lui tendre un voile qui doit le sauver (*Od.*, V, 337 et 353 ; 346). La transformation est donc réelle ; mais elle n'est ni très précise ni très cohérente : on sent qu'elle sert surtout à évoquer, brièvement, la présence du divin autour de nous.

Il en va de même quand cette présence se révèle tout à coup aux hommes, par un mystérieux envol. Ainsi dans l'*Odyssée*, quand Athéna, qui avait les traits d'un homme, disparaît brusquement « comme un oiseau de mer » ou « sous l'aspect d'une orfraie » : les hommes restent saisis devant ce prodige (I, 319-320 ; III, 371-372). La transformation est là, son caractère miraculeux est reconnu ; mais le seul miracle est une soudaine absence. Le cas ne diffère guère de celui où un dieu se rend invisible.

L'ambiguïté des cas[8] met donc en contraste un sens du divin qui est indéniable et une discrétion littéraire qui ne l'est pas moins. C'est cette discrétion littéraire qui a incité divers savants au doute. Et elle est caractéristique, non d'une croyance commune, mais d'un art individuel. À cela s'ajoute du reste qu'il s'agit uniquement d'oiseaux. Certains ont invoqué à ce sujet des parallèles minoens[9] ; mais je relève aussi que l'oiseau paraît le symbole naturel des déplacements aisés et reste un être tout proche de nous. L'oiseau figure parfois l'âme. Il va partout, voit tout, et nous disons encore en français « un petit oiseau me l'a dit ». Le choix de l'animal confirme donc le désir du poète de se tenir le plus près possible de l'expérience humaine, et de joindre, si l'on peut dire, le divin et le vraisemblable.

De toute façon, il s'agit là de six ou sept cas. Et l'on peut dire au total qu'en ce qui concerne les métamorphoses des dieux olympiens, Homère a vraiment tout fait pour obéir autant que possible à l'esprit de Platon.

★

En va-t-il encore de même si nous quittons le domaine des dieux olympiens ? Cela est moins évident. Le type même de l'auteur de métamorphoses est Protée, dont nous reparlerons plus tard. Cependant, avant d'en venir à lui, il me paraît important de constater que, même en ce domaine plus proche du folklore, rempli de contes et de prodiges, qui est celui des petites divinités locales et des miracles quotidiens, la réserve d'Homère n'est pas pour autant absente.

Il n'aime pas les transformations, même humaines : il parle de Niobè dans l'*Iliade*, et de son désespoir ; mais il insiste sur le côté humain de l'histoire en signalant le moment où Niobè se remit à se nourrir : il glisse très vite sur sa transformation en rocher [10]. C'est sans doute dans le même esprit qu'il écarte le plus possible les monstres et les êtres hybrides : chez lui, Achille n'est pas l'élève du centaure Chiron, mais de l'homme Phénix [11]. Homère ignore ces divinités suspectes que sont Pan, les Satyres, les Silènes. Et, s'il est vrai qu'il a des êtres monstrueux dans l'*Odyssée*, il n'est pas moins vrai qu'il les décrit fort brièvement, se contentant de dire qu'ils ne ressemblent pas à des hommes [12], et que, de sa Charybde, monstre qui avale et vomit de l'eau, on ne voit que remous et rochers (XII, 234-244) Il décrit ces êtres en se tenant le plus près possible de l'expérience humaine.

Il reste donc à voir dans quels cas il semble s'écarter de cette discrétion, pour évoquer des transformations miraculeuses ou des statuts ambigus. Laissant toujours de côté Protée, nous considérerons deux textes de l'*Iliade* et un de l'*Odyssée*, plus important à lui seul que les deux de l'*Iliade*, et d'une nature différente.

Les deux textes de l'*Iliade* ne sont pas à proprement parler des métamorphoses. Mais ils leur sont apparentés ; et leur utilisation dans ce poème si éloigné du folklore est assez frappante.

Le premier concerne le cheval d'Achille, soudain doué de la parole (...) [13].

L'autre exemple concerne le Scamandre, qui, vers la fin de l'*Iliade*, est tout ensemble un dieu et un homme.

Je cite cet exemple, qui n'est pas vraiment une métamorphose, pour deux raisons. La première est l'art merveilleux avec lequel Homère rapproche ce qui se passe de l'expérience humaine. Car le Scamandre est un dieu. Et il prend la forme d'un homme pour menacer Achille (XXI, 211) ; mais il est en plus un fleuve, qui, pour assaillir Achille, « se gonfle, furieux » et précipite ses flots. Du coup, c'est un vrai fleuve : « Terrible, un flot trouble se lève autour d'Achille : le courant se précipite sur son bouclier et tâche à le repousser. Et le héros ne peut pas davantage s'assurer sur ses pieds. » On connaît l'admirable description, l'eau qui s'élance, poursuit Achille... C'est une force divine ; c'est aussi l'expérience humaine de la colère des eaux. Et le miracle, une fois de plus, rejoint les données normales. Mais en plus, où donc trouve-t-on cette prodigieuse rage divine et naturelle ? Elle figure au chant XXI, au sommet de la bataille que vient d'aborder Achille, juste avant son combat contre Hector. Dans le chant, comme déjà dans la fin du chant XX, les traits de merveilleux se multiplient et le surnaturel remplit tout : du fleuve en colère on en viendra au combat des dieux. L'épisode joue donc le même rôle dans la structure tragique que celui du cheval d'Achille au chant XIX. Comme celui-ci, il relève du sens littéraire et se met au service de l'action dramatique.

Cela est vrai de l'*Iliade* : cela ne saurait l'être de l'*Odyssée*, où les épisodes merveilleux semblent être là pour le plaisir du conteur, et où les métamorphoses sont à l'occasion bien réelles — comme dans le cas de Circé. Circé, déesse et magicienne, change à son gré les hommes en pourceaux. Et l'épisode n'aurait point de sens sans cette métamorphose et ses périls.

Mais l'exploitation du thème dans Homère est tout à fait étonnante. L'épisode occupe à peu près quatre cents vers du chant X. Or la métamorphose est mentionnée dans le récit, aux vers 237-240, où il est juste dit : « De sa baguette alors la déesse les frappe et va les enfermer sous les tects de ses porcs. Ils en avaient la tête et la voix et les soies ; ils en avaient l'allure ; mais en eux persistait leur esprit d'autrefois. » La même discrétion se retrouve dans les paroles d'Hermès, qui dit que Circé les garde « comme des porcs » (283) [14] et aux vers 390-391 où on les retrouve : « semblables à des porcs de neuf printemps » [15] et où une drogue nouvelle les rend à nouveau hommes. Autrement dit, la transformation n'est ni décrite ni présentée comme monstrueuse.

Inversement, tout est centré autour de l'aventure humaine d'Ulysse, considéré sous l'angle humain. L'imprudence n'a pas été la sienne. Le salut des matelots ainsi transformés sera son œuvre, et il l'accomplira avec l'aide d'Hermès. Mais, alors qu'Hermès lui a donné des conseils et un antidote, le *môlu*, ce *môlu* ne joue plus de rôle dans le récit, où seule la fermeté d'Ulysse, et son recours au serment se révèlent efficaces. On le voit reçu par Circé. Et D. Page [16] a relevé le fait que la préparation du repas d'hospitalité occupe à lui seul trois fois plus de vers que l'évocation de la métamorphose ! Le dialogue qui s'ouvre alors entre Circé et Ulysse est tout humain. Circé cède à sa demande. La déesse prend pitié (399) : désormais elle sera pour Ulysse et les siens une amicale conseillère, une protectrice.

Autrement dit, cette fois encore, l'aspect prodigieux n'est là que pour faire valoir l'aspect humain, la prudence, le courage, la courtoisie d'Ulysse.

Le sens de cette disproportion ne saurait échapper si

l'on compare, par exemple, avec le traitement que réserve Apollonius de Rhodes aux bêtes de Circé. Chez lui, les métamorphoses ne devraient point avoir de place, puisque Circé n'intervient que comme purificatrice : pourtant il se complaît en une description monstrueuse : « Des bêtes qui n'avaient l'aspect, faute d'un corps homogène, ni de bêtes sauvages ni non plus d'hommes, mais qui étaient faites de membres mélangés des uns et des autres » (IV, 672-674). Par contraste, on mesure la réticence d'Homère. De la métamorphose il ne garde presque rien, et rien d'effrayant — juste de quoi mettre en relief l'humanité d'Ulysse.

Enfin on peut ajouter que l'argument de la structure littéraire joue son rôle ici encore, même dans ce poème tellement moins charpenté que l'*Iliade*. L'épisode de Circé est la dernière des aventures que raconte Ulysse chez Alkinoos, avant d'y joindre la visite aux morts — comme s'il lui avait fallu se mesurer avec des forces de plus en plus surnaturelles : ainsi cet épisode, qui reste une exception, trouve-t-il dans cette place également exceptionnelle une justification de plus.

Car cet épisode reste une exception. Et il suffit d'évoquer la tragédie et les mentions si fréquentes que l'on y trouve de Procnè et de Philomèle, changées en rossignol et en hirondelle[17], ou les allusions diverses à Niobè, changée en roche[18], sans parler d'Hécube à qui est annoncée sa transformation en chienne, et surtout d'Io, qui paraît sur la scène à demi transformée en vache : on constate alors que même en ce domaine, qui n'est plus celui des Olympiens, Homère refuse, esquive et écarte autant que possible ce monde mouvant et suspect ; il ne fait qu'en utiliser les thèmes de façon aussi sobre que possible, au service de l'aventure humaine.

Tout cela serait très clair s'il ne restait le cas limite, dont j'ai rappelé tout à l'heure l'existence, et que j'ai gardé pour la fin : il reste, dans l'*Odyssée*, Protée.

★

L'épisode de Protée appartient aux récits de Ménélas : il ne sert donc pas à mettre en valeur Ulysse. Il est lié à un pays lointain et un peu légendaire, l'Égypte, ce qui facilite d'autant l'insertion du merveilleux[19]. En évoquant un personnage qui détient de grands pouvoirs, mais tente de préserver son secret par de multiples métamorphoses, et en lui attribuant une fille qui aide le héros malheureux à déjouer ces tours, il se rattache à quantité de contes et de légendes de divers pays — ce qui lui donne peut-être plus de crédibilité. Mais il est surtout important de noter qu'il rejoint, au sein même de la mythologie grecque, quantité de légendes relatives aux transformations des divinités incarnant l'eau courante ou la mer. Rien de plus fuyant et changeant que l'eau !

Il en est un exemple célèbre, qui nous permet, ici encore, de mesurer la réserve d'Homère. La Néréide Thétis, quand on voulut la forcer à épouser Pélée, revêtit des formes diverses pour tenter de lui échapper : entre autres, selon Photius, celle d'un phoque[20]. Pindare en parle dans la IVe Néméenne (62-65) et il est bien d'autres témoignages classiques[21]. Or Homère se contente de dire à ce sujet, avec une merveilleuse réticence, qu'elle dut s'unir à Pélée « en dépit de mille répugnances », πολλὰ μάλ' οὐκ ἐθέλουσα (dans l'*Iliade*, XVIII, 434). Pourtant Thétis était, dans son poème, d'une grande importance[22].

Ce don se retrouvait chez d'autres. Le père de Thétis,

Nérée, pouvait se transformer en toutes sortes d'animaux et d'éléments — ce qui lui servit pour échapper aux questions d'Héraclès sur les Hespérides. La sœur de Thétis, Psamathé, se transforma de même pour tenter d'échapper à l'amour d'Éaque, le propre père de Pélée. Elle prit entre autres la forme d'un phoque et elle eut de lui un fils, nommé Phôcos. Selon certaines versions, elle devait plus tard épouser notre Protée.

Le même pouvoir appartenait à Mètis, qui prit diverses formes pour échapper à Zeus ; or Mètis était fille d'Océan — ce qui nous ramène à la mer... En revanche, Némésis, qui agit de même, et fut possédée par Zeus sous la forme d'un oiseau, n'était point déesse marine. Mais Acheloos, qui était un fleuve et, lui aussi, fils d'Océan, donna quelque peine à Héraclès, précisément à cause de son don de métamorphose ; il se transformait en taureau ou bien en dragon. Comme le chante le chœur des *Trachiniennes* de Sophocle (507-509) « L'un est un fleuve puissant. Avec ses quatre pattes, avec ses hautes cornes, il offre l'aspect d'un taureau ». L'art archaïque s'est parfois inspiré de cet épisode.

On pourrait trouver d'autres exemples : ceux-ci suffiront à montrer combien le récit d'Homère plonge dans un ensemble de traditions mythologiques et combien le « Vieux de la mer » qu'est ici Protée (IV, 365) est lié à ces mirages de la mer[23].

Pourquoi rapporter ici toutes ces légendes, qui n'ont aucune place dans Homère ? Parce que, précisément, elles vont nous aider à mesurer l'originalité de sa présentation et à reconnaître, même ici, même dans ce feu d'artifice de métamorphoses unique dans son œuvre, des reflets de la tendance observée ailleurs.

On peut considérer d'abord les métamorphoses

mêmes : elles sont là ; elles sont annoncées par Eidothéa et racontées dans le récit.

Elles diffèrent d'ailleurs un peu d'un texte à l'autre. Eidothéa avait annoncé des transformations « en animaux terrestres, en feu, en eau »[24]. Or le récit dira, avec plus de précision, que Protée se transforme en lion à crinière ; « puis il devient dragon, panthère et porc géant ; il se fait eau courante et grand arbre à panache » (456-458). Le récit développe les « animaux terrestres », mais supprime le plus difficile de tout à se représenter : le feu !

En tout cas, malgré le luxe des possibilités, on remarquera que l'annonce fait deux vers et le récit trois — ce qui est étonnamment peu. Et aucun commentaire descriptif ne s'y joint. Cette brièveté a été depuis longtemps relevée[25].

À cette gerbe de tentatives, comment résister ? Eidothéa a dit : « Tenez-le ferme, et pressez-le plus encore » (419). Le récit dit : « Mais nous, nous le tenons ferme, d'un cœur résolu. »

Très bien ! Sans même parler du feu, comment fait-on donc pour tenir ferme de l'eau courante ? Vous pouvez sur ce point consulter le livre de Détienne et Vernant, et admettre qu'il s'agit d'une certaine prise magique[26]. S'il en est ainsi, on peut au moins constater qu'Homère ne le sait pas, ou ne s'y intéresse pas. Il ne garde de cette « prise » que la volonté résolue de l'homme : la magie, chez lui, est de n'avoir pas peur.

Le conseil d'Eidothéa ne réside donc pas essentiellement dans la « prise ». Il consiste d'abord dans la ruse qui permettra de surprendre Protée endormi. Et ici interviennent les phoques.

Ce « Vieux de la mer » se présente à nous comme un gardien de phoques[27] ; par là, il se rapproche étrangement de la vie quotidienne. Ce prophète doit compter son troupeau avant de s'endormir, et ne sait même pas reconnaître les hommes déguisés en phoques ! Quant à ce déguisement, je crois qu'il faut en admirer le réalisme quotidien. Car combattre une divinité aux formes multiples n'est rien : le pire (αἰνότατος) fut de rester couché sous une peau de phoque, à cause de l'odeur ! Le récit des métamorphoses de Protée occupe trois vers, l'évocation de l'odeur des phoques en occupe six — la même disproportion qu'entre les métamorphoses chez Circé et le repas qu'elle offre à Ulysse...

On a donc là une scène plaisante de déguisement sur la plage, toute traversée de réalité concrète. Mais, en même temps, n'est-ce pas une modification significative des habitudes mythologiques ?

Que le phoque ait joué un rôle dans les aventures entre les divinités marines et les hommes, rien d'étonnant à cela, puisqu'il a le privilège de pouvoir vivre aussi bien dans l'eau et à l'air. Mais, dans les autres légendes, c'est la divinité qui a l'initiative : elle se transforme en phoque, ou bien donne naissance à un homme qui porte le nom de Phoque. En revanche, dans l'*Odyssée*, c'est un homme qui a l'initiative ; il ne se change évidemment pas en phoque : il se *déguise* en phoque, intelligemment, astucieusement ; et par là, il dupe la divinité. Il est vrai qu'il est aidé en cela par la fille de cette divinité : après tout, Ménélas, à qui tout cela arrive, est moins astucieux qu'Ulysse, et il faut pour qu'il s'en tire qu'il ait « ému le cœur » d'Eidothéa (366) [28] ; mais, de toute façon, pour vaincre une divinité, un homme ne peut suffire [29]. Et il reste que le phoque, qui, après avoir été l'avatar d'une divinité, devient le déguisement d'un homme, représente une transformation profonde dans le sens de l'humanisation de l'épisode. Son rôle est l'inverse de ce qu'il est ailleurs, comme est inverse la proportion donnée, dans le récit, au merveilleux et à l'astuce pratique.

Cet aspect valait, me semble-t-il, d'être signalé : il apparente cet épisode exceptionnel aux habitudes d'Homère dans les autres parties de l'œuvre.

Il faut enfin ajouter que, même ici, la valeur dans la composition de l'ensemble contribue à expliquer la présence de cette exception. L'épisode de Protée clôt la Télémachie. C'est lui, et lui seul, qui apporte enfin des nouvelles d'Ulysse, avant que le récit ne passe à Ulysse lui-même. Il occupe la même place, à la fin de la Télémachie, qu'occupaient, dans les récits chez Alkinoos, l'épisode de Circé et la rencontre avec les morts ; il est, en petit, la révélation que seront, en grand, ces autres aventures. Cette similitude se marque jusque dans des ressemblances verbales, que l'on n'a pas manqué de relever [30].

À ces deux traits se reconnaît l'action propre du poète qui utilise le surnaturel en fonction de ses besoins littéraires et en adoucit les contours pour le rapprocher autant que possible d'une expérience humaine que nous puissions accepter et revivre.

★

Il ne saurait échapper à personne que dans l'analyse de ces divers passages, c'est précisément cet art d'Homère qui m'a avant tout intéressée. Mais, pour quiconque s'occupe de l'histoire de la religion grecque, il me semble qu'il y a aussi quelques leçons à retirer de leur examen.

La première est évidemment que les mythes de la religion grecque étaient infiniment variés, et que toute la vie était à l'origine semée de légendes, de craintes, et de rites. Dès que l'on creuse, on trouve des légendes et des personnages que la simple lecture des textes ne révélait pas.

La seconde est que, par leur mobilité même, ces données sont difficiles à saisir. Il n'y a pas en Grèce de dogme ni de livres sacrés. Chaque poète recueille les légendes qu'il veut, les retouche, les corrige. Nous ne saisissons la religion grecque que toute mêlée de littérature.

Et surtout il doit être clair qu'Homère, qui est notre source la plus ancienne, n'est certes pas de celles avec lesquelles on touche au fond le plus primitif de la religion grecque. Sa réserve littéraire l'amène à passer sous silence beaucoup de données. Et, en fait de métamorphoses, on a d'autant plus de détails que l'on descend plus bas dans le temps ! J'ai montré en passant que l'art archaïque et la tragédie étaient beaucoup plus riches que l'épopée et vous vous rappellerez la citation interrompue de Platon, qui passait d'Homère à la tragédie ; il faudrait signaler que la fin de l'époque hellénistique et l'époque de l'empire romain le sont beaucoup plus encore, quand paraissent les recueils de métamorphoses de Nicandre de Colophon ou de Parthenius de Nicée, puis d'Antonius Liberalis, sans parler, bien entendu, d'Ovide.

Ils n'inventent pas, assurément : les légendes existaient et beaucoup devaient exister déjà avant Homère. Et le fait doit nous rappeler que nous ne saisissons que très indirectement les mythes de la Grèce antique et ne les saisissons jamais qu'à travers une littérature, dès l'origine, raffinée, personnelle et évoluée. Non seulement la religion grecque est aussi changeante que Protée, mais pour l'histoire des religions comme pour l'anthropologie, les auteurs grecs peuvent être aussi trompeurs qu'Ulysse.

NOTES DE L'ÉTUDE N° 2

1. Dans l'*Iliade*, XXIII, 347, le cheval Arion est dit d'origine divine ; mais Homère se garde de dire, comme certains le raconteront, qu'il avait été engendré par Poséidon lui-même, métamorphosé en cheval. Sur Borée et les juments d'Erichthonius (*Il.*, XX, 223 sqq.), cf. J. Griffin « The epic cycle and the uniqueness of Homer », *J.H.S.*, 97 (1977), p. 41 et n. 22.
2. Homère ne précise pas toujours la forme que revêt le dieu, qui est supposé garder la sienne (ainsi II, 172 sqq. ; V, 123 sqq. ; 330 sqq. ; 438 sqq. ; ou encore XI, 196 sqq. ; XII, 507 sqq. ; XIV, 364 sqq. ; XV, 240 ; XVI, 700 sqq. ; 788 sqq., etc.).
3. Cf. II, 279 : « Sous les traits d'un héraut » ; 786 sqq. : « De Politès, fils de Priam, qui... » ; 136 sqq. : « sous les traits d'un vieil homme » ; 215 sqq. : la voix de Thoas ; 355 sqq. : « sous les traits d'un mortel » ; XVII 322 sqq. : « sous les traits de Périphas le héraut » ; 582 : « Il a pris l'aspect de Phénops l'Asiade, le plus cher de tous ses hôtes ») ; XX, 79 sqq. : « Il s'est donné la voix de Lycaon... ; c'est sous ses traits que... » ; XXI, 599 sqq. : « prend tous les traits d'Agénor » ; XXIV, 347 sqq. : « sous les traits d'un jeune prince chez qui... ».
4. Cf. les exemples cités par Bowra, *Heroic Poetry*, p. 502 sqq., avec des transformations en animaux de toute espèce dans des épopées tibétaines ou autres ; les métamorphoses sont naturellement plus fréquentes dans les œuvres d'inspiration populaire et folklorique.
5. Outre les principaux ouvrages sur les dieux dans Homère (H. Schrade, *Götter und Menschen Homers*, Stuttgart, 1952 ; W. Kullmann, *Das Wirken der Götter in der Ilias*, (Acad. Berlin, 1956), il y a eu des études réservées aux transformations en oiseaux (F. Dirlmeier, *Die Vogelgestalt homerischen Götter*, Akad. Heidelberg, 1967, qui est très rationaliste, et l'article de H. Bannert, « Zu Vogelgestalt

der Götter bei Homer », *W. St.*, 1978, p. 29-42, qui est plus nuancé.

6. S'il s'agit d'une divinité marine, ce sera une autre métaphore : Thétis vient trouver Achille en émergeant de la mer « telle une vapeur » ; mais elle n'est nullement une vapeur : elle s'assied et le flatte de la main.
7. Le passage est écarté par Bérard.
8. Bannert insiste avec raison sur leur variété. Il faudrait ajouter que, très souvent, Homère laisse planer le doute. C'est le cas pour le passage de l'*Iliade*, XIX, 350 sqq., lorsque Athéna descend du haut du ciel, « tel un faucon aux ailes déployées, à la voix sonore » : qui peut dire s'il s'agit d'une transformation ? Une seule chose est sûre : le poète glisse lui-même, très vite.
9. Cf. Bannert, *op. cit.*, p. 39.
10. On sait cependant la place que devait lui faire un poète aux goûts différents, comme Ovide (cf. *Métamorphoses*, VI, 302 sqq.).
11. Dans Pindare, c'est Chiron. Homère insiste au contraire sur le fait que Phénix est le seul maître d'Achille. Chez Homère, on doit seulement à Chiron des recettes médicales (*Il.*, IV, 219 ; XI, 832).
12. Cf. *Od.*, IX, 190 et X, 120.
13. Sur cet épisode, voir la conférence intitulée « Un cheval qui parle dans Homère », ici p. 57 et suiv.
14. Stanford donne même à ces mots une valeur générale, donc le sens d'une comparaison (« comme des porcs le sont en général »).
15. On notera cette indication de simple ressemblance (relevée par Dirlmeier) : Homère escamote autant que possible le fait de la métamorphose. C'est le même mot ἐοικότας qui faisait déjà l'ambiguïté des transformations des dieux olympiens.
16. *Folk Tales...*, p. 57.
17. Cf., Eschyle, *Aga.*, 1144 ; *Sup.*, 60 ; dans Sophocle, la tragédie *Térée* et *Él.*, 148 ; fr. 521, 1 ; dans Euripide, le fragment 773, 26.
18. Cf. Sophocle, *Ant.*, 825-833 ; *Él.*, 150.
19. À l'origine, il venait de Chalcidique.
20. *Bibl.* II, 1149 ; parmi ses métamorphoses figurent aussi le feu, l'eau, le vent, l'arbre, un oiseau, un tigre, un lion, une seiche (cf. Détienne-Vernant, *La Mètis...*, p. 161).
21. À commencer par un fragment de Sophocle (548).

22. Cette réserve se retrouve dans d'autres cas : il mentionne à deux reprises le frère de Nestor, Périclyménos, sans mentionner le fait qu'il avait le don de métamorphose — ce que l'on sait, entre autres, par un fragment d'Hésiode (33 MW).
23. Il s'y joint l'idée du savoir des divinités marines, qui se retrouve dans le cas de Nérée et que certains ont rapproché des tests par l'eau dans d'autres civilisations. Glaucos, devenu dieu marin, avait acquis du coup le don de prophétie ; et la fille de Protée, dans Euripide, Théonoé, est prophétesse, comme Protée est ici prophète.
24. 417-418 — le mot ἕρπετα ne désigne pas exclusivement les animaux rampants.
25. Cf. P. Vivante, *The homeric imagination*, 1970, p. 109.
26. Cf. le dernier chapitre du livre cité ci-dessus. Ce chapitre est intitulé « Le lien circulaire ».
27. Cf. 413 : νομεὺς ὣς πώεσι μήλων. On notera qu'il en est de même du Cyclope.
28. Dans les contes, il s'agit d'amour : Homère préfère un terme vague, suggérant plutôt la pitié.
29. Cf. la question de Protée au vers 462.
30. Les vers 389-390 du chant IV, où Eidothéa indique ce que Ménélas apprendra de Protée, sont exactement repris au chant X, 539-540, quand Circé dit à Ulysse ce qu'il apprendra de Tirésias. Sur le parallélisme des deux scènes, cf., entre autres, J.H. Finley Jr, *Homer's Odyssey* 1978, p. 69.

3

UN CHEVAL QUI PARLE DANS HOMÈRE*

Bien des tendances nouvelles, et bien des découvertes diverses ont occupé dans les dernières années les savants qui travaillaient sur Homère : il ne faudrait pourtant pas que ces efforts scientifiques nous détournent d'une lecture « littéraire » des deux épopées. On en prendra ici pour preuve le cas d'un épisode de l'*Iliade*, chant XIX, où le cheval Xanthos se trouve soudain doué de la parole et prédit à Achille sa mort prochaine. Ce court récit jette une lumière remarquable sur l'art d'Homère et sur les sentiments qui dominent son œuvre.

Je voudrais d'abord que la scène soit bien présente à l'esprit de tous. Achille a deux chevaux immortels, donnés à Pélée lors de son mariage avec Thétis. Il les a prêtés à Patrocle, qui est allé combattre à sa place et qui est mort. À présent il les fait atteler pour retourner enfin au combat et aller venger Patrocle. C'est à ce moment que le cheval Xanthos prend la parole. C'est la fin du chant (XIX, 408-424) :

* Conférence prononcée à l'Université de Thessalonique, le 3 mars 1991. On en retrouvera des éléments dans une communication faite, la même année, à l'Académie d'Aix-en-Provence.

« Brusquement il baisse la tête et toute sa crinière, échappant au collier, retombe, le long du joug, jusqu'à terre. La déesse aux bras blancs, Hérè, vient à l'instant de le douer de la voix humaine :

« " Oui, sans doute, une fois encore, puissant Achille, nous te ramènerons. Mais le jour fatal est proche pour toi (ἐγγύθεν ἦμαρ ὀλέθριον). Nous n'en sommes point cause, mais bien plutôt le dieu terrible et l'impérieux destin. Et ce n'est pas davantage à notre lenteur ou à notre indolence que les Troyens ont dû d'arracher les armes aux épaules de Patrocle. C'est le premier des dieux, celui qui a enfanté Léto aux beaux cheveux, qui l'a tué au milieu des champions hors des lignes et qui a donné la gloire à Hector. Nous saurions, nous, à la course, aller de front avec le souffle du Zéphyr, le plus vite des vents, dit-on ; mais ton destin, à toi, est d'être dompté de force par un dieu et par un homme, Achille."

« Il dit et les Érinyes arrêtent sa voix. Achille aux pieds rapides violemment s'irrite et répond :

« "Xanthe, pourquoi me viens-tu prédire la mort ? Aussi bien n'est-ce pas ton rôle. Je le sais bien sans toi : mon sort est de périr ici, loin de mon père et de ma mère. Il n'importe : je ne cesserai pas que je n'aie aux Troyens donné tout leur soûl de combat."

« Il dit et, à la tête des siens, en criant, il pousse ses chevaux aux sabots massifs. »

Vous avez entendu ce passage et la description de ce petit miracle. Il est tout à fait étonnant.

Il est étonnant parce que c'est Homère, et que le merveilleux, chez Homère et surtout dans l'*Iliade* est toujours discret, et à la limite de l'expérience humaine. Il n'y a pas de métamorphoses, ni de monstres. Quand les dieux interviennent dans le récit, ils ne prennent que la forme d'êtres humains[1]. Les animaux, qui parlent souvent dans la fable ou dans l'épopée d'autres peuples, ne parlent jamais. Sauf ici !

Or le miracle d'un cheval qui parle est rare partout, curieusement rare. J'ai fait une recherche un peu partout et cet animal, si proche de l'homme et si mêlé à la vie du guerrier, n'est presque jamais doué de la parole.

De plus, c'est ici un miracle ponctuel, réservé à un moment d'exception. Dans d'autres civilisations plus favorables à l'imaginaire et au merveilleux que la Grèce d'alors, on trouve bien de ces animaux irréels, comme le cheval de Ghesar de Ling, le héros de l'épopée tibétaine, qui parlait « toutes les langues ». Il s'agit ici de quelque chose de très différent. C'est Héra qui brièvement accorde la parole au cheval d'Achille (d'ailleurs immortel), et, presque aussitôt, les Érinyes la lui retirent.

Curieuse histoire ! Naturellement, des savants soucieux de mythologie se sont mis à chercher à quel fonds ancien puisait cette idée, ou cette tradition. B.C. Dietrich, il y a vingt-cinq ans, a réuni des documents montrant la relation souvent attestée entre le cheval, le vent, les Harpyes et les Érinyes. En revanche, pour ce qui est du rôle de l'épisode, il le tient pour négligeable : Achille savait déjà qu'il devait mourir, l'épisode n'ajoutait rien (*Acta Classica*, 1963, p. 9-24).

Mon système d'explication est exactement inverse. Je crois que ce bref miracle n'a guère de fonds mythologique, et que le rôle des Érinyes est surtout (comme il le sera souvent dans la suite) de faire rentrer les choses dans l'ordre : l'essentiel est la place que prend cet événement surnaturel dans le récit. Il est en effet l'aboutissement d'une série de prophéties rendant de plus en plus menaçante et précise l'imminence de la mort d'Achille. Ces prédictions commencent de façon vague au chant I, par l'idée qu'Achille est voué à une vie brève (ὠκύμορος, qui est employé au vers 505, ne s'applique qu'à Achille). Achille lui-même rappelle au chant I que sa mère l'a souvent averti. Au chant XVIII 88-93, Thétis lui dit en effet que la mort est préparée pour lui « tout de suite après Hector ». On dirait une ombre tragique qui se renforce. Enfin vient la prédiction du cheval — elle est plus précise encore ! — annonçant qu'Achille sera tué « par un dieu et par un homme » (417 : Il s'agit d'Apollon et de Pâris). Mais surtout cette dernière prédiction surgit à un moment décisif : elle a lieu au moment même où Achille retourne enfin au combat, et où la série des événements menant à sa mort est commencée. Le fait qu'elle soit présentée par un petit miracle souligne ce que le moment a de grave et d'important. On dirait qu'Homère a voulu à tout prix marquer la solennité de l'événement.

C'est là un bon procédé de pathétique. Il faut aussi se rappeler que la mort d'Achille ne sera pas racontée dans l'*Iliade*, qui ne va pas jusque-là. Il fallait, pour la grandeur tragique du poème, qu'elle fût annoncée de façon frappante et inoubliable.

De plus, la grandeur même du héros en est accrue. Car cette annonce de sa mort prochaine ne retient pas Achille. Déjà, à Thétis, il disait que la vie ne lui était rien, s'il ne vengeait pas son ami, et il déclarait : « La mort, je la recevrai le jour où Zeus et les autres dieux voudront bien me la donner » (XVIII, 115-116). Il veut auparavant, « conquérir une noble gloire et faire couler le sang troyen ». De même ici, Achille peut répondre avec fierté à la prédiction du cheval : oui, il accepte le destin qui le guette : tant pis ! (ἀλλὰ καὶ ἔμπης). Son courage ressort d'autant mieux que des prédictions répétées l'ont rendu plus lucide.

Homère, par ce miracle qui sort de ses habitudes et rompt avec l'ordre des choses, attire tout ensemble l'attention sur un moment décisif, et la sympathie pour le plus grand de ses héros, à la fois digne de pitié et d'admiration.

Cet art consommé de faire intervenir les dieux pour mieux orchestrer les grands moments de l'action humaine se retrouve constamment. C'est ainsi que les chants XX et XXI, juste avant la mort d'Hector, sont chargés de surnaturel, et que les dieux eux-mêmes entrent alors dans la bataille que se livrent les hommes. C'est ainsi aussi que surgissent, dans l'*Odyssée*, les miracles d'Athéna, entre autres quand une lampe d'or éclaire soudain le palais après le retour d'Ulysse, ou quand — par un prodige presque unique chez Homère — elle prolonge la nuit qui suit les retrouvailles entre lui et Pénélope (XIX, 36-40 ; XXIII, 242).

Un tel procédé implique à la fois un art très sûr de ce que j'ai appelé l'orchestration du récit, et une tendance extraordinaire à tout centrer sur l'homme. Car un miracle intervient bien, mais il sert à relever non pas la toute-puissance des dieux, mais la grandeur morale du héros et le pathétique de son sort.

Cependant, ce petit miracle fait aussi apparaître un des sens profonds du poème.

Le cheval n'a pas parlé pour une prophétie annoncée dans l'indifférence : il a parlé sous l'effet de la pitié que lui inspire le sort du plus grand des héros, promis maintenant à la mort. Le cheval a parlé en baissant la tête, sa crinière retombant jusqu'à terre.

J'ai cherché un peu partout dans les récits des autres

épopées la mention de chevaux qui parlent. Ils sont rares (même dans la fable) ; mais aucun ne parle inspiré par la pitié.

Or, dans l'*Iliade*, une première fois déjà les chevaux d'Achille ont été pris de pitié : ils ont pleuré lorsque Patrocle a été tué — Patrocle à qui Achille les avait confiés. Et Homère les a décrits, qui demeurent immobiles, comme une stèle, et versent des larmes brûlantes (XVII, 434-440). Cette pitié des chevaux immortels pour l'homme est saisissante. Elle fait partie de la grande pitié de l'*Iliade* pour le guerrier qui tombe et meurt. Les chevaux pleureront encore, le cœur désolé, lors des concours à la mémoire de Patrocle (XXIII, 280-284).

Mais pour en revenir au moment de cette mort de Patrocle, il faut encore dire que le deuil des animaux n'est pas tout. Car Zeus lui-même, à ce moment-là, prend les chevaux en pitié (ἐλέησε) ; et il s'écrie : « Pauvres bêtes ! Pourquoi vous ai-je données à Sire Pélée — un mortel ? » Et il regrette de les avoir associés au sort des misérables humains — « les plus misérables entre tous les êtres qui respirent et qui marchent sur la terre » (441-450).

Ces larmes et cette pitié tissent donc au sein du poème un long tracé de compassion : comme toujours chez Homère, les notations se préparent l'une l'autre, se font signe, s'organisent.

Mais, après tout, n'est-ce pas le thème central que cette pitié pour le héros parce qu'il est mortel ?

Les dieux le savent bien, eux qui sont immortels. D'autres fois, ils sont « pris de pitié » (VIII, 350 ; XV, 12, 44 ; XVI, 431 ; XIX, 340 XXIV, 332). Et, d'une façon générale, leur chagrin à la pensée de la fragilité des choses humaines est une des merveilles de la poésie homérique. Presque tous les dieux ont des fils ou des êtres chers parmi les combattants. Zeus lui-même doit apprendre ce qu'est la mort d'un fils, lorsque meurt son fils Sarpédon. Et, là aussi, la composition rend l'idée saisissante, grâce à l'hésitation qui s'empare de Zeus au moment où il doit accepter ce sort, puis grâce à un miracle comparable à ceux que j'ai mentionnés, car il ponctue et met l'événement en relief : par un miracle presque unique en grec (contrairement à ce que l'on voit en latin), Zeus marque sa douleur par une pluie de sang (XVI, 460).

Au reste, cette même pitié fournit, on le sait, la conclusion de l'*Iliade*, quand les dieux arrêtent les mauvais traitements infligés par Achille au corps d'Hector, et que tous deux, Achille et Priam, pleurent chacun le malheur des siens. Elle fournit aussi, dans la composition même, le parallélisme des deux scènes de deuil, si différentes, qui se répondent dans les deux derniers chants — le deuil dans le camp et à Troie. Aucune épopée au monde n'a jamais eu conclusion moins triomphaliste.

Les remarques présentées ici n'impliquent aucune prise de position particulière sur la « question homérique » : elles supposent seulement, dans l'ensemble et sauf exceptions, un art déjà élaboré et une sensibilité dominante aisée à reconnaître. Il faut ajouter que cette sensibilité correspond, en définitive, à une caractéristique de la culture grecque en général. Elle fait que les textes touchent d'emblée au fond même de la condition humaine, et en rendent les traits immédiatement perceptibles. On est ici déjà tout près de la tragédie du Ve siècle. Ce caractère propre de la culture grecque est ce qui me l'a fait aimer, avec émerveillement, tout au cours de ma vie. C'est aussi, je crois, ce qui a assuré à l'hellénisme en général la place unique qu'il occupe dans la littérature de l'humanité.

NOTES DE L'ÉTUDE N° 3

1. Voir ici la conférence reproduite sous le numéro 2.

4

« POURQUOI ULYSSE ? »*

L'exposé que vous allez entendre constitue dans mon esprit un double hommage à la ville de Dublin, qui nous accueille. C'est la ville de Joyce dont l'œuvre *Ulysse* est un des monuments de la littérature moderne. Et c'est la ville de W.B. Stanford, l'éminent homérisant, qui a précisément suivi le thème d'Ulysse, d'Homère à nos jours [1].

Si l'on relit ce livre, on s'aperçoit que, dans le dernier demi-siècle, quantité de récits, de romans, d'essais, ont raconté à leur façon l'histoire d'Ulysse — tout simplement parce qu'ils y ont vu (je pense surtout aux plus grands) un symbole de la condition humaine, ou de la misère humaine, ou de l'intelligence humaine aux prises avec la vie.

Pourquoi ? Bien entendu, cela tient pour une large part au sujet ; et il n'est pas besoin d'être grand clerc ni en psychologie ni en psychanalyse pour mesurer le sens que peut revêtir cette série d'épreuves tendant vers un

---

* VIIIe Congrès de la Fédération internationale des Associations d'études classiques, 27 août-1er septembre 1984, Dublin.

retour et vers une identité retrouvée. Aux épreuves se joignent les tentations et les erreurs. Avec les épreuves s'accroît le savoir. C'est toute une vie en quête de la paix à venir. Le fait que cette série d'épreuves entraîne le héros jusque chez les morts rapproche même le sujet de l'*Odyssée* de toutes les œuvres visant à initier aux secrets de la vie[2]. À tous égards, on rejoint des archétypes, propres à faciliter la survie de l'œuvre.

J'admets sans réserve cette explication, et je pense qu'elle doit être donnée en priorité.

Je pense cependant que cette explication n'est pas la seule. Et voici deux remarques qui peuvent le suggérer.

Tout d'abord, les auteurs modernes qui ont fait d'Ulysse le symbole de la vie humaine ont précisément renoncé au voyage et au retour — comme Joyce qui pourtant transpose avec soin chaque détail, et chaque épisode, et qui lui-même fut un exilé aspirant à rentrer dans sa terre natale. Ou du moins ils renoncent au retour, comme Kazantzakis : dans la plupart des cas, Ulysse ne souhaite pas plus rentrer que Pénélope ne souhaite le voir rentrer. Inversement Sinbad le marin et ses voyages n'ont jamais inspiré de méditations sur l'homme. Le moins que l'on puisse dire est que le thème n'aurait pas revêtu ce sens sans quelque chose de particulier à l'art d'Homère.

C'est à ce quelque chose que je m'attacherai, en cherchant ce qui dans la présentation de l'Ulysse homérique et dans l'art d'Homère en général a pu susciter ou faciliter ces interprétations. Ce sera, du même coup, réfléchir sur Homère.

Il est certain que la façon dont Homère présente Ulysse, dans l'*Odyssée*, pouvait le prédisposer à devenir ce symbole de l'homme, et cela pour deux raisons. La première tient à ce qu'il est, la seconde à ce qui l'entoure.

Ulysse, dans l'*Odyssée*, et à la différence des héros de l'*Iliade*, est fait de grandeur et de misère. Cette dernière est même fortement mise en relief.

Le poème s'ouvre par l'idée, non pas de ce qu'il accomplit, mais de ce qu'il subit[3] ; Il subit ses errances (*plangthê*) ; il subit des maux (*pathen algea*)[4]. Le poème lui-même rappelle volontiers qu'il est le plus malheureux des hommes. Il a un sort contraire et il souffre, dit Athéna (I, 49). Il est le plus maltraité du sort entre tous les mortels, dit Télémaque (I, 129). Et il l'appelle « lui, le malheureux » (II, 351) ; de même Calypso l'interpelle en l'appelant « malheureux » (V, 160) et sa mère, aux enfers, l'appelle « malheureux entre tous les hommes » (XI, 216) : l'adjectif *kammoros*, employé dans ces trois cas, l'est cinq fois en tout dans l'épopée : toujours à propos d'Ulysse[5] ; et il ne se retrouvera que dans Apollonius de Rhodes (IV, 1318). Ulysse lui-même dira chez Alkinoos qu'il n'est qu'un mortel et le plus misérable de tous (VII, 216).

Dès qu'il apparaît, il souffre et il pleure. Les premières nouvelles que l'on ait de lui viennent de Protée, qui l'a vu « dans une île, pleurant à chaudes larmes » (IV, 556). Là-dessus, au chant V, Hermès va trouver Calypso dans cette île : il n'y voit pas Ulysse : « Il pleurait sur le cap, le héros magnanime, assis en cette place où chaque jour les larmes, les sanglots lui secouaient le cœur » (83-84). De fait c'est là que Calypso le trouve, « les yeux baignés de larmes » (152). Lui-même dira plus tard : « Je restais là sept ans, sans bouger, sans cesser de tremper de mes larmes les vêtements divins qu'elle m'avait donnés » (VII, 259-260).

À cette situation nouvelle correspondent des traits qui rapprochent Ulysse de la condition commune.

Les héros de l'*Iliade* étaient grands et beaux : pas Ulysse (IX, 513-515). Ils se dressaient comme des guerriers coupés de tout sauf de la guerre. Malgré Briséis, malgré Andromaque, leur vie normale n'était évoquée que par allusion, comme autant de rappels marginaux. Au contraire, Ulysse est lié à tout ce monde humain qu'il veut retrouver et qu'il retrouve : il est lié — comme nous le serions — à sa terre, à ses compagnons, à sa femme, son fils — et même à son chien : c'est un homme comme tous les autres. Il est même relié à des êtres du commun, qu'eût ignorés l'*Iliade* : un bouvier, des servantes ; tous les rapports humains jouent dans l'*Odyssée*, qui ne jouaient pas dans l'*Iliade*.

À cela se joint une curieuse insistance sur les besoins quotidiens : Ulysse mange, a besoin de manger, parle, tout simplement, des exigences du « ventre ». Il en parlait déjà dans l'*Iliade*, à propos de l'armée : dans l'*Odyssée*, l'insistance est plus grande. La liste des passages est impressionnante[6] ; et plus impressionnante encore est la réaction de Victor Bérard, qui les supprime pratiquement tous, jugeant que c'est comme si l'on introduisait Rabelais dans Mme de La Fayette[7]. Mais qui parle de Mme de La Fayette ? Joyce ne s'y est pas trompé, qui a tant renchéri sur la vie corporelle de son Ulysse : Homère lui avait ouvert la voie en faisant de son Ulysse un homme ordinaire, avec des besoins plus ordinaires qu'épiques. Ce réalisme explique les illustrations comiques et familières de l'*Odyssée* qui surgirent dès l'antiquité[8] : il explique aussi ce qui prédisposait l'Ulysse homérique à devenir un symbole de l'humaine condition.

Ses vertus mêmes sont proches de nous. Certes, il est

vaillant, comme dans l'*Iliade*. Mais il a aussi d'autres vertus, qui ne sont point des vertus de héros[9]. Il a l'énergie, qu'illustre la suite même de ses épreuves[10]. Il a la piété, vertu douce, qui a gagné du terrain depuis l'*Iliade*[11] ; et, naturellement, il a l'intelligence, constamment mise en avant, et qui n'est pas vertu héroïque[12]. Il a enfin une certaine douceur qui est évoquée dans le souvenir de son règne (il était « doux comme un père ») et dans les adjectifs dont use Athéna envers lui — comme *epètès* et *ekhephrôn* : ce dernier étant presque partout réservé à Pénélope. Ces vertus sont toutes ce que M. Adkins appellerait des vertus tranquilles. Elles éloignent Ulysse du monde héroïque pour le rendre plus proche de nous.

En second lieu, ce héros au caractère si humain n'est jamais, dans le poème (sauf dans les derniers chants) opposé à d'autres hommes : il est, presque toujours, de par la donnée même du poème, l'homme en contraste avec le non-humain. Il a à lutter contre la tempête, contre la magie, contre les monstres. Et, ici encore, avec un art consommé, Homère signale à chaque fois que ceux-ci « ne ressemblent pas à des hommes » : on trouve presque la même formule pour le Cyclope et les Lestrygons[13]. Peu à peu, la transposition devient ainsi naturelle et ce personnage, opposé à ce qui n'est pas humain, peut aisément devenir le symbole de l'homme aux prises avec l'univers qui l'entoure.

Cette signification affleure même dans le poème, discrètement mais éloquemment, lors du choix extraordinaire que Calypso offre à Ulysse : il pourrait devenir immortel et il refuse ; il préfère rentrer chez lui, retrouver sa femme, son île et son sort propre[14]. Ulysse le très humain choisit de rester homme.

Ce choix, qu'Ulysse rappellera chez Alkinoos, est assez mis en relief. Il coïncide avec une insistance accrue sur les deux conditions, humaine et divine, ici contrastées, puisque le poète appelle ici Calypso et Ulysse « la déesse et l'homme », et qu'il rappelle leurs nourritures différentes : si Calypso reçoit l'ambroisie et le nectar, Ulysse, lui, reçoit « les mets et la boisson dont usent les hommes mortels » (V, 197) [15].

Ce choix de l'humaine condition se situe au confluent des deux tendances que j'ai dites : faire d'Ulysse un homme sans rien de surhumain et l'opposer à des êtres non humains ; en effet ce choix est un peu celui d'une vie modeste, par contraste avec la grandeur du divin. Plus tard, Platon montrera Ulysse, au moment de la réincarnation, choisissant la vie « d'un homme tout simple, étranger aux affaires » (*Rép.*, 620 c). L'évolution vers Léopold Blum s'amorce déjà chez Platon.

Mais attention ! Peut-être ces traits de l'Ulysse homérique facilitaient-ils son rôle à venir. Pourtant la simple mention du nom de Léopold Blum nous rappelle que l'évolution n'est ni simple ni continue.

Cet Ulysse symbole de l'homme pouvait en effet devenir différent selon l'idée que chacun se faisait de l'homme. La preuve : l'Ulysse de Joyce et celui de Kazantzakis sont absolument opposés entre eux, et absolument opposés, aussi, à l'Ulysse homérique. Léopold Blum est bien plus modeste, enfermé dans une vie étroite, presque un anti-héros : l'Ulysse de Kazantzakis est passionné de liberté et de solitude, et son héroïsme est à la mesure de l'univers [16]. Léopold Blum erre dans les rues de Dublin, sans lutter contre rien : l'Ulysse de Kazantzakis lutte contre le monde entier, avant de finir dans les glaces de l'Antarctique.

La même difficulté, soulevée à propos du mythe du voyage, reparaît donc à propos de la personne d'Ulysse : les modernes ont rejeté l'essentiel de ce qui avait pu, au départ, les séduire. Encouragés par quelques notations discrètes, ils ont suivi Homère et donné une nouvelle vie à son personnage ; mais ils ont, à partir d'Homère, écrit tout autre chose, et écrit, en un sens, contre lui. Ils ont tiré sa discrétion même à hue et à dia.

L'on peut alors se demander si la véritable solution de notre problème n'est pas à chercher dans la relation même qui s'établit entre ces libertés modernes et cette discrétion homérique.

Je vous proposerai, pour nous en assurer, un détour. Il se trouve en effet que, dans l'Antiquité déjà, Ulysse prêtait aux interprétations contradictoires ; et, comme alors les problèmes fondamentaux ont été, d'abord, d'ordre moral et, ensuite, d'ordre philosophique, on constate qu'en ce domaine, les imitations, les jugements, les commentaires des anciens offrent déjà le même contraste avec la réserve d'Homère.

★

Les choses commencent au Ve siècle avant J.-C. À cette époque (qui diffère, en cela, de la nôtre) les curiosités étaient avant tout morales. Dans un premier temps, cette morale ne se séparait pas de la politique. Or, dans la tragédie grecque, presque sans exception, Ulysse est antipathique : il est devenu le symbole détestable du menteur et du démagogue (c'est le cas dans le *Philoctète* de Sophocle, et, pour Euripide, dans *Hécube*, les *Troyennes* et *Iphigénie à Aulis*, pour ne citer que les pièces les plus connues.) Là-dessus, dès lors que les problèmes moraux commençaient à se détacher de la politique, voici que le même Ulysse est devenu, pour les cyniques et sans doute pour les stoïciens [17], le symbole admirable de l'énergie et de l'endurance. Or, qu'offrait Homère à cet égard ? Disons-le franchement : pas le plus petit point de départ ni dans un sens ni dans l'autre.

Prenons en effet Ulysse le menteur. La discrétion d'Homère est d'abord dans les faits. Car W.B. Stanford a bien mis en lumière le paradoxe : la réputation d'Ulysse semble sur ce point bien établie et connue de tous [18], mais on ne trouve dans l'œuvre même d'Homère presque rien qui la justifie. Dans l'*Iliade*, on ne trouve le recours à la ruse que deux fois : une fois dans l'épreuve de lutte, ce qui n'implique aucun mensonge, et une autre fois dans la Dolonie, où le mensonge intervient. Mais, précisément, la Dolonie se trouve être un des épisodes le plus souvent considérés comme tardifs dans l'*Iliade* : c'est le seul dont un témoignage ancien ait suspecté l'authenticité [19]. Encore Ulysse n'est-il traître qu'envers un espion ennemi. Dans l'*Odyssée*, on rappelle ses ruses lors de sa première entrée à Troie et dans l'épisode du cheval de Troie (IV, 241-261 ; 270-289) ; mais Hélène et Ménélas citent ces traits comme exemples de vaillance, et à juste titre [20] ; quant à l'action elle-même de l'*Odyssée*, elle comporte quelques ruses (pour duper le Cyclope), des déguisements vers la fin, beaucoup de mensonges dus à la prudence — rien qui soit blâmable ou à quoi Athéna ne prête la main. Tous les épisodes un peu entachés de perfidie ou de cruauté, que l'on rencontre dans la tragédie, et qui, pour la plupart, avaient leur point de départ dans les poèmes du cycle (ceux qui concernaient Palamède, Philoctète, Astyanax, Polyxène — ou, à plus forte raison, Iphigénie [21]) sont ou bien ignorés d'Homère ou bien pudiquement omis[22]. Diverses explications sont possibles ; on peut mettre en cause le goût d'Homère[23], la contamination de ses sources[24] ou des poèmes initiaux[25] ; mais ce silence prouve en tout cas qu'Homère n'a voulu ni insister sur ces ruses ni les nier et n'a voulu dresser des paradigmes ni en bien ni en mal.

D'ailleurs cette habitude même de mentir est-elle seulement jugée ? Ces mensonges d'Ulysse sont-ils admirables ? sont-ils blâmables ? Pour Athéna, donc pour les lecteurs d'Homère, ils sont surtout amusants. C'est avec une caresse qu'Athéna se moque de son protégé : « Il faudrait un fourbe et un larron pour te surpasser en ruses de tout genre, même s'il s'agissait d'un dieu ! Mon pauvre, avec tes inventions et tes ruses sans fin ! Même dans ton pays, il te fallait donc continuer ces artifices et ces paroles trompeuses, chères à ton cœur depuis l'enfance !... »[26]. W.B. Stanford a très justement parlé du plaisir esthétique que semble ici éprouver Athéna. Mais cela implique de la part du poète l'absence complète de toute tendance soit à dresser un modèle soit à formuler une condamnation[27].

Et ce que je viens de dire ici des mensonges d'Ulysse vaudrait évidemment aussi pour sa fidélité conjugale, si évidemment louable et si évidemment imparfaite. Homère nous montre comment il choisit héroïquement la mortelle Pénélope, puis fait suivre ce choix d'une nuit d'amour avec Calypso. Tout cela, comme les rapports avec Circé ou Nausicaa, est joliment nuancé, mais sans un mot d'analyse, sans rien que des gestes, des sourires, des actes, sans intention d'ordre moral.

Je sais bien que le souci moral est plus grand dans l'*Odyssée* que dans l'*Iliade*. L'ouverture du poème le dit assez ; et le massacre des prétendants est bien donné comme le châtiment de leurs fautes. Mais je crois que, malgré ces progrès des tendances moralisantes dans l'*Odyssée*, elles y sont encore étrangement limitées et timides.

Jacoby (dans son étude de 1933) parle à propos de l'*Odyssée* d'une poésie qui n'est pas encore « moralisch instruiert » et qui nous place dans « les débuts d'un développement de l'éthique » (p. 188). Je souscris sans réserve à ce jugement. Et je pense qu'il rend compte de bien des choses. Il ne s'agit naturellement pas de coupure absolue, ni d'une humanité différente[28] ; mais une littérature correspond aux questions que pose une époque et aux moyens dont elle se dote pour y répondre. L'analyse morale ne correspond ni aux soucis ni aux possibilités d'Homère.

J'ajouterai que Victor Bérard, à la suite des critiques anciens, a souvent écarté du texte d'Homère les réflexions générales d'ordre moral, qui commencent à apparaître dans l'*Odyssée*[29]. Je ne suis pas ces condamnations ; mais, si ces réflexions interviennent, en effet, avec gaucherie, n'est-ce pas parce que le commentaire moralisant était encore inhabituel et relativement rare ? Hésiode et les lyriques allaient le rendre habituel, et même constant.

En tout cas, le contraste entre Homère et les auteurs du Ve siècle avant J.-C. rend compte, d'abord, des sens opposés dans lesquels tragiques et philosophes ont pu solliciter le personnage d'Ulysse. Et il rend compte aussi de ce qu'était la poésie homérique, discrète et directe, vivante, libre, transparente, sans aucune surcharge ni aucun commentaire. Dans l'ordre moral, en tout cas, elle a offert une figure d'homme, sans bassesse aucune, et que seules ses aventures permettaient de comprendre et d'aimer. Les moralistes étaient libres de broder. Or il en va exactement de même pour les curiosités métaphysiques.

Il y a bien, dans l'*Odyssée*, quelques remarques sur la justice divine (dont certaines que supprime Bérard). Et il y a bien une rencontre avec les morts. Mais je ne crois pas qu'il soit possible d'imaginer un rendez-vous avec l'au-delà, qui s'accompagne de moins d'émoi philosophique[30]. Certes, nous ne demandions pas un Ulysse perdu dans les conversations métaphysiques comme celui de Kazantzakis. Mais j'aimerais rappeler comment le héros sumérien Gilgamesh, quand il s'en va chercher la réponse, la cherche de toute son âme : « Je veux atteindre Um-Napishti, mon ancêtre, qui a su s'élever jusqu'à l'assemblée des dieux et obtenir la Vie : sur la mort et sur la vie, je veux l'interroger... » « Mon ami, que j'aimais, n'est plus que fange : Enkidu, mon ami ; ne vais-je pas comme lui me coucher pour ne me relever jamais ?... » « Dis-moi la loi du monde souverain que tu connais. » La vie et la mort sont ici au cœur du poème et dans le cœur de son héros.

Rien de tel chez Ulysse !

Quand Circé lui dit qu'il doit aller trouver les morts, ce n'est point pour y chercher une révélation sur la vie et la mort, c'est pour consulter Tirésias à propos de son retour (X, 492) ; et la seule réaction d'Ulysse, lorsqu'il entend cet ordre, est l'accablement devant les problèmes du voyage (« Mais qui nous guidera, Circé, en ce voyage ? »). Ses compagnons, eux, gémiront et pleureront ; mais personne ne posera de questions. Et une fois en présence des morts, quelles réactions ? Aucun émoi. Il traite avec les morts, de façon pratique, comme avec des vivants. Il souhaite parler à sa mère, mais n'est nullement saisi de la voir boire du sang. Et les révélations qui lui sont faites sont minces. Anticlée dit seulement que les morts n'ont plus de corps et sont comme des songes. Sur quoi elle conclut par une gentille commission familiale : « Retiens bien tout ceci pour le dire à ta femme quand tu la reverras » (XI, 224). L'anxiété métaphysique est plutôt limitée. L'on est loin des révélations du chant VI de l'*Énéide*, avec les différentes régions des enfers et les explications d'Anchise sur le sort des âmes. On est plus loin encore des émotions qui étreignent Dante dans l'*Enfer* et le *Paradis*.

Et pourtant, à travers des gestes concrets, qu'Homère peint si bien, tout est là. Ulysse et sa mère se reconnaissent, se parlent, mais, quand il veut l'embrasser, trois fois il essaie et trois fois, « entre ses mains, ce ne fut plus qu'une ombre ou qu'un songe envolé ». La réalité humaine de la tendresse qui survit, et de la mort qui pourtant sépare, s'impose en ce geste simple, qui rappelle, celui d'Achille dans l'*Iliade* (XXIII, 94) et devait revivre deux fois dans l'*Énéide* : il n'est encore recouvert par aucun dépôt doctrinal.

Or ce peu que l'on a appartient à la *nekuia*, qui, ici encore, est parmi les passages suspectés de l'*Odyssée*. Et, de toute façon, même s'il y a eu dès la composition d'ensemble du poème une rencontre d'Ulysse avec Tirésias et sa mère, presque tout le monde admet que beaucoup d'éléments semblent s'y être agrégés après coup — tel le catalogue des héroïnes et les châtiments des grands coupables. La *nekuia* aurait grossi, changé de ton ; et tout se passe comme si ces curiosités s'étaient développées postérieurement au poème. De fait, à la fin du poème, on rencontre une seconde *nekuia* (XXIV, 1-205), qui n'est pas moins suspecte, et où l'évocation se fait plus mystérieuse (avec le Rocher Blanc, les portes du Soleil, et le pays des Rêves) ; elle se fait aussi plus moralisante. On dirait, ici encore, que les strates de la composition reflètent l'histoire des idées et des curiosités.

Si tout cela est vrai, on peut s'étonner que les explications allégoristes aient voulu lire précisément dans Homère tous les secrets de l'univers et de l'au-delà. Mais — et c'est là que je voulais en venir — peut-être est-ce justement cette simplicité, ces silences, cette transparence, qui ont permis à chacun de chercher et de trouver dans Homère ce qu'il voulait y trouver. On ne réinterprète pas, du point de vue moral, le *Télémaque* de Fénelon, ni, du point de vue du sort des âmes, les poèmes de Dante. Homère, en revanche, offre un calque léger, en pointillé, toujours prêt à suggérer de nouveaux tracés, et aussi ouvert à l'interprétation que l'expérience elle-même.

Forts de cette idée, nous pouvons revenir aux Ulysse de notre temps, et voir s'il n'en est pas de même pour la psychologie. C'est un propos qui m'a occupée dans mon dernier petit livre *Patience, mon cœur* : les conclusions que j'y défends me semblent, en fait, répondre à notre question.

*

La psychologie, chez Homère en général, reste un souci secondaire. Entendons-nous bien : je ne veux certes pas dire que ses personnages n'ont pas une présence psychologique vivante et nuancée : je veux dire que leurs mobiles sont rarement analysés de l'intérieur, dans leur complexité, ni pour eux-mêmes.

Après tout, il en est de même pour leur aspect

physique. J. Kakridis avait très joliment montré (dans *Homer revisited*, p. 145) que la beauté de Nausicaa n'est nullement décrite comme le sont, par exemple, les belles héroïnes des *Mille et une nuits*. Le poète dit seulement qu'elle rappelle la jeune Artémis ; et Artémis est vue par les yeux de sa mère, comme Ulysse voit Nausicaa à travers la fierté que doivent ressentir ses parents. Pour compléter, il la compare à un jeune palmier. C'est peu ! mais c'est assez pour que, selon les modes et selon nos rêves, nous lui prêtions des traits imaginaires. Cette tendance était déjà signalée par Lessing, relevant que le poète ne retient pas, par des descriptions détaillées, notre imagination toute prête à se représenter Hélène à sa guise[31] : j'ajouterai que c'est ce qui me fait souffrir quand je vois Homère porté à l'écran et que les « belles armes » ou les « beaux vêtements », qui ne sont point décrits, deviennent cette panoplie déroutante qui nous renvoie de l'imaginaire tout proche à des temps révolus, éloignant de nous le monde des héros qu'Homère avait rendu si proche[32].

Eh bien, je pense qu'il en est exactement de même dans la psychologie homérique.

Je sais bien que l'*Odyssée* est, à cet égard, plus riche que l'*Iliade*. Peut-être parce que déjà le goût et les intérêts avaient évolué, peut-être aussi parce qu'Ulysse, seul en face de situations diverses, a naturellement des réactions plus variées, l'analyse y est un peu plus nuancée et précise que pour les héros de l'*Iliade*. Mais il reste que cet aspect demeure pourtant, par rapport à la littérature postérieure, singulièrement restreint. Et, de même que rien n'est dit sur l'émotion d'Ulysse, retrouvant sa mère aux enfers, et que tout est rendu présent par un simple geste, de même on retrouve partout l'habitude de suggérer sans dire. Ce peut être par un sourire, comme celui que Télémaque adresse à son père, devant Eumée qui ne sait rien et ne voit rien (XVI, 476). Ce peut être par des pleurs, comme lorsque Ulysse et son fils se retrouvent et s'exclament, comme des oiseaux à qui on a pris leurs petits. Mais aussitôt l'action reprend ses droits ; et les premiers mots de Télémaque sont d'ordre pratique : « Mais, pour rentrer ici, mon père, dis-moi sur quel vaisseau, avec quels marins, de quel pays... » (XVI, 222). On voit, de l'émotion, les symptômes : c'est à nous de restituer le reste. Et je crois que la merveille est, justement, cette transparence, cette absence de toute analyse et de tout commentaire.

Je voudrais citer quelques exemples de ces silences, dans le cas d'Ulysse, qui laissent si bien l'action suivre son cours que l'on ne les remarque même pas au passage[33].

Calypso s'est éprise d'Ulysse. Elle le dit à Hermès ; mais, dans le poème, elle ne le dit jamais à Ulysse : sans doute elle lui offre de rester à jamais avec elle, mais elle évoque seulement alors les dangers qu'ainsi il éviterait. L'amour, merveilleusement, est sous-entendu. D'autre part, quand elle annonce à Ulysse qu'il peut partir, après sept ans d'attente, elle ne lui dit pas que c'est un ordre de Zeus ; et lui n'a pas un mot d'étonnement, ni d'ailleurs de gratitude : il se méfie ! Et cela fait sourire Calypso, comme cela fera plus tard sourire Athéna. Mais le bagage psychologique, lui, reste sous-entendu. Sur quoi, avec une simplicité désarmante, le voilà qui part sur son radeau *géthosynos*, « joyeux ». Il est joyeux parce que le retour commence. Peut-être a-t-il peur aussi, voire quelques regrets ? Mais Homère n'en dit rien. Au chant suivant, une déesse arrive sous la forme d'une mouette et lui tend une écharpe magique. Il ne s'étonne pas. Il n'a même pas le temps de dire merci. Une fois de plus, il se méfie. L'action mène tout, sans détours inutiles. À cet égard, on peut rapprocher ce silence de celui de Télémaque, quand Ménélas lui raconte les incroyables aventures qu'il a eues avec Protée et qui lui révèlent qu'Ulysse est encore vivant, retenu chez Calypso. Télémaque n'exprime ni surprise ni joie ; il ne commente pas les nouvelles ; il répond seulement qu'il lui faut rentrer. C'est ce que W.B. Stanford, sans doute, appelle les « pregnant silences » de cette psychologie [34].

Ou bien des motifs interviennent, mais si simples, si terre à terre ! Je viens de dire que Télémaque répond seulement qu'il lui faut rentrer. En fait, ce n'est pas tout : il discute des cadeaux qu'on lui offre. Les cadeaux, c'est important, sans aucun doute. Cependant, est-ce vraiment le seul souci ? Est-ce la raison majeure pour laquelle Ulysse est tenté d'aller voir le Cyclope (cela est dit à IX, 229) ; une curiosité plus large est déjà suggérée dans ce qui précède ; et chacun en devine la portée. De même, on a vu la portée du choix que fait Ulysse entre Calypso et Pénélope : a-t-on tout dit en remarquant, comme Homère le fait juste avant, qu'il désirait le retour parce que « la nymphe ne lui plaisait plus » (V, 153) [35] ? Le texte suggère beaucoup plus qu'il ne dit.

Même quand Homère admet des sentiments mêlés, pas d'analyse. Il se contente de les juxtaposer — comme au chant X, 134, quand Ulysse et ses compagnons quittent le pays des Lestrygons « l'âme navrée, contents d'échapper à la mort ». C'est là le même mélange, qui, en deux mots contraires, peut regrouper des sentiments complexes, comme le « rire en pleurs » d'Andromaque dans l'*Iliade* (VI, 484), et « la joie et la douleur » d'Euryclée quand elle reconnaît la cicatrice d'Ulysse, dans l'*Odyssée* (XIX, 471).

La même imprécision délicate enveloppe tous les sentiments certainement nuancés qu'éprouve Ulysse pour Calypso, Circé ou Nausicaa, et leur donne cette qualité de rêve dont parle J. Griffin[36] : cette qualité ressort d'autant mieux par la comparaison, quand on pense que les poètes du cycle insistaient sur ces liaisons, nouaient des intrigues et parlaient des enfants que Calypso ou Circé avaient eus d'Ulysse[37]. La discrétion d'Homère ouvre un monde plus complexe à l'imagination.

Dans tout cela, je ne nie pas un instant que cette complexité des sentiments ou leur délicatesse soient là, rendues présentes avec un art consommé : je dis seulement qu'elles n'y sont pas décrites, analysées ou commentées — et je pense que, comme pour le portrait physique, chacun de nous peut ainsi, sur ces quelques mots, ou ces quelques gestes, reconstruire un univers qui lui soit proche et compréhensible, qui le fasse rêver, et où il se reconnaisse.

Cela est d'autant plus aisé que, par des procédés littéraires, Homère aide à cette reconnaissance, en donnant aux sentiments de ses héros la portée la plus humaine possible. Je pense entre autres au rôle des comparaisons ; et j'aimerais en citer deux, que W.B. Stanford a rapprochées dans son commentaire.

D'abord celle que l'on a lorsque le naufragé Ulysse découvre la terre ferme depuis la crête d'une vague. Son émotion est dite par une comparaison : « Comme lorsque des enfants voient avec bonheur revivre leur père qui gisait malade, en proie à de grands maux depuis longtemps : un dieu cruel le tourmentait, mais des dieux l'ont heureusement tiré de son mal » (V, 394-397). On ne peut évoquer un sentiment plus essentiel, ni un sentiment plus simple, que tous ont pu connaître. On n'en peut pas imaginer non plus où la joie de vivre, la tendresse et la reconnaissance se mêlent si pleinement. Tout être qui retrouve la vie, ou quelqu'un de cher, ou sa patrie se reconnaît ici en Ulysse, par le biais de la comparaison [38].

Or, à la fin, quand Pénélope retrouve Ulysse, on a la comparaison inverse, sa joie est comme celle des naufragés qui touchent terre, échappant enfin au désastre. Ici encore, la vie et la tendresse se confondent ; et les deux mondes, de l'homme et de la femme, se rejoignent. Comme l'écrit John Finley, il n'y a jamais dans les comparaisons homériques aucune indication relative à l'âge, au sexe, ou à la condition de roi : « The emphasis is on human condition, not on private consciousness of it » [39].

On rejoint ici ce que je disais au début, à propos de l'homme moyen, incarnant la condition humaine. Mais nous découvrons qu'il ne s'agit plus du caractère spécifique d'Ulysse, comparé à d'autres : il s'agit d'une tendance à toujours élaguer les détails particuliers — soit par désintérêt soit par inaptitude à les analyser — pour retenir seulement l'image vivante et simple, toute proche de nous. Il en va comme d'êtres que l'on aurait connus : on peut parler d'eux, écrire sur eux, extrapoler, imiter. Mais, si cela est si aisé, c'est parce qu'Homère a si parfaitement tracé les grandes lignes, sans aucune surcharge. Et c'est parce qu'il est encore si transparent dans l'œuvre d'Homère que notre Ulysse a pu servir de schéma à des générations successives, qui ont complété le dessin chacun à sa guise.

Et l'on remarquera alors le paradoxe, parfaitement plausible, auquel nous arrivons. C'est parce qu'il était si simple chez Homère qu'Ulysse a pu servir de thème et de modèle à des œuvres aussi complexes et compliquées que l'*Ulysse* de Joyce et l'*Odyssée* de Kazantzakis. C'est parce qu'il n'y avait quasiment pas de doctrines métaphysiques dans Homère qu'il a pu devenir le héros à propos duquel s'affrontent dans Kazantzakis toutes les doctrines et les religions du monde. Et c'est parce qu'il n'y avait quasiment pas d'analyse psychologique chez Homère qu'il a pu devenir le héros à propos duquel le chef-d'œuvre de Joyce nous a offert quelque mille pages de monologue intérieur. C'est enfin parce que tout chez Homère se ramenait à cette transparence humaine, que son Ulysse a pu se réincarner, chez l'un et l'autre, en ce monde grouillant de personnages, tous fortement insérés dans la réalité d'un mode de vie socialement divers. Il était logique que cette simplicité initiale aboutît à ce qui en était à la fois le prolongement et le contraire.

★

J'ai commencé en disant que mon exposé se voulait un hommage à Joyce, à W.B. Stanford, et par conséquent à Dublin. Je puis maintenant ajouter qu'il se veut aussi un hommage et une défense des études qui sont notre lien à tous et notre plus cher souci. Il y a une crise des études latines et grecques dans le monde. Notre enthousiasme doit les sauver et les promouvoir. Il le doit non seulement parce qu'il s'agit de civilisations resplendissantes, mais parce que leur valeur dynamique et humaine vient précisément de ce qu'elles ont été nos débuts.

Car cette simplicité de l'Ulysse homérique, qui se couvre déjà de surcharges dans la tragédie athénienne, vaut pour tous les autres héros repris dans le même théâtre, et plus tard dans celui de Rome, puis du XVIIe siècle français, mais aussi dans la musique baroque, dans le théâtre moderne, dans le cinéma. La matrice, la forme encore humaine, simple et transparente, c'est dans les débuts qu'on la trouve. Ce n'est pas un hasard si la Grèce a fourni les héros, les mythes, les thèmes, dont se sont nourries toutes les littératures modernes ; elle les offrait dans leur essence même et leur transparence. Cela est vrai aussi des idées, dont le germe est là, que l'on voit apparaître sous une forme encore vivante et concrète, encore claire, et que l'on voit esquisser leur départ vers des élaborations futures. Sous cet aspect premier, on les appréhende mieux : et on les ressent plus vivement à travers cet empire d'Athènes et ces guerres entre cités, dont notre monde moderne nous offre une image mille fois agrandie, compliquée, et désormais difficile à cerner.

Pour aller de l'avant, dans l'art ou dans la pensée, rien ne vaut ce retour à la transparence des débuts ; et c'est ce qui justifie, je crois, notre travail obstiné, trop souvent mal reconnu, mais qu'à mon avis nous pouvons poursuivre, non seulement avec bonne conscience, mais avec fierté.

NOTES DE L'ÉTUDE N° 4

1. *The Ulysses Theme*, Oxford 1968 ; le livre avait été précédé de divers articles, voir ci-dessous, note 34.
2. Dans le cas de Joyce, on a d'ailleurs un texte où il raconte comment l'histoire d'Ulysse, lorsqu'il était enfant, le frappa plus que d'autres ; et il dit : « It was the mysticism that pleased me. »
3. Les héros de l'*Iliade* subissaient la mort et les caprices des dieux ; mais leur vaillance gardait l'initiative.
4. I, 4. V. Bérard se laisse entraîner par la tradition héroïque quand, pour rendre un simple neutre, il parle des « exploits » d'Ulysse : le texte, lui, n'a parlé que d'épreuves.
5. Voir encore V, 339 et XX, 33, dans la bouche d'Ino et d'Athéna.
6. VII, 215-221 ; XV, 343-345 ; XVII, 284-289 ; 473-475 ; 558-559 ; XVIII, 53-54.
7. Cf. *Intro.*, II, p. 142-143. Dans le cas de VII, 215 sqq., il est vrai qu'Ulysse a déjà mangé (175 sqq.) ; mais son insistance peut être l'équivalent un peu gauche d'un remerciement.
8. Voir d'ailleurs le côté comique du combat entre les deux mendiants, à XVIII, 20 sqq., combat où nombre de critiques modernes, de Wilamowitz à Victor Bérard, ont vu — bien entendu ! — une interpolation.
9. Certaines de ses vertus correspondent à la nature des périls auxquels il a à faire face ; mais cette explication ne rend pas compte, par exemple, de la piété ni de la douceur.
10. Et qu'illustre si bien la façon dont il s'accroche au rocher et s'y déchire les mains, à V, 430 sqq.
11. On en a l'illustration dans la prière que, même épuisé, il prononce à la vue de la terre ferme (V, 445-450) : cf. ce que dit Zeus à I, 65-67.
12. Il était déjà dans l'*Iliade polymétis* et *polymékhanos*, il est en plus, dans l'*Odyssée*, *polytropos* et *ankhinoos*.
13. À IX, 190, le Cyclope « ne ressemblait pas à un homme

mangeur de pain ; à X, 120, les Lestrygons « ne ressemblent pas à des hommes » ; et c'est miracle si Calypso parle le langage des hommes (*audèessa*, X, 136 et XI, 8 ; cf. V, 334).

14. Les anciens faisaient remarquer la courtoisie avec laquelle Ulysse évite de dire qu'il préfère Pénélope (cf. les réserves de J. Griffin, *Life and Death in Homer*, p. 61) ; mais la question n'est pas là ; en fait, il quitte également Circé et Nausicaa : ici le choix est entre l'humain et le divin.
15. Auparavant, il n'y avait pas de différence. Sur ce trait, cf. J. Griffin, *op. cit.*, p. 59, n. 17.
16. Il suit la même voie que celui de Dante (*Enfer*, XXVI). On notera que l'Ulysse de Kazantzakis choisit aussi de rester un mortel ; mais il le fait par esprit de lutte contre les dieux, qu'il défie d'un bout à l'autre. Et il ne choisit ni Ithaque ni Pénélope, dont il s'est volontairement éloigné à jamais.
17. Cf. Buffière, *Les mythes d'Homère et la pensée grecque*, p. 374-377.
18. Cf. *Iliade*, III, 192-202 ; IV, 329 ; XXIII, 725, *Odyssée*, IX, 422 ; XIII, 292-293.
19. Sur la noirceur et les ruses dans la Dolonie, voir F. Klingner, dans *Hermes* 75 (1940), p. 337-368 (repris dans *Studien zur gr. und röm. Literatur*, 1964, p. 7-39) ; cf. K. Reinhardt, *Der Ilias und ihr Dichter*, p. 241-250 et J. Griffin, *Life and Death in Homer*, p. 54.
20. Cf., à 242 et 271 : *karteros*.
21. Dans l'épisode de Philoctète, il n'est pas sûr qu'Ulysse ait joué un rôle avant le Ve siècle ; en revanche, l'épisode de Palamède est déjà dans les Chants Cypriens ; dans celui de la mort d'Astyanax, le rôle d'Ulysse semble connu de l'*Iliou Persis* ; pour la mort de Polyxène, ce rôle est net dans Stésichore. Mais, dans chaque cas, le rôle d'Ulysse a été beaucoup grossi par Sophocle et Euripide.
22. De même, avec quelle discrétion Homère glisse qu'Ulysse se refusait à rejoindre l'expédition (XXIV, 118-119) ; là aussi, le cycle en dit plus, et la tragédie a suivi.
23. Cf. sur ce point l'article de J. Griffin, « The Epic Cycle and the Uniqueness of Homer », *J.H.S.* 97 (1977, p. 39-53).
24. L'on sait qu'aux yeux de W.B. Stanford, ce flottement s'explique par une contamination, de la part du poète, entre deux traditions, l'une empruntée au folklore et

montrant en Ulysse le rusé petit-fils d'Autolycos, l'autre d'ordre épique et faisant de lui le protégé d'Athéna.

25. Gert. Hungen (*Die Odysseus-Gestalt in Odyssee und Ilias*, Diss. Kiel 1962, 154 p.) arrive à distinguer deux poètes, l'un présentant un Ulysse courageux et sage, l'autre un Ulysse souffrant.
26. XIII, 291-295, notre traduction.
27. La réaction morale, dans nos textes, commence avec Pindare (*Ném.* 7 et 8).
28. C'est ce qui justifie la réaction, à mon sens forcée dans l'autre sens, de H. Lloyd-Jones, dans *The Justice of Zeus* (Berkeley, 1971).
29. Introd. à l'*Odyssée*, II, p. 237-291.
30. On sait qu'il n'y a pas à proprement parler descente chez les morts : ce sont les morts qui montent vers la fosse — ce qui donne à l'épisode un caractère déjà moins métaphysique.
31. *Laocoon*, 20. Voir encore ce que dit C. Trypanis sur l'absence de descriptions, dans *Greek Poetry from Homer to Seferis*, p. 43.
32. On pourrait en dire autant des descriptions de lieux : G.L. Huxley (*Greek Epic Poetry, from Eumelus to Panyassis*) signale que les poèmes du cycle avaient plus de détails à ce sujet : cf. Finley, *Homer's Odyssey*, p. 73.
33. Une des raisons de ces silences peut être le recours à des explications extérieures, juxtaposant causalité divine et causalité humaine ; mais ce n'est là qu'un aspect, et le fait n'explique pas tout.
34. *Hermathena*, 1950, p. 55.
35. Cf. ce qu'il dit à VII, 258. Au reste, le choix se répète. Ulysse ne demeure pas non plus chez les Phéaciens : la suite des faits en dit plus que l'analyse. Il restera longtemps, en Grèce, des traces de ces simplifications des motifs : quand Électre, dans Sophocle, encourage sa sœur à agir en lui disant que de la sorte elle trouvera un mari, on ne saurait juger par là de ses vraies raisons.
36. P. 43 de l'article du *J.H.S.* cité ci-dessus.
37. Cf. l'interpolation de la fin de la *Théogonie* d'Hésiode (1010-1018).
38. De même Eumée pleure en revoyant Télémaque, « comme un père accueillant, de toute sa tendresse, l'enfant le plus chéri, qui lui revient, après dix ans, de l'étranger » (XVI, 17 sqq.).
39. *Homer's Odyssey*, p. 29-30.

5

À PROPOS D'OGRES*

Il faut, pour commenter les épisodes de l'*Odyssée*, qui sont familiers à tous depuis tant de siècles, ou beaucoup d'inconscience, ou une grande reconnaissance pour la merveille qu'est l'*Odyssée* : l'on espère toujours que cette dernière interprétation sera acceptée pour vraie, et servira d'excuse.

Il s'agira ici d'ogres ; et il s'agira, plus exactement, du rapprochement qui fait succéder presque aussitôt à l'épisode du Cyclope celui des Lestrygons. Ceux qui se sont intéressés aux *Récits* chez Alkinoos se sont parfois étonnés de ce rapprochement : dans les deux cas, Ulysse ou ses compagnons arrivent dans la demeure d'un géant dévoreur d'hommes, y perdent plusieurs des leurs, et parviennent de justesse à en réchapper : on peut donc dire qu'il y a doublet ; et le doublet est aggravé par le fait que seul l'épisode d'Éole sépare l'une de l'autre les deux histoires d'ogres : juste quatre-vingts vers. Mais, si la donnée est parallèle, les deux histoires d'ogres reçoivent

---

* *Mélanges Édouard Delebecque*, Aix-en-Provence, 1983.

un traitement aussi différent que possible d'un cas dans l'autre. L'épisode du Cyclope est détaillé (460 vers), rempli de rebondissements, d'action, de dialogues ; l'autre est sommaire (un peu plus de cinquante vers), sans aucune péripétie. Pourquoi reprendre si mal une histoire si proche de l'autre ? D. Page, qui a étudié les deux épisodes dans deux ouvrages différents [1], et de façon, chaque fois, admirable, y a fort bien posé la question ; mais les réponses qu'il a offertes demeurent décevantes : elles supposent une sorte de clin d'œil au public, ou encore un désir d'utiliser une nouvelle fois un thème à succès : ces mobiles ne semblent pas très dignes d'un poète comme Homère.

En revanche, si au lieu de se fonder sur les ressemblances, on se fonde sur le contraste, il semble que le rapprochement des deux histoires non seulement se comprenne, mais se charge de sens.

La différence entre les deux épisodes n'est en effet pas seulement une différence formelle de longueur ou de qualité dramatique, mais d'esprit. Car tout montre dans le premier épisode une exaltation de l'intelligence ; et celle-ci est, au contraire, éliminée dans le second.

On peut s'appuyer, pour mesurer cette double orientation, sur les comparaisons qui ont été faites entre l'œuvre d'Homère et les contes de folklore traitant de thèmes similaires. Ces contes ont été recueillis et rapprochés par divers savants [2] ; et les différences ont fait l'objet des analyses de Page mentionnées plus haut.

Or, on peut, dans le cas du Cyclope, relever aussi bien l'absence de certains traits suggérés par le folklore que la présence de thèmes absents partout ailleurs.

Dans la première catégorie, on peut rappeler entre autres l'absence, à la fin, de la bague magique, offerte par le Cyclope et lui permettant de repérer ses ennemis par l'ouïe. Ce petit émetteur avant la lettre n'existe pas chez Homère, et c'est normal : Homère n'aime jamais les objets magiques, qui faussent trop le jeu ; en outre, il ne songerait pas à placer une ruse du côté de Polyphème : seul Ulysse a ce privilège. Si, comme le pense Page[3], l'offre des cadeaux d'hospitalité, qui surgit si étrangement à la fin de l'épisode, est un reste du thème de la bague — ce qui est fort possible — cette maladresse même trahirait ce que le refus a de délibéré.

Inversement, deux éléments interviennent dans le récit d'Homère et ne semblent pas avoir appartenu à la tradition relative aux Cyclopes.

Le premier est le vin : Ulysse va griser le Cyclope. Page admet que c'est ou bien une invention d'Homère, ou bien plutôt un emprunt à une autre famille de contes. Quelle que soit l'origine, c'est là une première ruse d'Ulysse. Qui plus est, la ruse a été préparée de longue main, puisque, pour être prêt à toute éventualité, Ulysse a fait apporter du bateau un vin exceptionnel ! Et l'on nous raconte avec soin son origine (196-211). Il l'a donc sous la main, mais, soigneusement, il attend que son projet soit au point pour en offrir au Cyclope (345 et suiv.). Et la ruse triomphe : celui-ci en prend et en reprend, jusqu'à être horriblement ivre. La description de son ivresse (exceptionnelle dans Homère) accumule les détails grossiers. Indépendamment même du résultat pratique, on dirait que le passage vise, par lui-même, à mettre en contraste l'ingéniosité de l'homme et la bestialité du monstre, liée à son ignorance.

Il en va de même de la brillante plaisanterie d'Ulysse qui prétend s'appeler « Personne » : le résultat est, on le sait, que les plaintes du Cyclope, devenant négatives, ne peuvent plus avoir d'effet (ainsi à 368 : « Je [ne] mangerai Personne » et à 408 : « Personne [ne] me tue » ! Ce jeu de mots délibéré semble avoir existé dans des contes assez nombreux, mais on ne le rencontre pas une seule fois dans des contes d'ogres ou de cyclopes. Or, ici encore, Homère a joué sur cette ruse. Il l'a même exploitée deux fois (364-370 préparant 403-415), ce qui suppose une grande insistance. Et il n'a pas été arrêté par les exigences de la commodité logique, puisqu'il a dû, pour introduire ce jeu de mots, entourer son solitaire de nombreux voisins, tout prêts à intervenir[4].

Enfin, il fallait faire sortir Ulysse et ses compagnons de la caverne de l'ogre. Il semble que le moyen employé (s'attacher, par-dessous, aux bêtes prêtes à sortir) soit relativement rare dans le folklore. Or le procédé est ingénieux, expéditif, et a, sur les autres, l'avantage de laisser Ulysse maître du troupeau, que l'équipage, une fois sauvé, sera heureux de mettre à son menu (469-470 ; 548 sqq.)[5].

Il est d'ailleurs amusant de constater que lorsque l'épisode du Cyclope est devenu, vingt-huit siècles après, l'occasion d'un jeu intellectuel, dans l'*Elpénor* de Giraudoux, la plaisanterie sur « Personne » s'est étendue sur plusieurs pages, qu'elle a entraîné toute une série de facéties sur les vers, les versets, les épigrammes, sans compter les devinettes philosophiques sur les apparences ou sur l'espace. C'est d'idées, cette fois, que le Cyclope est grisé au point de se sentir chavirer... Giraudoux n'a fait que renchérir sur Homère.

Mais, pour en revenir au texte de ce dernier, il faut encore ajouter qu'il ne s'agit pas seulement de thèmes absents ou présents, ni de choix à faire dans une matière donnée. On peut par exemple montrer que, dans la présentation stylistique elle-même, tout contribue au même effet — et singulièrement les comparaisons.

Lorsqu'il s'agit d'évoquer le cannibalisme du Cyclope, les comparaisons l'assimilent à un animal redoutable et jettent une brusque lumière de pitié sur ses victimes impuissantes : « Il en prend deux ensemble, et, comme petits chiens, il les rompt contre terre : leurs cervelles, coulant sur le sol, l'arrosaient... » (IX, 287 et suiv.). Cet usage de la comparaison, qui atteint au pathétique sous couleur de réalisme, se retrouve en d'autres passages — comme dans la mise à mort des servantes pendues, « comme des grives ou des colombes qui voulaient regagner leur nid ». La comparaison oriente l'émotion.

Inversement, lorsqu'il s'agit d'Ulysse et de ses compagnons crevant l'œil unique du Cyclope avec un pieu rougi au feu, les comparaisons attirent l'attention sur la technique employée. La première renvoie à l'usage de la tarière ; et le style devient si spécialisé que le lecteur moyen s'y perd un peu, dérouté par un enthousiasme de technicien, auquel il se heurtait déjà dans la construction du radeau d'Ulysse : « Vous avez déjà vu percer à la tarière des poutres de navire, et les hommes tirer et rendre la courroie, et l'un peser d'en haut, et la mèche virer, toujours en même place. C'est ainsi qu'en son œil... » Après cette évocation, les paupières en feu, les cils grésillant, le sang perdent de leur horreur, pour devenir les signes d'un succès dû à l'ingéniosité technique.

Puis, comme si cela ne suffisait pas, une nouvelle comparaison surgit, non moins technique, et relative, cette fois, à la fabrication d'une hache ou d'une doloire. Et celle-là est écartée par Bérard, parce qu'elle décrit la trempe du métal et parle du fer qui « crie et gémit ». Cela paraît aux yeux de Bérard trop moderne. Or on peut penser au contraire que l'évocation de cette technique encore toute récente convient fort bien à l'esprit du passage, qui tend à présenter l'acte, non pas comme cruel, mais comme un vrai triomphe des capacités pratiques de l'homme. En même temps, les cris mêmes du Cyclope assimilés à ceux du fer, ou du fauve, finissent pas perdre toute ressemblance avec une souffrance humaine et, par suite, toute faculté d'émouvoir.

On ose à peine signaler que, dans ce qui n'est qu'une fantaisie, Giraudoux a modernisé encore la technique, en parlant d'acier, et écarté davantage encore la possibilité de l'émotion, en donnant à l'œil une dimension cosmique : « Ainsi, si la terre était ronde, déborderait-elle et éclaterait-elle, un dieu d'acier enfonçant en elle son index rougi. » Accessoirement, il vise d'autant moins la pitié qu'il prend soin de rendre la vue à son Cyclope.

Chez Homère, le récit est encore sérieux, et on en suit encore les péripéties avec l'intérêt que méritent les « histoires vraies ». Mais ce qui a entraîné Giraudoux est que déjà ce récit sérieux, dans l'épopée, était tout entier inspiré par le succès de l'intelligence humaine sur le gros monstre dangereux.

En un sens, d'ailleurs, il est bien juste qu'Ulysse assure son salut grâce à son ingéniosité : car les risques qu'il a courus sont, eux, le fait de sa curiosité. C'est lui qui a voulu, à tout prix, savoir ; et il l'a dit : « Fidèles équipages, le gros de notre flotte va demeurer ici ; mais je vais prendre, moi, mon navire et mes hommes ; je veux tâter ces gens et savoir ce qu'ils sont, des bandits sans justice, un peuple de sauvages ou des gens accueillants qui respectent les dieux » (172-176). Une fois arrivé, il n'a pris avec lui que douze hommes (195). Il les a emmenés à la caverne du Cyclope et, là, ceux-ci l'ont supplié : ils voulaient faire main basse sur les provisions et repartir : « C'est moi qui refusai ; ah ! qu'il eût mieux valu !... Mais je voulais le voir, et savoir les présents qu'il nous ferait, cet hôte ! » (228-230). La mention des présents introduit bien une note réaliste qui joint l'espoir d'un gain à la curiosité ; mais celle-ci vient en premier ; et elle rattache l'aventure au désir de savoir d'Ulysse. Par une belle convergence, celle-ci part de l'intelligence et trouve en elle son ressort principal.

On comprend dès lors pourquoi tant de passages rappellent, dans l'introduction, que les Cyclopes sont à l'opposé de la civilisation humaine : sans foi ni lois, sans plantations ni labours, sans navires ni commerce, ils sont en deçà, en tout. Et le mépris des dieux, comme le cannibalisme, se situe dans la même perspective. C'est la perspective exactement inverse de celle qui décrit les inventions de l'homme, dans l'*Antigone* de Sophocle, en commençant par les navires et les labours, pour monter aux « aspirations d'où naissent les cités » (354). Ulysse l'avisé est le représentant de l'ingéniosité humaine — cette ingéniosité qui permet au petit de triompher sur le plus gros.

Cette orientation insistante et allègre est d'autant plus sensible que l'intelligence n'a plus aucune place dans l'épisode des Lestrygons[6].

Là, l'ensemble du récit est, on l'a vu, très bref ; de plus, Page a fort bien observé que le rythme en est très inégal. Après sept vers désignant le pays, on en a onze qui sont une lente introduction : les compagnons d'Ulysse partent en reconnaissance ; le poète commente leur nombre (2 + 1), la qualité de la route, l'endroit où ils rencontrent la fille du roi ; il donne le nom du roi[7] — mais sans dire que la fille est une géante[8]. Et puis, voici nos hommes chez le roi, et l'horreur se précipite ; la mère est « aussi haute qu'un mont » ; le roi arrive et broie l'un des hommes, « dont il fait son dîner » ; les deux autres se sauvent, poursuivis par des Lestrygons, tous géants : en huit vers, on est arrivé au désastre : « équipages mourants et vaisseaux fracassés, un tumulte de mort monte de notre flotte. Puis, ayant harponné mes gens comme des thons, la troupe les emporte à l'horrible festin » (X, 121-124).

Ici encore, les comparaisons avec le folklore sont instructives : elles révèlent que, normalement, ces histoires d'ogres font intervenir une ruse quelconque : on trompe la femme de l'ogre d'une façon ou d'une autre, et l'on essaie au moins de s'en sortir... Dans Homère, rien — qu'une fuite précipitée, ayant pour résultat d'attirer les Lestrygons sur la flotte, qu'ils détruisent.

Le contraste avec l'intelligence déployée contre le Cyclope est grand. Il l'est jusque dans ce dernier détail. Car, dès ses premiers mots de menace, le Cyclope avait demandé à Ulysse où était son navire (IX, 279-280) et Ulysse avait pris soin — déjà — de le tromper : « Il voulait me tâter ; mais j'en savais trop long et, pour lui répliquer, je lui fis cette histoire : " Mon navire est brisé : oui, l'ébranleur du sol, Poséidon, l'a jeté sur les roches du cap, au bout de votre terre, où nous poussa le vent qui nous portait du large ; seuls ces amis et moi avons sauvé nos têtes." » Ulysse sait protéger son navire, et même sa flotte — au lieu que ses compagnons, pris de terreur devant le roi des Lestrygons, ne songent qu'à leur salut.

Il est clair par conséquent qu'à un épisode brillamment développé s'oppose un résumé très fruste, qu'à un succès relatif s'oppose un désastre total, enfin, qu'à l'exercice brillant de l'intelligence et de la ruse s'oppose une conduite qui n'en comporte pas une parcelle.

Or il semble bien que l'on puisse, à partir de ce contraste même, imaginer quelques-unes des raisons qui ont amené le poète à introduire cet étrange doublet. Nous en indiquerons ici deux.

La première est toute pratique. Le fait est que, dans la suite des *Récits* chez Alkinoos, il faut arriver à ce résultat que, chez Calypso, Ulysse se trouve seul, sans un vaisseau, sans un compagnon. Juste avant l'épisode du Cyclope, il avait douze vaisseaux (IX, 159). Il arrivera chez Circé avec un seul. On peut ici laisser de côté le calcul des pertes progressives en hommes — qui semblent, en fait, aussi soigneusement calculées que les jours mêmes de l'*Odyssée*, sur lesquels s'est penché le savant à qui sont offerts ces *Mélanges*. Mais il est clair qu'il fallait la destruction de onze navires, entre IX, 159 et X, 133, le dernier devant être détruit, finalement, au chant XII, juste avant qu'Ulysse n'échoue chez Calypso[9]. Pour la destruction de ces onze vaisseaux, l'épisode du Cyclope ne pouvait servir. Certes, il pouvait, sur le plan moral, préparer le désastre de la flotte en irritant Poséidon, père de Polyphème. Mais ni la sage méfiance d'Ulysse, ni le succès même de sa ruse ne pouvaient se concilier avec de telles pertes dans l'immédiat ; et le Cyclope aveugle, laissé sur le rivage, ne pouvait faire grand tort à la flotte, dont au surplus, un seul vaisseau était présent ! Il jette bien une grosse pierre, qui manque atteindre cet unique vaisseau. Mais elle ne l'atteint pas. L'épisode d'Éole, lui, aurait pu faire des dégâts ; mais combien il a plus de force tel qu'il est, conduisant la petite flotte presque jusqu'au but, pour la ramener soudain là où elle était, en libérant les vents qu'il ne fallait pas ! Restait la solution de recourir à d'autres ogres, à d'autres monstres, dont on ne saurait pas triompher. Et, pour mener à cet échec, il fallait une affaire rapidement menée, sans place pour la ruse ni pour l'exploit. C'est exactement ce que l'on a avec les Lestrygons.

Mais cette nécessité pratique n'est assurément pas la seule raison d'être du contraste. Ou en tout cas la solution adoptée amène un gain de temps considérable.

En effet, si un des épisodes met en valeur le succès de l'ingéniosité et que l'autre marque le succès de la force brute sans effort pour lui résister, ceci correspond à une différence décisive — à savoir que, dans le premier cas, c'est Ulysse qui agit et que, dans le second, il n'est pas là.

Le contraste, ici encore, est bien marqué : pour le Cyclope, Ulysse laisse tous les autres et ne prend que ceux de son navire : les mots grecs insistent (IX, 173 : αὐτὰρ ἐγὼ σὺν νηί τ' ἐμῇ καὶ ἐμοῖσ' ἑτάροισιν). Au contraire, pour les Lestrygons, le texte nous dit bien qu'Ulysse s'est d'abord désolidarisé des autres navires. Ceux-ci vont s'engager, serrés les uns contre les autres, dans le port ; et lui reste au dehors (X, 95 : αὐτὰρ ἐγὼν οἶος...). Il s'amarre au rocher, juste à l'entrée. Et ce sont d'autres aussi qu'il envoie à terre.

Cette opposition se retrouve à la fin de l'épisode (125-126 : Ὄφρ' οἱ..., τόφρα δ' ἐγώ...). Or c'est là la seule occasion où jouent, dans cette affaire, la promptitude d'esprit et l'esprit d'entreprise : Ulysse tranche avec son épée le câble de son navire, et presse le mouvement : si bien que ceux de son navire sont sauvés. Ils retrouvent le large : ἀσπασίως ! Et Homère, reprenant encore la formule du contraste, dit que son navire est sauvé, mais pas les autres (132 : φύγε... νηῦς ἐμή· αὐτὰρ αἱ ἄλλαι ἀολλέες αὐτόθ᾽ ὄλοντο).

Pourquoi Ulysse est-il ainsi resté à part des autres ? Homère ne le dit pas[10]. Naturellement, on devine qu'il se méfie. Et l'on nous dit bien que c'est un pays un peu inquiétant, où le jour est tout proche de la nuit. On nous dit aussi qu'il règne dans le port une étrange paix : pas une ride sur l'eau, pas un homme en vue... Il y a de quoi se méfier. Mais Homère peut-il préciser ? On comprendrait mal qu'Ulysse n'ait pas retenu les autres. Ou bien il faudrait leur prêter une nouvelle désobéissance[11], juste après l'affaire de l'outre d'Éole ? Ce serait beaucoup ! Aussi les choses restent-elles vagues. Mais si la cause est laissée dans l'ombre, le résultat, lui, est, on l'a vu, fortement mis en relief.

On peut donc penser que le rapprochement des deux histoires d'ogres et le contraste apporté à leur traitement s'expliquent en fonction même du personnage d'Ulysse. Dans un cas, on a le relief, la vie, l'astuce, et, au moins provisoirement, le succès : il était là, il menait tout. Dans l'autre cas, on a une histoire écourtée, stupide, et qui finit désastreusement : il n'était pas là. Même si le contraste n'a pas été voulu comme une démonstration délibérée, il se dégage de la teneur même des deux épisodes. Leur rapprochement n'a peut-être pas cette cause, mais il a ce résultat — un résultat heureux !

Sans doute est-ce Ulysse qui parle ; mais les choses restent trop discrètes pour sentir l'apologie personnelle[12], et il semble bien que ce soit la tendresse du poète pour son héros qui se fasse jour dans ce contraste.

Peut-être trouvera-t-on cette justification trop systématique. On aimerait donc rappeler pour finir qu'entre l'épisode du Cyclope et celui des Lestrygons, il y a celui d'Éole, lui-même composé en deux parties non moins contrastées : d'abord, un accueil exquis, une obligeance extrême, un cadeau qui doit les porter tous jusque chez eux. Ensuite, un accueil brutal, la colère et le refus de toute aide. Entre les deux, il y a eu la folie des compagnons d'Ulysse, qui ont ouvert l'outre des vents — pendant qu'Ulysse était endormi ! La démonstration est la même que dans la double histoire du Cyclope et des Lestrygons ; et les conclusions sont les mêmes. Le même schéma se retrouve plus tard, quand les compagnons d'Ulysse, malgré son ordre, tuent les vaches du soleil, en profitant de ce que leur chef a quitté la grève pour aller prier les dieux à l'abri du vent et que, cette fois encore, il s'est endormi. Ulysse l'avisé doit, au cours du poème, triompher de bien des épreuves ; mais la plupart lui viennent en fait de ce que ses compagnons ne le sont pas assez...

Cette explication a enfin un avantage : si les divers épisodes que contient l'*Odyssée* ont tous des sources plus ou moins directes dans telles données de l'épopée, ou du mythe, ou du conte populaire, l'arrangement de ces épisodes entre eux est fonction de l'intention d'un poète, qui a choisi un héros unique et une aventure unique. Dans ce cas, on risque toujours de manquer quelque chose, si l'on traite les épisodes isolément alors qu'ils constituent finalement, et d'où qu'ils viennent, un ensemble vivant, dont le sens se dégage de leur rapprochement même.

NOTES DE L'ÉTUDE N° 5

1. Pour le Cyclope, cf. « Odysseus and Polyphemus », dans *The Homeric Odyssey*, Oxford, 1955, rééd. aux États-Unis en 1976 ; pour les Lestrygons, cf. la deuxième étude de *Folk-Tales in Homer's Odyssey*, Harvard, 1973 : la question soulevée et les solutions suggérées le sont aux pages 31 sqq.
2. Ainsi W. Grimm, *Die Sage von Polyphem* (Acad. Berlin, 1857) : O. Hackmann, *Die Polyphemsage in der Volksüberlieferung* (Acad. Helsingfors, 1904) ; cf. L. Radermacher, *Die Erzählungen der Odyssee* (Acad. Vienne, 1915).
3. N. 15, p. 19.
4. Cf. Page, p. 5.
5. Il est dans une île pleine de gibier (IX, 151-162) : cf. Merkelbach, *Untersuchungen zur Odyssee* (Zetemata 2, 1951), p. 214 ; mais cela est oublié ; et, en outre, les moutons ne réclament aucun effort...
6. Sur le contraste, cf. déjà Finsler, *Homer*, II^2, p. 327 ; voir aussi Frame, et d'autres.
7. On nous dit même le nom de la fontaine, et c'est un des indices qui suggèrent que le récit a pu être emprunté à la légende des Argonautes.
8. La traduction de Bérard est sur ce point à rectifier. La fille est ἰφθίμη — ce qui suggère la puissance ou la vaillance et s'emploie de personnages normaux (cf., appliqué à des femmes : Il., V, 415 = l'épouse de Diomède ; *Od.*, XV, 364 = Ctiménè, la sœur d'Ulysse ; XIV, 332 = Pénélope ; XXIII, 92 = Pénélope).
9. On a fait observer que l'épisode d'Éole s'accordait mieux avec un seul navire (ainsi Schwartz, Reinhardt, Merkelbach) ; mais ceci concerne la préhistoire du texte plus que le texte, qui ne laisse aucune place au doute.
10. Certains expliquent le fait par la nécessité, pour le poète, de sauver Ulysse (Finsler), par l'identification du port avec un lieu de mort (Frame), par l'influence des récits sur les Argonautes, dans lesquels Jason et ses compa-

gnons s'étaient séparés (Meuli) : ces diverses explications n'excluraient pas, au contraire, l'invention par le poète d'une justification.

11. Celle-ci est pourtant rendue vraisemblable par l'indication du vers 78 : « Mes gens n'avaient plus de courage à peiner sur la rame. »
12. Et jamais Homère n'a été arrêté par des problèmes d'information : Ulysse, qui connaît tous les détails de l'arrivée, connaîtrait de même les belles ruses de la suite..., si elles avaient existé.

6

TROIS JARDINS PARADISIAQUES DANS L'ODYSSÉE *

Les Grecs n'ont pas eu l'idée du paradis. On trouve bien des images, ici ou là, d'une vie douce, sans aucun des maux habituels (ainsi pour l'âge d'or) ; on trouve aussi quelques allusions à un lieu privilégié, comme les Champs Élysées, les Îles Fortunées, ou le pays des Hyperboréens [1] ; et déjà certains passages parlent d'arbres et de « fleurs d'or ». Mais ce sont là des allusions éparses, imprécises, et reflétant des traditions peut-être assez peu grecques. L'idée d'un jardin idéal n'est pas ancrée dans la pensée grecque. Et si les Grecs ont lancé un mot d'origine iranienne qui a donné le terme moderne de « paradis », ils ne l'ont employé qu'au sens propre, pour désigner les vastes réserves des seigneurs perses : le mot entre dans la langue avec Xénophon.

Ces premières remarques donnent déjà l'impression d'une culture presque exclusivement centrée sur l'homme, tel qu'il est, et sur la vie humaine, dans le

---

* Texte publié dans *Scripta Classica Israelica*, vol. XII, 1993, p. 1-7, volume offert à Madame Ra'anana Méridor.

monde où nous sommes. Cette impression se précise si l'on considère ce qui, au seuil de la littérature grecque, s'approche le plus de ce jardin idéal que représente l'Éden — à savoir les jardins de rêve de l'*Odyssée*. On cite le plus souvent celui d'Alkinoos. Mais l'ordre de l'œuvre s'accorde avec l'ordre de préséance pour nous inviter à commencer par Calypso. Calypso est une nymphe immortelle ; Alkinoos un souverain légendaire dans un pays plus qu'humain ; et l'*Odyssée* s'achève avec le jardin de Laërte — un homme.

Cela fait une belle gradation ; mais il ne faut pas forcer les choses ; l'ordre du poème n'est pas celui de la conception des trois épisodes ! En revanche, le rapprochement des trois jardins offre, en mêlant le sacré et l'humain, une occasion tout à fait valable d'observer leur mélange, et leur dosage respectif.

Les trois jardins ont des points communs. Tous trois traduisent l'aspiration normale que peut éprouver un homme de Grèce, ou plus généralement un méditerranéen, dans l'ordre du paysage. Tous auront de l'eau, des arbres, des fruits, de la fraîcheur.

Nous n'étudierons pas ici ce sentiment commun aux trois : l'attitude des poètes grecs par rapport à la nature a été étudiée dans des ouvrages détaillés [2]. Mais, à l'intérieur de ce cadre commun, les différences entre nos trois jardins peuvent être révélatrices — et en particulier le rapport que chacun présente entre mythe et réalité.

Le jardin de Calypso entoure, dans l'île, la caverne où elle-même demeure. Et une première remarque s'impose : ce n'est pas vraiment un jardin, plutôt un petit bois, particulièrement ravissant [3]. Ce trait explique sans doute que le rapport avec l'Éden n'ait point été mis en avant.

Dans le récit on sent d'abord la fumée d'un feu. Calypso y brûle des essences qui n'apparaissent pas ailleurs dans l'*Odyssée* : le cèdre et le thuya — deux arbres odorants, dont le dernier est lié à l'idée d'encens. Quant au cèdre, il ne se rencontre guère à l'état naturel qu'en Afrique ou en Syrie ; il devait donc être rare en Grèce ; et sa présence ici a déjà une petite saveur orientale et exotique. Aucune des deux autres descriptions n'aura ni ces arbres ni ces senteurs.

Autour de la caverne, le petit bois est fait d'arbres plus connus : aunes, peupliers et cyprès[4]. Mais, là non plus, on ne les retrouvera pas dans les autres descriptions : ce ne sont pas des arbres de jardin. De même ce bois est tout plein d'oiseaux — oiseaux de terre ou bien de mer — qui, bien entendu, n'ont rien à faire dans des vergers.

Les autres plantes semblent également être venues seules : une vigne chargée de grappes, des prairies, du persil[5], des violettes.

Et l'eau ? Eh bien, l'île comporte quatre sources aux eaux divergentes ; et, si cela est beaucoup pour une petite île, c'est... le chiffre même du Paradis terrestre[6] !

Ce « lieu agréable » est exceptionnel ; et Homère le souligne en faisant admirer son charme par un dieu (et même par un dieu porteur de messages urgents, comme l'est Hermès, chargé d'une mission par Zeus). Homère conclut, en effet, la description en disant : « Dès l'abord en ces lieux, chacun, fût-il un immortel, devait avoir les yeux charmés, l'âme ravie »[7]. Et, comme si cela ne suffisait pas, il précise qu'Hermès s'arrête : « Le dieu aux rayons clairs restait à contempler. Mais, lorsque, dans son cœur, il eut tout admiré, il se hâta d'entrer... »

À tous égards, par conséquent, un lieu féerique. Mais on le remarquera, il ne comporte rien d'anormal : pas de fruits à contre-saison, pas de fleurs inconnues : à vrai dire l'on s'étonne presque de l'étonnement d'Hermès, tant le lieu paraît humain et normal.

Cette impression se renforce quand on lit les mots d'introduction. Ils nous disent que Calypso était au coin du feu, occupée... à tisser ! Avec une navette d'or, c'est vrai. Mais est-il occupation plus humaine ? La nymphe Calypso n'a pas cultivé son jardin, mais elle travaille ! Le plus divin des lieux est assez humanisé pour que le travail s'y inscrive en marge. Calypso, au reste, n'a pas de servante ; ou du moins on voit apparaître en surprise, au vers 199, des femmes qui la servent, elle, à table. Mais, pour tout le reste, elle fait tout sans aide. Elle sert Hermès ; elle sert Ulysse ; et la « toute divine » se chargera elle-même de porter au navire tout ce dont Ulysse a besoin. Il est en son pouvoir de faire souffler un vent favorable, mais elle porte à pleins bras, toute seule, le tissu pour les voiles du navire.

L'humanisation du récit homérique se marque bien par de tels détails. Et elle explique que cette peinture, devenue si proche de nous, puisse toucher, comme elle a fait, des lecteurs appartenant à des cultures et à des époques diverses.

En même temps elle révèle une certaine vision du monde. Calypso et le cadre où vit cette immortelle sont juste un peu en marge de l'humanité, et un peu au-dessus — mais très peu.

Le jardin d'Alkinoos aurait toutes raisons d'être plus humain encore ; mais le royaume des Phéaciens tient du miraculeux et du magique.

Le palais, d'abord, est d'une beauté stupéfiante : « Car, sous les hauts plafonds du fier Alkinoos, c'était comme un éclat de soleil et de lune »[8] : murailles de bronze, portes d'or aux montants d'argent, torchères, tout y est ! Et le jardin est aussi beau.

Cette fois-ci, c'est un vrai jardin. Parce que c'est un vrai jardin, on l'a rapproché, dès les premiers siècles de notre ère, du jardin d'Éden[9]. Pourtant, c'est un jardin très humain, et déjà utilitaire. Il se compose d'un verger et d'un potager. Dans le verger, que trouvons-nous ? Non pas des arbres rares, mais tous les arbres fruitiers des pays méditerranéens : poiriers, grenadiers, pommiers, figuiers, oliviers et vigne. Seulement tous sont incroyablement prospères et productifs : ils portent leur fruits « l'hiver comme l'été, toute l'année » ; on voit les fruits nouveaux à côté des anciens. Quant à la vigne, elle comporte aussi deux états : « La partie au soleil est bonne pour la vendange, alors que, du côté à l'ombre, les grappes sont encore vertes. »

C'est là un trait de merveilleux. Nul art humain, nul terrain, ne saurait donner des fruitiers, qui, indéfiniment, produisent de nouveaux fruits à côté des vieux. Et pourtant, admirons la légèreté du trait : Homère ne donne de commentaire que pour la vigne, dont il lie l'état de maturité à l'exposition, qui en place une partie à l'ombre et l'autre au soleil. La magie et l'art du viticulteur se rejoignent et se fondent.

Quant au potager, il a aussi ses sources ; mais nous nous rapprochons de l'humain : il n'y en a cette fois que deux : l'une pour le jardin, l'autre pour la maison.

Devant un tel jardin, Ulysse a la même réaction qu'Hermès chez Calypso : les deux vers qui la disent sont répétés, d'un récit à l'autre, à la seule différence du nom propre[10].

Il faut noter que toute cette description a été écartée

par V. Bérard, après d'autres critiques, à commencer par Bethe[11]. La raison de cette condamnation est plaisante : c'est que les restes des demeures mycéniennes ne concordent pas avec une telle description ! Beaucoup ont, avec raison, protesté[12] : il est clair que le récit est ici fait et de rêve et de traditions lointaines, remontant sans doute à d'autres cultures. Autant vaudrait écarter tout l'épisode à cause des pouvoirs de la reine qui ne correspondent pas aux usages mycéniens ! Cette condamnation, avec ces motifs, a donc surtout, pour nous, l'avantage d'attirer l'attention sur le caractère idéalisé de toute la description.

Ce caractère idéal est-il divin ? ou est-il humain ? Homère dit bien, en conclusion de la description : « Tels étaient les présents magnifiques des dieux au roi Alkinoos » (132). Mais il s'agit des deux sources, du terrain, et du souffle du zéphyr... Autrement, rien ne suggère le miracle, et le jardin n'est que la perfection d'un jardin humain. On ne voit personne le travailler ; mais on ne dit pas non plus qu'il s'épanouit sans travail. On signale au contraire, juste avant la description, l'activité des cinquante servantes, qui s'occupent à moudre le blé comme à tisser (103-106).

Aussi bien, on a rapproché toute cette description, relatant l'arrivée chez Alkinoos, d'un conte égyptien sur un naufragé arrivant dans l'île du Serpent[13]; or le rapprochement, même s'il n'implique pas une source commune, prête à la comparaison : dans le conte égyptien, c'est toute l'île qui est couverte d'une superbe végétation : ici c'est simplement le jardin du roi. Et, dans le conte égyptien, le souverain est un serpent : Homère est, toujours, plus attaché à l'homme que les textes divers auxquels on le compare.

Comme le note G. Germain à propos de ce passage :

« Il faut tout l'art concret du poète pour faire perdre de vue cet arrière-plan de surnaturel presque continu. »

Avec Laërte, cette fois, aucun problème ! Il s'agit du jardin très humain d'un vieil homme [14]. Du reste, Laërte n'intéresse pas ceux qui recherchent les sources lointaines ou mythiques de l'épopée.

Chez lui, nous retrouvons un verger, de la vigne, des légumes. La plantation doit être vaste et prospère, puisque Ulysse rappelle que, comme enfant, il avait reçu en présent treize poiriers, quarante figuiers, dix pommiers et cinquante rangs de ceps ! Si la nature des plantations est celle que connaît la moindre demeure provençale, le nombre sort largement de l'ordinaire. Encore ces chiffres ne désignent-ils qu'une partie du domaine.

De plus, ces plantations sont prospères et productives. Non seulement le verger est « plein de fruits », ce qui peut être une simple formule ; mais Ulysse le loue dès ses premiers mots : « Vieillard, tu te connais aux travaux du jardin : quelle tenue ! quels arbres ! vigne, figuiers, poiriers, oliviers et légumes, tu ne négliges rien... » (244-247). Plus loin, nous découvrons même que la vigne, comme celle d'Alkinoos, étale sa production sur des périodes diverses : « Chacun d'eux a son temps pour être vendangé, et les grappes y sont de toutes les nuances, suivant que les saisons de Zeus les font changer » (342-344).

Cette fois, ce n'est pas là un miracle, mais un art de planter. Le texte ne dit pas non plus que cette production se poursuive hiver comme été, toute l'année : on a glissé doucement du surnaturel à l'adresse.

Cela ne veut pas dire que les dieux soient absents : Athéna saura faire un miracle pour Laërte, le rendant soudain grand et fort, au point que son fils reconnaîtra aussitôt l'action d'un des Immortels. Mais le jardin ne doit rien au surnaturel — tout au contraire !

Car l'effet, ici, n'est plus de simple réticence : le texte insiste sur un élément entièrement nouveau, qui est mis en relief avec insistance : cet élément est le travail !

Cela se marque dès l'introduction. Ulysse et les siens se rendent au beau domaine que Laërte, jadis, avait pu s'acquérir « à force de travail ». Le mot est ἐμόγησεν — le même qui désigne ailleurs les épreuves d'Ulysse. S'agit-il du mal que Laërte a eu à s'approprier la terre, voire d'exploits guerriers qui auraient mené à ce résultat ? ou bien du mal qu'il a eu à l'arracher à l'état sauvage, puis à l'entretenir ? Le vague de l'expression nous laisse en tout cas sur une impression de difficulté et d'effort. Puis, deux vers plus loin, on nous parle des hangars réservés aux travailleurs (« à ceux qu'il avait condamnés au travail de sa terre »). L'impression de travail est donc, en tout cas, jetée en tête, dès l'introduction.

Puis, dans le jardin, loin des autres qui transportent des pierres, voici, tout seul, Laërte. Que fait-il ? Il bêche ! Comment se présente-t-il ? Il n'a « qu'une robe sordide, noircie et rapiécée. Une peau recousue, nouée à ses mollets et lui servant de guêtres, le garait des épines ; et des gants à ses mains le protégeaient des ronces ; sur la tête il avait, pour se garer du froid [15], sa toque en peau de chèvre » (227-231). Tout en lui est misérable, parce que ce sont des vêtements de travail et que le travail des champs est pénible : il faut se garer, se protéger. L'image est saisissante. Elle ne correspond à rien d'équivalent dans l'*Odyssée.* Même le porcher Eumée vit mieux. Ses sandales sont de bon cuir, il reçoit bien. Il n'a rien d'un épouvantail.

Comme pour mieux mettre en valeur l'aspect de Laërte, d'ailleurs, le chant XXIV nous montre Ulysse qui, tout en louant le beau jardin, commence, de façon directe et agressive, par critiquer cette tenue : « Quelle sale misère ! quels linges ignobles ! »

Sans aucun doute, la misère de Laërte est largement due au chagrin. Elle attire notre pitié et prépare le retournement vers la joie lorsqu'il saura qu'il a devant lui son fils. Mais, en même temps, en plus, cette note de réalisme évoque le travail et son côté pénible.

Au moment de se faire reconnaître, d'ailleurs, Ulysse rappelle les souvenirs de son enfance, quand il courait derrière son père, « allant d'un arbre à l'autre et parlant à chacun » : les soins de l'agriculteur sont évoqués dans leur difficulté et dans leur charme. Ils sont devenus réels.

On sait que les Alexandrins, déjà, considéraient tout le chant XXIV, ainsi que la fin de XXIII, comme une addition tardive [16]. Il se peut qu'ils aient eu raison : cela ne veut pas dire que ce dernier jardin, plus humain que les autres, manque pour autant de charme, ni non plus cette dernière reconnaissance, entre le fils et son père, d'une jolie sensibilité. Une chose est sûre : que cette description soit ajoutée ou non, elle achève la transposition vers l'humain qui se pressentait dans les autres. Et l'insistance sur le travail est peut-être un signe des temps : les *Travaux* d'Hésiode ont, en effet, découvert le rôle du travail et l'ont exalté, avec éloquence, précisément en ce qui concerne le travail agricole [17]. Dans les jardins divins, les fruits semblaient venir d'eux-mêmes, comme pour cette race d'or dont Hésiode dit : « Le sol fécond produisait de lui-même une abondante et généreuse récolte » (117-118). Mais, à présent, « devant le mérite, les dieux immortels ont mis la sueur » (289-290).

Le chant XXIV ne va pas jusque-là. Le charme subsiste ; et le miracle final répare tout. Mais le fait que l'on se rapproche d'Hésiode mesure à quel point, dans la combinaison du divin et de l'humain, l'humain, finalement, l'emporte.

On retrouvera jusque dans le ve siècle et jusque dans la tragédie cette nostalgie du jardin de délices et de fraîcheur. Seulement, au contact des souffrances humaines, il sera redevenu, plus ou moins, un lieu mythique, où la vertu se mêle à l'harmonie. Telle, la prairie d'Hippolyte, cette « prairie sans tache, où le berger n'ose paître son troupeau, où le fer n'a jamais passé, mais qu'arrosent des eaux vives, produites par la Pudeur »[18]. C'est là qu'Hippolyte cueille les fleurs destinées à Artémis : là aussi l'humain et le divin se rejoignent.

En regard de tels textes, comme des textes sur le paradis, l'*Odyssée* est plus près du réel. Même quand le poète y rêve, il ne nous offre que des rêves d'homme : notre vie quotidienne et vraie, juste un peu rehaussée par l'éclat du divin.

Je me suis livrée à ces réflexions après avoir lu un livre sur le Paradis : celui de Jean Delumeau, *Une histoire du Paradis*, I : *Le jardin des délices* (Fayard, 1992). Il m'a semblé, que le contraste éclairait un peu l'art d'Homère et je me suis laissée aller à la douceur de ces jardins. J'aurais un peu honte d'offrir ce bref survol à une philologue aussi rigoureuse et précise que mon amie Ra'anana Méridor. Mais j'ai eu l'impression que ces évocations ne pouvaient être mieux appropriées que pour quelqu'un de son pays — ce pays où des hommes savent aujourd'hui, en créant à leur tour des jardins, faire, en fin de compte, miraculeusement reverdir le désert.

NOTES DE L'ÉTUDE N° 6

1. Voir, pour les Champs Élysées, *Od.*, 4.558-568 ; pour les Îles Fortunées, Hésiode, *Travaux,* 171-174 et Pindare, *Ol.,* 2.78-84 : pour les Hyperboréens, Pindare, *Pyth.*, 10.37 et suiv. On rapproche la description de l'âge d'or dans Hésiode *Trav.*, 111-121.
2. Annie Bonnafé, *Poésie, nature et sacré*, I : *Homère, Hésiode et le sentiment grec de la nature* (Lyon, 1984), 272.
3. 5.58-75.
4. On trouvera aussi des sapins, plus loin — ainsi que des arbres morts, mais ceux-ci sont nécessaires pour le radeau (cf. G. Germain, *Genèse de l'Odyssée* [Paris 1954], 240).
5. Certains s'inquiètent de voir pousser du persil, ou céleri sauvage, dans une prairie : mais comme le dit gentiment Stanford, « this is a fabulous meadow ».
6. Et ce chiffre ne correspond pas à une habitude de l'épopée : cf. G. Germain (n. 4), 550. Mais il y a aussi quatre fleuves aux enfers (v. la fin du *Phédon*).
7. 73, traduction V. Bérard, modifiée.
8. 7.84 et suiv.
9. F. Buffière, *Les mythes d'Homère et la pensée grecque* (Paris, Les Belles Lettres, 1956), 165 n. 44.
10. 5.75-76 = 7.133-134.
11. *Homer* II, 136 et suiv.
12. Voir ainsi G.Germain (n. 4), 297.
13. *Ibid.,* 299 et suiv.
14. 24.219-344.
15. Le texte est ici celui de V. Bérard ; mais il repose sur une correction douteuse ; les manuscrits disent : « pour exalter sa douleur » — ce qui conviendrait mieux pour l'ensemble de la phrase que pour cette proposition, et n'offre pas un bon parallèle avec les autres membres de phrase.
16. V. Bérard, toutefois, soude l'épisode chez Laërte aux vers 23.372 : il serait antérieur aux autres additions.

17 Cf. 20 et suiv. et surtout 286-382.

18. Euripide, *Hipp.* 74-86.

II

DÉPLACEMENTS ET DÉCOUVERTES

7

LA CONTRIBUTION DES ÎLES À LA CULTURE DE LA GRÈCE ANTIQUE*

Étant spécialiste non des arts plastiques, mais de la littérature, et, dans la littérature, de ce Ve siècle athénien, qui n'est certes pas la grande époque des îles, je ne puis apporter ici qu'un terme de comparaison. Il peut en effet être intéressant de situer l'un par rapport à l'autre l'apport des îles et celui d'Athènes, le développement des arts plastiques et celui des œuvres littéraires.

Je me hâte de le dire : la tentative est un peu artificielle. Elle l'est déjà pour les arts plastiques. Car on ne peut séparer les îles de la mer ni des côtes. Les mêmes Ioniens vivent dans les îles proches de l'Asie Mineure et dans les villes grecques d'Asie Mineure ; et les échanges sont constants. Et pourquoi l'Eubée serait-elle distinguée de l'Attique ou de la Béotie, sinon parce qu'il faut choisir une limite ? D'autre part les gens se déplacent ; et un écrivain se déplace plus facilement encore qu'un homme lié à son atelier de sculpteur ou de céramiste. Or l'époque

* Conférence prononcée à l'École du Louvre, à l'occasion de l'exposition « Mer Égée – Grèce des îles », au printemps 1979.

archaïque est une époque d'instabilité, de colonisation : elle voit des déplacements multiples. On passe d'est en ouest, ou inversement : Pythagore était de Samos, mais alla fonder son enseignement à Crotone, en Grande Grèce ; mais Ibycos, qui était de Messine, passa, dans la deuxième moitié du VIe siècle, à Samos, près de l'Asie Mineure. Même à l'intérieur de l'Égée, on bouge : Archiloque était de Paros, mais vint avec un groupe de colons se fixer bien plus au nord, à Thasos ; et Sémonide était de Samos, mais vint se fixer bien plus à l'ouest, à Amorgos. Le monde de l'Égée est un monde mouvant, et communiquant — ce qui sans doute a favorisé son essor.

Dans ce vaste système d'échanges, il y a cependant quelques grands mouvements concernant ce que j'appellerai la géographie littéraire de la Grèce. Dans un premier temps, les îles transmettent la culture, leur culture, d'est en ouest, vers la Grèce propre et vers Athènes : c'est la période qui va du VIIIe au Ve siècle avant J.-C. Puis, après un temps d'arrêt, où Athènes éclipse les îles, leur rayonnement reprend sous une forme nouvelle, au IVe siècle et au IIIe. Dépassant les limites de l'exposition qui nous occupe, j'irai jusqu'à ce second temps, pour y chercher la confirmation de l'originalité même des îles.

*

Les débuts de la littérature grecque sont venus de l'Ionie et des îles.

Mais d'abord une remarque chronologique : ces débuts de la littérature se placent, pour nous, bien après les débuts des arts plastiques. Le premier auteur grec connu de nous et des anciens est Homère, qui vécut au VIIIe siècle avant J.-C. Nous sommes donc bien après le bronze ancien, après l'épanouissement de Théra (ou Santorin), qui nous est connu depuis peu, après l'époque crétoise, puis mycénienne, qui nous est connue depuis un peu plus longtemps. La littérature commence à l'époque de ce qui est, dans l'art, l'époque géométrique, ou, mieux encore, les styles orientalisants des Cyclades.

Cela veut-il dire qu'il n'y a pas de littérature avant cela ? Ce serait peut-être trop affirmer. Il semble y avoir eu une poésie orale, qui conserva à travers les âges obscurs les souvenirs de l'époque créto-mycénienne et les transmit jusqu'à Homère et au-delà.

Puis surgissent les deux premiers genres littéraires, poétiques tous les deux, qui sont l'épopée et le lyrisme. Or le rôle des grandes îles proches de l'Asie Mineure est important pour l'une et pour l'autre.

Je ne sais pas, entre les multiples patries prêtées à Homère, celle qui fut la sienne. La plupart des villes prétendant à ce titre sont des villes grecques d'Asie Mineure. Mais il y a aussi l'île de Chios. Homère y aurait séjourné et enseigné. En tout cas les Homérides de Chios constituaient un groupe de poètes ; et ce groupe participa à l'élaboration et à la transmission des poèmes.

Mais surtout, l'*Iliade* et l'*Odyssée* empruntent à tout un fonds antérieur où les îles ont joué leur rôle. Elles en jouent d'ailleurs un dans les épopées elles-mêmes. L'*Iliade* fait intervenir des hommes de Crète et de Rhodes, de Cos et de Cythère. Elle parle de Samothrace la forestière et d'Imbros la rocheuse. Elle évoque aussi Lesbos, que conquit Achille, et Skyros où il avait été caché et où grandit Néoptolème ; elle évoque des mythes attachés à des îles — par exemple Lemnos, où fut abandonné Philoctète, le futur héros de Sophocle, et où régnait Thoas, père d'Hypsipylè, la future héroïne d'Euripide. L'*Odyssée* connaît aussi des îles souvent plus distantes. Et la légende des Argonautes, racontée dans d'autres poèmes, et citée dans l'*Odyssée*, devait en évoquer aussi. L'épopée est nourrie de réalités égéennes. Elle cite d'ailleurs aussi des objets, des armes, des bijoux, que nous savons aujourd'hui être des souvenirs du monde créto-mycénien, du monde égéen. Et elle cite des légendes qui semblent remonter à tout un patrimoine folklorique, familier aux insulaires dès avant Homère et destiné à l'être de plus en plus grâce à lui — Rappellerai-je ces vases du VIIe siècle, qui peuvent représenter Achille et Memnon, ou bien Ulysse et Ajax ? Ou encore ces sirènes de Samos, semblables à celles qu'affronte Ulysse, ces images de Bellérophon (dont parle brièvement l'*Iliade*), ou ces sphinx, ou ces centaures poursuivis par Héraclès ? Tout cela, qu'illustrent les arts plastiques, était la matière de l'épopée.

Toutefois ces derniers exemples renvoient à d'autres poèmes épiques, un peu postérieurs à Homère, qui puisaient au même fonds mythique. Ces poèmes sont perdus ; on ne les connaît qu'indirectement. Ils constituent ce que l'on appelle le cycle épique.

Or, dans ce cycle aussi, les auteurs sont ou bien d'Asie Mineure, ou bien des îles toutes proches. Le principal est de Milet : c'est Arctinos. Mais la *Prise d'Œchalie*, qui traitait d'Héraclès, semble être l'œuvre d'un Samien, Créophyle, et deux Rhodiens composèrent des épopées sur Héraclès : Pisinos et Pisandre. De même, les *Chants Cypriens*, qui sont comme une suite à l'*Iliade*, sont ainsi nommés parce qu'ils furent composés à Chypre. Et la *Petite Iliade* était l'œuvre de Leschès, de l'île de Lesbos.

Il l'avait composée au VIIe siècle ; son poème allait, lui aussi, de la mort d'Hector à la prise de Troie. Il devait plus tard inspirer le peintre de Thasos, Polygnote.

Mais déjà l'épopée n'était plus la seule forme de poésie. Il faut d'abord mentionner à ses côtés des poèmes de ton comparable mais de nature plus religieuse, les *Hymnes Homériques*. On ne sait rien de leurs auteurs. Mais l'un au moins est là pour nous rappeler que ce monde des îles avait ses capitales religieuses — celles-là mêmes où se retrouveront les objets d'art dédiés aux dieux. La principale était Délos, où une tradition voulait que fût né Apollon. Son culte, en fait, venait de plus loin ; mais la naissance d'Apollon à Délos consacre l'épanouissement du sanctuaire insulaire. L'hymne à Apollon, que nous avons, semble remonter au VIIe siècle. Il raconte comment la pauvre petite île toute sèche de Délos eut le courage d'accueillir Léto prête à accoucher, cela malgré la colère d'Héra. En échange, le dieu devait faire d'elle un centre rayonnant dans l'Égée. Et le poème décrit aussi ce rayonnement, avec tout l'afflux des Ioniens aux tuniques traînantes, des femmes aux belles ceintures, des vaisseaux rapides avec toutes leurs richesses. Comment s'étonner après cela que Délos ait été choisie au Ve siècle comme centre de la confédération des îles que présida Athènes ? Ou que des objets de diverses provenances s'y soient retrouvés ? Et Délos n'était pas la seule île dans ce cas. Héra n'était-elle pas chez elle à Samos ? Quant à Aphrodite, on l'appelle déjà dans Homère la déesse de Chypre, Cypris.

Mais ne laissons pas ces dieux et ces déesses nous détourner de la littérature, et du second genre qui apparaît, précisément au VIIe siècle, et dans les îles cette fois, à savoir le lyrisme.

En dehors de Théognis, Pindare et Solon, poètes de la Grèce continentale (qui se situent d'ailleurs à la fin de l'âge lyrique), et en dehors du grand lyrisme choral (qui connut un développement important en Grande Grèce avec, entre autres, Stésichore), les poètes lyriques viennent à peu près tous des îles de la mer Égée — en particulier ceux qui pratiquent le lyrisme, non pas choral, mais individuel. Et voici la nouveauté : des poètes qui disent « je ». Homère ne disait pas « je » — et dans l'Athènes du Ve siècle on ne dira plus « je ».

Archiloque n'est peut-être pas le premier poète lyrique : il est le premier dont l'œuvre nous soit un peu connue, et le premier qui parle de lui-même, le premier qui rompe avec la tradition homérique. Son ton est réaliste, personnel, parfois mordant. Il y a à l'exposition un bouclier votif de Crète ; et l'on sait la splendeur des armes dont se paraient les héros homériques, la fierté avec laquelle ils en faisaient usage. Or Archiloque ose déclarer qu'il a abandonné le sien : « Mais j'ai sauvé ma vie. Qu'importe mon vieux bouclier ? J'en achèterai un autre tout aussi bon ! » On n'était guère habitué ni à ce franc parler ni à cet individualisme.

Sémonide d'Amorgos, ou de Samos, pratiquait également l'ïambe, vers la même époque. À en juger par nos fragments, il était amer aussi, et mordant à l'occasion, quoique sans révolte, et plus proche d'Homère pour le ton.

Mais il est surtout une île pour le lyrisme, et pour un lyrisme plus tendre et harmonieux : c'est Lesbos. Lesbos est riche. Il y fait bon vivre. Dès le VIIe siècle elle compte des poètes célèbres. Ainsi Terpandre, qui alla fonder une école musicale à Sparte. Ainsi Arion — celui dont Hérodote raconte qu'il fut sauvé par un dauphin — un de ces dauphins qui nous enchantent sur les vases de Théra. Il était de Lesbos. Il avait été de là à la cour du tyran de Périandre, à Corinthe. Et il y fut l'un des fondateurs du dithyrambe, un chant du poète et d'un chœur, destiné à un grand avenir, et aboutissant à la tragédie. Mais l'île devait surtout être célèbre grâce à deux poètes qui, eux, y restèrent, Alcée et Sapho.

Ils vivent tous deux à une époque de grand rayonnement de l'île (à l'époque du tyran Pittacos). Ils appartiennent tous deux à l'aristocratie. Ils expriment tous deux des sentiments intensément personnels — virils chez Alcée, tendres chez Sapho. Alcée décrit sa demeure toute brillante d'armes ; il évoque les fêtes et la boisson ; il se mêle de politique ; il chante aussi l'été des îles, quand la cigale, dit-il, crépite doucement, et que le chardon fleurit (on peut penser au chardon fleuri qui termine certain pendentif de Rhodes : c'est un peu la même époque). Sapho, elle, décrit l'amour, avec une intensité jamais égalée depuis. Mais tous deux représentent sous sa forme la plus pure la culture insulaire, avec son goût de la beauté, de l'harmonie, des libres épanchements. Il faut ajouter deux traits : l'un est le goût du concret, des objets, de tout ce qui se touche et se voit ; Sapho, célébrant le mariage d'Hector et d'Andromaque, décrit ainsi les bracelets d'or, les vêtements de pourpre, les broderies aux vives couleurs, les coupes d'argent et d'ivoire — bref, tout ce raffinement de l'âge archaïque, que laisse entrevoir l'exposition. L'autre trait est le contact avec une tradition populaire, à laquelle appartenaient des chansons de métiers ou de fêtes. Cet appui sur la réalité toute proche restera caractéristique des îles.

Le lyrisme ainsi lancé devait bientôt fleurir plus à l'ouest — d'abord dans cette Grande Grèce qu'il ne faut jamais oublier, car elle a beaucoup compté aussi, puis dans la Grèce propre, au VIe siècle, avec Théognis, Solon et, pour le lyrisme choral, un peu plus tard, Pindare. Il reste alors encore un lyrisme insulaire ; mais, chose frappante, il se rapproche, géographiquement, de la Grèce propre. Simonide est en effet, de Céos, la Cyclade la plus proche d'Athènes, et de population athénienne. Il vint à Athènes et à Syracuse. Or, pratiquant le lyrisme choral, il se distingue des autres lyriques par la simplicité et la vigueur. Le lyrisme change en se rapprochant de la Grèce propre. Inversement le neveu de Simonide, Bacchylide, devait être le rival de Pindare : moins grandiose que le Thébain et plus aimable, il réussit surtout dans la narration et le dithyrambe : par la date comme par le lieu, on se rapproche d'Athènes et de la tragédie. De même que l'on remarque un côté plus sensuel dans l'art ionien d'Asie Mineure que dans l'art ionien des Cyclades, de même la douceur de Lesbos, proche de la Lydie, s'oppose au sérieux ou à la majesté de Solon ou de Pindare.

Quoi qu'il en soit, l'épopée et le lyrisme ont vraiment caractérisé la littérature des îles — de l'Asie Mineure et des îles pour l'une, des îles puis de la Grèce propre pour l'autre. Et ce sont là les deux grands genres avant que ne commence le rôle d'Athènes.

★

Ce n'était point la seule forme de littérature qu'elles aient pratiquée. Mais puisque nous nous sommes peu à peu rapprochés d'Athènes, il peut être intéressant de rechercher en quoi leur contribution devait rester originale par rapport à celle d'Athènes, dans ce domaine et dans les autres.

Dans le lyrisme, nous venons de voir, en effet, le contraste entre Solon et les poètes élégiaques des îles. Solon est un lyrique par les mètres qu'il emploie ; mais il n'a rien d'un lyrique au sens moderne du terme — sens que Sapho justifie assez. La cité est devenue prépondérante ; le souci politique passe avant celui de l'expression personnelle ; enfin, une philosophie remplace l'impression du moment. De plus, contrairement à Théognis, Solon n'est pas seulement un homme engagé dans la politique, mais un homme capable de faire régner un ordre qui est déjà, par certains traits, démocratique. Le lyrisme devient pour lui l'instrument de sa foi morale et politique — comme le seront les discours pour les grands orateurs attiques.

Quant à l'épopée, elle ne s'est jamais acclimatée à Athènes. Athènes a probablement joué un rôle à l'origine : la place qu'elle occupe dans Homère n'est pas négligeable et sa céramique est riche en témoignages anciens. Elle a aussi eu le mérite, sous Pisistrate, c'est-à-dire à l'époque de Solon, de fixer le texte des épopées. Mais les Athéniens ne pratiquèrent pas ce genre : les mythes furent pour eux la matière d'un genre nouveau ; je veux dire la tragédie. La tragédie organise en ensembles fortement charpentés, et destinés à frapper en une fois une grande foule, ce que l'épopée développait librement dans le temps, pour des auditeurs de loisir. C'est un peu comme la fermeté des grandes images d'hommes archaïques après la grâce libre des fresques ou des vases, un peu comme l'architecture des frontons après la subtilité des petits objets. Cette différence dans les genres oppose Athènes aux îles.

Or cette différence se vérifie, si nous considérons à présent les autres contributions des îles à la littérature et à la culture grecque, dans les œuvres en prose, et dans les genres où Athènes allait prendre la relève.

Je parlerai peu de la philosophie. Car ses débuts furent assez peu sensibles dans les îles, malgré Phérécyde de Syros et ses réflexions sur les origines de l'univers, malgré, aussi, Pythagore, qui était de Samos, mais quitta cette île pour la Grande Grèce — tout comme Xénophane de Colophon, qui s'en alla à Élée. Dans l'ensemble, on passe assez directement des grands systèmes élaborés en Ionie à la réflexion sur l'homme telle qu'elle se développe un peu plus tard à Athènes. S'il y a un détour, il passe par la Grande Grèce. Mais je voudrais dire un mot de l'histoire. Elle est partie d'Asie Mineure : Hécatée de Milet, puis Hérodote d'Halicarnasse. Mais Hérodote vécut d'abord un temps à Samos ; puis, plus tard, il vint à Athènes, y vécut, y travailla ; et, si son histoire a pris une portée politique, est devenue analyse et réflexion sur la puissance, c'est presque certainement à l'influence athénienne que nous le devons : le conteur, le curieux, à la façon ouverte et libre de l'Ionie, s'est ainsi combiné avec le penseur politique, dans le style athénien. Encore Thucydide, l'Athénien, écartera-t-il résolument ces contes et ces curiosités, ces anecdotes et ces détails ethnographiques, pour centrer entièrement son attention sur sa cité, sur sa guerre en Grèce, sur son époque même — et sur la politique de la puissance. Athènes se retrouve là tout entière.

Le trait est d'autant plus frappant que l'histoire se développait aussi dans les îles. Mais ce n'était pas la même histoire, ce n'était pas la vraie histoire. On le constate pour Samos et pour Mytilène, où l'on retrouve le ton à part qui est celui des îles.

Choirilos de Samos est à vrai dire un poète épique,

non un historien, mais c'est un poète épique du Ve siècle et qui écrit des épopées historiques, dont les *Persika*, et qui fut l'ami d'Hérodote ; peut-être leurs deux sujets étaient-ils voisins. On est à la limite entre l'épopée et l'histoire. Quant à Hellanicos de Mytilène, c'est le seul de tous ses prédécesseurs que Thucydide nomme, pour le critiquer. Il précède Thucydide de peu d'années. Cette fois, il écrit en prose et fait œuvre d'historien ; mais cette histoire est, à sa façon, d'esprit mythologique. Elle s'occupe de généalogies, de fondations de cités — entre autres celle de Chios — et de la geste de héros. Il s'est occupé d'un peu toutes les régions de Grèce, et aussi de l'Attique, que nul ne pouvait plus ignorer. Son œuvre était abondante, variée, érudite ; mais l'histoire au sens moderne du mot est liée à la politique, et à la politique athénienne.

De fait la politique est la vie même d'Athènes et fonde sa puissance. À partir des guerres médiques, c'est-à-dire du début du Ve siècle, de 480, l'épopée et le lyrisme se taisent, le rôle des îles s'efface : Athènes tire tout à elle — ou presque tout.

*

Et d'abord, il faut être juste. Le rôle d'Athènes fut d'abord de libérer les îles qui, à partir de 550 environ, avaient été soumises par la Perse. Athènes, en participant héroïquement à la guerre contre les Perses, contribua à les libérer ; et elle demeura toujours fière d'avoir arraché les Grecs d'Ionie et des îles à la domination perse. Il suffit d'entendre, dans les *Perses* d'Eschyle, l'évocation des pays soumis par Darius pour comprendre le sens de la libération qui accompagne les guerres médiques. Le chœur est formé de Perses et il célèbre des conquêtes perses, dorénavant perdues : c'est comme un chapelet de noms qui devaient toucher, huit ans après la victoire, le public athénien.

« Et les îles baignées du flot, qui, groupées autour d'un cap marin, s'attachent à notre sol d'Asie, telles Lesbos, Samos qui nourrit l'olivier, Chios ; et aussi Paros, Naxos, Myconos ; Andros enfin, voisine attachée à Ténos !

« Il commandait de même à celles qui s'élèvent au milieu de la mer entre deux continents, Lemnos, et le pays d'Icaros, et Rhodes et Cnide, et les cités de Chypre : Paphos, Soli — Salamine, dont la métropole aujourd'hui cause nos gémissements ! »

Ces îles avaient été libérées. Elles rejoignaient les autres au sein de la communauté grecque. Et cette communauté eut bientôt pour chef Athènes : presque aussitôt après les guerres médiques, Athènes prit la tête de la confédération de Délos, comportant presque toutes les îles. Et, en cinquante ans, elle transforma cette hégémonie en empire. Sauf les îles de Chios, Lesbos et Corcyre, tous les anciens alliés sont devenus des sujets ; ils sont « asservis » ; ils paient tribut. Ils sont souvent obligés de venir plaider leur procès à Athènes. Et, fait décisif, en 454, le trésor de la confédération est transféré de Délos à Athènes.

Mais en imposant son joug, et sa suzeraineté aux îles, Athènes a le sentiment de s'offrir elle-même comme un centre de commerce et de culture pour tous. Des représentants des îles viennent pour des manifestations officielles. Et puis ils viennent pour étudier, pour travailler, voire pour enseigner. Athènes se vante d'être ouverte à tous. On sait que les disciples de Phidias étaient des insulaires. Mais les maîtres venaient aussi. Hippodamos, qui fit les plans du Pirée, était de Milet. Et, dans le domaine de la pensée, c'était plus net encore. De fait, les sophistes semblent s'être, de toute la Grèce, donné rendez-vous à Athènes. Là enseignent Protagoras d'Abdère et Gorgias de Léontium : l'un vient de la côte thrace et l'autre de Grande Grèce. Ils ne viennent guère des îles — sauf Prodicos de Céos, le savant professeur de la petite île toute proche d'Athènes. Tous ces gens vivent à Athènes, comme chez eux — ainsi qu'Anaxagore de Clazomènes ou bien d'autres. Et c'est au contact avec ces gens-là, en réaction contre eux aussi, que se formeront les philosophies de Socrate et de Platon : les dialogues de Platon nous les présentent parlant ensemble comme des concitoyens ; et l'un d'entre eux le dit : ils sont parents, en ce sens qu'ils sont tous philosophes. Trait remarquable, un fragment de Démocrite signale qu'il était lui aussi allé à Athènes, mais que personne ne l'y connaissait : là était l'originalité, là, l'exception.

Hospitalière, Athènes le fut sans aucun doute ; mais du coup elle devint le seul vrai centre de la culture. Et l'on peut dire qu'en gros, au ve siècle et dans la première moitié du IVe, elle fut véritablement la patrie de la littérature grecque.

C'est le cas, avant tout, pour la tragédie, l'histoire, l'éloquence.

Pour la tragédie, on ne cite guère qu'un auteur des îles et il n'écrivit pas que des tragédies ! C'est Ion de Chios ; et il vint à Athènes très jeune ; il fut ami d'Eschyle et de Sophocle, qui alla séjourner chez lui à Chios. Très riche, on raconte qu'il fit distribuer une fois une jarre de vin de Chios à chaque citoyen athénien. Il illustre le cas de l'écrivain des îles devenu presque athénien ; mais il est remarquable de constater qu'un critique qui lisait encore son œuvre dit qu'elle est à celle de Sophocle comme les vers de Bacchylide à ceux de Pindare : de l'amabilité aisée des îles, il reste toujours quelque chose...

Il y eut aussi des voix des îles pour protester contre Athènes. Déjà Timocréon de Rhodes avait écrit des vers contre Thémistocle. En 430, Stésimbrote de Thasos écrit un pamphlet, *Sur Thémistocle, Thucydide et Périclès,* qui exprime le mécontentement des alliés contre la politique impérialiste. Stésimbrote était un savant ; il avait écrit sur Homère, et sur les mystères. Il était lui aussi venu à Athènes ; mais le mariage de Stésimbrote et d'Athènes fut, contrairement à tant d'autres, un échec.

Enfin, il reste un cas d'étrange indépendance culturelle : la médecine, en effet, naît alors, avec Hippocrate ; et elle se partagera toujours entre l'île de Cos et la ville de Cnide, sur le continent ; mais il n'y a pas eu de grande activité médicale à Athènes, du moins à notre connaissance. Certainement Hippocrate a beaucoup voyagé. Certainement son œuvre était bien connue de Platon et d'Aristote. Certainement Thucydide en a subi l'influence — ou en tout cas celle de médecins de la même école ; et cela ne se voit pas seulement dans la façon dont il décrit la peste d'Athènes, mais dans la façon même dont il analyse les crises politiques et leurs symptômes. Son esprit est celui de la médecine contemporaine. Or la médecine contemporaine n'était pas athénienne et semble avoir eu peu de rapports avec Athènes. Il y a eu à Athènes quelques philosophes-médecins, mais pas d'école de praticiens. Ce signe confirme donc la perméabilité même de la culture grecque, et la diffusion immédiate des œuvres, quand ce n'était pas la ventilation même des personnes.

Pourquoi la médecine vécut-elle dans l'île de Cos et,

en face, à Cnide ? Le rôle de l'Asclépieion devait orienter les esprits vers le problème des guérisons. Et, les curiosités de l'Ionie aidant, la rencontre du fait religieux et du fait scientifique a dû être déterminante. En même temps, la médecine a un caractère concret, qui est bien dans le goût des îles. Toujours est-il que la tradition devait se perpétuer. On signale bien un médecin proche de l'Attique au milieu du IVe siècle : c'est Dioclès de Carystos (en Eubée), un péripatéticien. Mais, à l'époque hellénistique, Praxagoras, qui suivit Dioclès, était le chef de l'école de Cos. La fille d'Aristote épousa un médecin de l'école de Cnide. Au milieu du IIIe siècle, Philinos de Cos eut encore un rôle éminent, en fondant un courant médical purement empiriste. Nous savons du reste que le grand médecin hellénistique, Érasistrate de Ioulis, c'est-à-dire de Céos, près de l'Attique, avait travaillé à Cos, avant de se faire l'élève du gendre d'Aristote. La tradition médicale de Cos devait donc rester solide pendant des siècles.

Du reste, les îles brillaient souvent dans la recherche scientifique. À l'époque même de Périclès, Chios avait donné des mathématiciens — comme Oinopidès (mathématicien et astronome), puis Hippocrate de Chios (à ne pas confondre avec le médecin) qui compte encore parmi ceux qui vinrent travailler à Athènes (il s'occupait de la quadrature du cercle). De même Samos avait fourni tôt dans le Ve siècle un savant spécialiste d'histoire naturelle, Hippon.

Indépendamment de la culture athénienne, les îles manifestaient donc là une activité latente, prête à reprendre un jour plus glorieusement. Elles continuaient aussi leur tradition propre, qui reste la poésie et surtout le lyrisme. À cette époque, rien d'éclatant ; pourtant des noms sont venus jusqu'à nous, des auteurs d'œuvres perdues, attestant que la veine insulaire n'était qu'un moment arrêtée par l'éclat des genres athéniens. Même les savants ou les philosophes, s'ils étaient des îles, étaient un peu poètes : Diagoras de Mélos, le philosophe, écrivait aussi des poèmes lyriques ; et Événus de Paros, le maître de rhétorique, présentait son enseignement en vers. Et puis on nous cite, ici une épigramme d'un homme de Samos, là les dithyrambes d'un homme de Mytilène ou de Mélos, ou bien des élégies d'un homme de Paros. On nous cite même un auteur de parodies, à la fin du Ve siècle ; or il est justement de Thasos, la patrie des sarcasmes d'Archiloque et des attaques de Stésimbrote. Et l'on nous cite jusqu'à une femme, Érinna de Télos, une petite île à côté de Rhodes, qui écrivit entre autres un poème de souvenirs et de deuil en l'honneur d'une amie perdue. La littérature élégiaque couve toujours dans les îles, prête à reprendre.

*

Voici en effet qu'Athènes s'effondre. En 404, elle a perdu son empire. Avec Alexandre, elle perd sa liberté. Et, à l'époque hellénistique, la littérature grecque cesse d'être athénienne. Il y a bien encore Ménandre qui fait la gloire de la nouvelle comédie. Mais la gloire de Ménandre appartient déjà à un monde grec entendu au sens large. Son œuvre nous est connue par les papyrus d'Égypte ; les images qui nous en restent sont venues des mosaïques d'une riche maison de Mytilène. Son continuateur Apollodore est de Carystos en Eubée : trait symptomatique, on l'appelle parfois Apollodore d'Athènes : qui eût dit Sophocle d'Athènes ? La philosophie, elle aussi, se réclame encore un temps d'Athènes ; mais les grands noms qui l'illustrent ne sont plus des noms athéniens. Le fondateur du stoïcisme, Zénon, était de Citium, dans l'île de Chypre ; de même, son disciple Persée. Le fondateur de l'épicurisme était un citoyen athénien, mais né dans un groupe athénien de l'île de Samos. Tous deux ouvrent école à Athènes, parce que c'est la tradition. Mais c'est aussi la fin d'une tradition.

Désormais les puissants du monde grec, ce sont les successeurs d'Alexandre, Lagides en Égypte, Attalides à Pergame. Ce sont eux qui attirent les auteurs, les encouragent, les font vivre. Et, du coup, la culture se déplace en sens inverse du mouvement précédent : elle quitte l'ouest pour l'est, la Grèce propre pour les îles du sud-est de l'Égée, qui sont dans le voisinage d'Alexandrie. En même temps renaissent les genres que l'on vient de voir à l'état latent dans les îles : la recherche historique ou scientifique, d'abord, et tous les genres poétiques — épiques ou lyriques — qui avaient jadis été la gloire des îles. Certes, ils ne sont plus ce qu'ils étaient ; ils deviennent un peu plus livresques et érudits ; ils jouent sur les mythes plus qu'ils n'en vivent ; mais ils ont repris le goût des récits mythiques en vers.

L'histoire, déjà au IVe siècle, s'était éloignée d'Athènes comme elle s'en était auparavant rapprochée. Théopompe de Chios avait été, semble-t-il, disciple d'Isocrate. Exilé, il put rentrer dans sa patrie grâce à Alexandre, puis dut en repartir à la mort du roi. Il est de Chios, mais déjà cosmopolite, à la façon des temps nouveaux. Il fut un historien aristocratique et moralisant, qui raconta entre autres l'histoire de Philippe de Macédoine. Un quart de siècle plus tard, Douris de Samos fut plus samien et moins cosmopolite. Parmi ses œuvres figure d'ailleurs une chronique de Samos, à côté d'une histoire plus générale qui va de Philippe à Pyrrhos. Il représente, lui, une histoire colorée et dramatique — une histoire pour le plaisir ! Puis il y eut les historiens de Lesbos, toujours nombreux : Herméas de Méthymna fut, au IVe siècle, le premier historien étranger à s'occuper de la Sicile ; Phanias d'Érèse (toujours à Lesbos) le suivit ; Charès de Mytilène, lui, s'occupa d'Alexandre ; plus tard, Théophane de Mytilène raconta les campagnes de Pompée. On rencontre aussi des historiens à Rhodes, ce qui est plus nouveau : Simmias de Rhodes écrit des vers sur l'histoire de la Crète. Eudoxe de Rhodes est historien et géographe, Hiéronymus de Rhodes est philosophe et biographe. Castor de Rhodes écrit des chroniques qui vont de Ninus à Pompée. La tradition historique se maintient donc solidement.

Il en va de même de la tradition scientifique : Aristarque de Samos, avec son système héliocentrique, suffirait à la prouver. Sans compter que, pour la géographie, le nom de Skymnos de Chios rappelle, pour le second siècle, le rôle de cette grande île. Le grand astronome Hipparque travailla souvent à Rhodes. La tradition continuait là aussi...

Et surtout elle reprenait dans le domaine lyrique ou mythologique, qui marque de façon éclatante l'époque alexandrine. Callimaque, Apollonios, Théocrite, Lycophron vécurent tous plus ou moins à Alexandrie. Mais ils ont tous eu aussi quelque rapport avec les îles.

Callimaque, qui écrivit, entre autres, des *Hymnes* à la manière des *Hymnes Homériques*, mais aussi un poème de caractère épique et des vers élégiaques, n'était pas un insulaire ; mais il donne pour son modèle un poète de Cos, Philitas, un poète-érudit, qui fut aussi le maître de

Théocrite. Et Théocrite lui-même, qui écrivit des idylles, et fut à jamais maître de ce genre ? Eh bien, il venait de Sicile, mais se fixa à Cos, qu'il évoque souvent dans ses vers. Cette île est aussi la patrie d'Hérondas, l'auteur des mimes. C'est le réalisme des îles qui reparaît. Quant à Apollonios, l'auteur d'une épopée savante sur les *Argonautiques*, il se fixa à Rhodes. Les îles, toujours les îles, avec leur tradition un long temps oubliée... Et il faudrait citer encore les poètes de Chalcis en Eubée, poètes savants eux aussi, mais poètes, et des îles.

Au reste, même les grandes spécialités athéniennes finissent par émigrer. Et à cet égard je voudrais dire un mot d'une île dont la prospérité économique et le rôle politique devenaient alors considérables : Rhodes. La richesse de Rhodes, on la voit, pour la période qui va du VIIe au Ve siècle, à travers les objets de luxe qu'elle produit alors. Cette richesse revient à l'époque hellénistique, et augmente encore quand l'Égypte s'affaiblit. J'ai cité des historiens de Rhodes, et des savants et des poètes : il est temps de dire qu'en fait c'est Rhodes qui hérita alors de la double tradition athénienne : l'éloquence et la poésie.

Dans le domaine de l'éloquence, la chute d'Athènes avait amené contre l'atticisme une vive réaction, dont les représentants étaient surtout d'Asie et que l'on a appelée pour cette raison l'asianisme. Or une école entreprit de lutter contre l'asianisme et de défendre l'atticisme : ce fut l'école de Rhodes où enseigna Molon de Rhodes. Qu'il suffise de dire qu'elle devait compter parmi ses élèves Cicéron et César !

Mais son importance n'est pas moins grande dans le domaine de la philosophie. L'Eudème de la *Morale à Eudème* d'Aristote, l'Eudème qui, semble-t-il, édita Aristote, était un Rhodien ; il avait sans doute suivi son maître, comme Théophraste, qui, lui, était d'Érèse, dans l'île de Lesbos, et qui, malgré cela, succéda à son maître à la tête de l'école, à Athènes. Mais après ce temps, qui fait venir les philosophes des îles à Athènes, vient l'heure de ceux qui feront venir leurs élèves à Rhodes. Le grand penseur stoïcien, qui introduisit le stoïcisme à Rome et fonda ce que l'on appelle le stoïcisme moyen, Panétius, était de Rhodes. Certes, il n'y resta pas : il alla à Rome et à Athènes. Mais un de ses élèves, Stratoclès, était de Rhodes, et écrivit une histoire du stoïcisme. Et son disciple Posidonius qui n'était pas rhodien, après avoir été, lui aussi, à Rome et à Athènes, ouvrit son école à Rhodes ; Pompée lui fit visite et Cicéron entra en rapport avec lui à Rhodes. Cela n'empêchait d'ailleurs pas l'aristotélisme de continuer : le nom d'Andronicos de Rhodes, qui fit beaucoup pour la connaissance d'Aristote, en est une preuve suffisante;

Mais isoler les îles devient de plus en plus difficile. D'abord parce que les brassages se sont multipliés, que les écrits circulent, désormais couramment copiés, et aussi parce que, depuis Alexandre, les limites du monde gréco-romain ont considérablement reculé. Dans ce vaste ensemble, les îles grecques de l'Égée ont cessé d'être un lieu privilégié, comme elles l'étaient à l'origine.

★

Ce survol un peu rapide confirme donc deux idées.

La première est que la grande période des îles fut bien, pour la littérature et la culture comme pour les arts plastiques, celle qui va des origines à l'époque classique, c'est-à-dire celle que nous aimons aujourd'hui parce qu'elle nous révèle une Grèce qui invente et découvre, et non cette Grèce « classique » que l'on a longtemps crue la seule.

Mais la seconde est que, même sous Athènes, même après Athènes, les traits qui avaient marqué cette contribution des îles restèrent les mêmes — timidement latents à l'époque athénienne, plus fermement réaffirmés à l'époque alexandrine, ces traits sont la vivacité colorée et imaginative, le goût des mythes, le goût du chant, du conte, de la grâce. En un sens on pourrait presque dire que le miracle grec se situe à la rencontre entre la fermeté intellectuelle d'Athènes et l'imagination brillante et concrète des îles.

8

LA CORÈ DE SAMOS*

Nous voici réunis ce soir autour de la Corè de Samos. La Corè de Samos, c'est la Grèce. Pourtant je devrais avouer que ce choix est, de ma part, surprenant et inquiétant. Je suis spécialiste de littérature, et voici une statue. Je suis spécialiste d'Athènes et voici une œuvre de Samos, tout près de l'Asie Mineure. Je suis spécialiste du Ve siècle et cette statue est du VIe. Qu'êtes-vous venus faire ici ?... Si j'ajoute que déjà, dans une rencontre analogue, Jacques Lacarrière a porté son dévolu sur cette Corè de Samos, on peut dire que mon choix est au moins étrange. Pardonnez-moi : il reste qu'elle est belle et qu'elle est grecque. Et, au lieu de chercher à la situer dans une évolution comme avait fait J. Lacarrière, je voudrais tenter de rejoindre le propos de mon dernier livre (*Pourquoi la Grèce ?*) en cherchant ce qui, dans cette œuvre d'un autre lieu et d'un autre temps, rejoint ce que j'ai décrit comme étant l'essence de l'hellénisme. En quoi est-ce beau ? En quoi est-ce grec ?

* Conférence faite au Musée du Louvre (« Le visiteur du soir »), le 5 mai 1993. Elle fut prononcée devant la statue elle-même : voir photographie, en couverture.

Je ne vous le dirai pas d'emblée : il faut aller doucement. Je voudrais en effet prendre du recul, et m'approcher progressivement de cette essence de l'hellénisme, en considérant d'abord de très loin la présence de cette œuvre ici, son origine, son sujet, pour arriver enfin au secret même de son art.

*

Elle est là, présente ; et cela vous paraît à tort aller de soi. On s'imagine que les œuvres grecques, parce qu'elles sont vieilles de vingt-six siècles, ont toujours été là, et connues. C'est une énorme erreur ! Et je voudrais rappeler que notre connaissance de la Grèce, qui passe parfois pour passéiste, est une de celles qui se renouvellent le plus. Dans ma jeunesse (lointaine, il est vrai...) on ne lisait pas le mycénien ; on ne savait pas que c'était du grec : la connaissance du grec a remonté de plusieurs siècles. On ne connaissait ni le passé de Théra-Santorin, qui occupe à présent tout le haut du Musée national d'Athènes, ni les splendeurs des tombes de Macédoine, dont les trésors ont fait le tour du monde ; on ne savait rien des traces laissées par Alexandre sur les confins de l'Inde ; on ne possédait pas une seule pièce de Ménandre. Tous les cinq ans une découverte sensationnelle surgit. Et les fêtes de Delphes nous l'ont rappelé : à la fin du XVIIe siècle, on ne savait pas où chercher les restes de Delphes, engloutis sous terre.

Pourquoi ce rappel ? Parce que notre Corè n'a été trouvée à Samos qu'il y a un peu plus de cent ans, par un habitant de l'île. Elle n'a pas toujours été connue ! Et ce n'est pas tout. On a trouvé d'autres œuvres portant le même nom de dédicataire (quatre ou cinq), dont une

Corè plus petite, mais parente de la nôtre, qui est à Berlin. Et puis voici qu'il y a simplement dix ans, des archéologues allemands ont trouvé, appartenant au même sanctuaire, et offerte par le même personnage, une autre Corè qui, dans un lit de pierres, avait servi à la construction d'un mur. Or elle est identique à la nôtre, à un ou deux détails près, et de la même taille ! Rien que de penser à cela, n'a-t-on pas le sentiment d'une résurrection ? Ne croit-on pas voir notre Corè surgir toute neuve, dans la force d'une révélation ?

Et avec elle surgit un peu de la Samos du VIe siècle avant J.-C. Samos, c'est d'abord la grande île toute proche de l'Asie Mineure, donc bien placée pour recueillir les influences orientales ; et notre Corè en reflète certainement beaucoup. D'autre part, c'est une île puissante et riche, où l'art est à l'honneur. Vous connaissez de nom le tyran de Samos, Polycrate. Il ne sera au pouvoir qu'une trentaine d'années plus tard [1] ; mais l'on voit dans le livre III d'Hérodote combien il est alors connu et puissant en Grèce. C'est lui qui finira mal, pour n'avoir pas réussi à se défaire d'une chance et d'une prospérité excessives. Or, lorsqu'il arrive au pouvoir, Pythagore quitte l'île ; bientôt Anacréon y arrive.

Dans cette île, une gloire : c'est là que Zeus avait épousé Héra. Elle régnait sur l'île où elle avait un sanctuaire célèbre et où se célébraient chaque année des fêtes en son honneur. C'est pour ce sanctuaire que le généreux Chéramyès, dont nous ignorons tout, offrit notre statue.

Ce rôle de Samos est important à retenir : il est une preuve de plus que la culture grecque naît d'abord en Asie Mineure ; vers le VIIe et le VIe siècle elle fleurit dans les îles. Et vous avez dans cette salle des œuvres de Paros, de Naxos, de Thasos. Tout cela nous rappelle la belle exposition d'il y a environ quinze ans, au Musée du Louvre : « Mer Égée, Grèce des îles ». Nous sommes au grand moment de la Grèce des îles. La littérature athénienne n'existe guère : elle n'a que Solon. Mais Lesbos, plus au nord, Lesbos toute proche, elle aussi, de l'Asie Mineure, brille déjà avec, entre autres, Alcée et Sapho. Si la Corè n'est pas athénienne, c'est que le temps d'Athènes n'était pas venu ; elle se dresse comme un rappel : *ab oriente lux*. Nous devons la saluer comme incarnant la puissance créatrice de l'archaïsme, le faste de la réussite, et la majesté attachée à l'épouse de Zeus. Le nombre des offrandes, leur taille, le fait qu'elles soient en marbre, tout cela traduit l'épanouissement de la grande île.

Mais c'est tout ce que je dirai pour la situer un peu dans l'espace et dans le temps. Et je ne parlerai pas non plus des influences orientales qui sans aucun doute se sont alors exercées sur la statuaire grecque. Je vous l'ai dit : j'entends tourner le dos à l'histoire et prendre la Corè telle qu'elle est dressée, majestueuse, au seuil de ce qui est déjà et restera l'art grec.

Son sujet lui-même me paraît caractéristique de l'hellénisme ; et c'est le premier trait que j'aimerais mettre en lumière. Il l'est même doublement.

Corè. Le mot veut dire jeune fille. Ce n'est pas l'image d'une déesse, mais d'une femme, offerte à la déesse. Pas une reine non plus, comme on le voit en Égypte — pas un être plus ou moins mythique, avec des ailes ou des griffes. Pas non plus une de ces femmes aux formes exagérées, pour illustrer la fécondité. Non : simplement une femme, accomplie, sereine, à la fois belle et distante.

On avait d'abord pensé que ce pouvait être une image de la déesse elle-même, une image d'Héra ; mais la découverte de son double permet d'écarter résolument l'hypothèse. Il s'agit d'une femme, qui exista peut-être, et qui appartenait sans doute à un groupe — en tout cas pas d'une déesse.

Ce premier trait me va au cœur, car c'est aussi le premier que j'ai signalé à propos d'Homère. Ses héros ne sont pas, comme dans les épopées d'autres pays, des surhommes, ayant sept doigts à chaque main et sept pupilles dans chaque œil. Ils ne tuent pas des centaines de guerriers chacun. Ce sont — et c'est ainsi qu'Homère les appelle — des mortels. Ils ont même à l'occasion certaines faiblesses des mortels : des peurs qu'ils dominent et des rages, qu'ils ne dominent pas toujours, et un grand désespoir quand la mort frappe un être cher : rappelez-vous Achille couché sur le sol après la mort de son ami Patrocle. Avoir choisi l'être humain pour objet de son admiration est éminemment grec. Et l'on voit d'ailleurs l'art grec au fur et à mesure qu'il s'affranchit des influences orientales diriger de plus en plus son inspiration en ce sens.

Mais attention ! Notre Corè, par sa taille, est plus qu'une femme. Regardez comme elle est grande. Elle mesure, je peux vous le dire, 1 m 92. L'artiste n'a pas voulu se limiter à la « grandeur nature ».

Eh bien, n'en est-il pas ainsi des héros de la littérature, de ceux d'Homère, de ceux de la tragédie ? Tous plus courageux et plus forts que le commun des mortels. Ou, s'il s'agit d'une femme, plus belle que les plus belles, comme Hélène, plus fidèle que les plus fidèles, comme Pénélope ; plus vaillante que les plus vaillantes, comme Antigone ? Les héros sont humains, mais d'une humanité surélevée et rehaussée, comme l'acteur de théâtre, et comme notre Corè. Cela encore est grec. Et cela nous émeut, car nous découvrons en l'homme une grandeur inhabituelle.

Mais est-ce seulement affaire de taille ? Elle est majestueuse et noble, notre Corè. Elle est sereine et imposante. On aurait presque pu deviner, si l'inscription ne nous le disait, qu'elle se dressait dans un sanctuaire, et même qu'elle était une offrande à Héra. Peut-être son bras droit brisé saluait-il, dans un geste de respect, peut-être portait-il une offrande. En tout cas, elle était elle-même une offrande, et l'inscription dédicatoire le précise, avec un mot jugé de trop par certains : elle est un ἄγαλμα. Si, donc, elle représente une femme, parfaitement femme et humaine, la divinité n'est pas loin ; et une touche de sacré vient rehausser l'humain.

Et me voici à nouveau ramenée à Homère. Car, si Homère centre son œuvre sur des mortels, le terme même rappelle le contraste latent avec les dieux. Ils sont présents dans l'épopée, ces dieux. Certaines scènes se passent chez eux. Mais ils descendent aussi se mêler aux hommes ; ils apparaissent dans la bataille. Quelquefois, ils se tiennent au côté d'un héros, qui devient plus grand et plus fort ; et la voix d'Athéna vient à l'occasion doubler la voix humaine d'Achille. Comment en aurait-il été autrement, quand il existait des amours ou des unions entre dieux et femmes mortelles, entre déesses et hommes mortels. Achille et Énée sont fils de déesses, Sarpédon est fils de dieu. Et vers la fin de l'*Iliade*, la bataille entre les hommes se double d'une bataille entre les dieux, partisans des uns ou des autres. On sait, au reste, que ces mêmes divinités apparaissent dans la tragédie ; elles pouvaient entretenir de chastes et tendres relations avec des mortels comme la divine chasseresse Artémis avec Hippolyte.

Les dieux sont restés présents, et proches de l'homme, dans presque toute la littérature grecque et dans l'art grec. L'exploit athlétique supposait la protection divine ; le talent littéraire était un don des Muses ; et la sculpture présente parfois des dieux et des hommes ensemble : ils sont alors semblables, à une légère différence de taille près.

D'ailleurs on s'y trompe : les personnages d'Homère, devant un inconnu, se demandent si ce n'est pas un dieu. Et Paul Girard avait pensé la même chose de notre Corè : n'était-elle pas Héra ?

Certes les dieux sont, quand ils se présentent sous leurs vrais traits, plus beaux que les hommes. Je vous citerai à cet égard le moment où, dans le premier Hymne à Déméter, la déesse se révèle ainsi : « À ces mots, la Déesse, rejetant la vieillesse, prit une haute et noble taille. Des effluves de beauté flottaient tout autour d'elle et un parfum délicieux s'exhalait de ses voiles odorants ; le corps immortel de la déesse répandait au loin sa clarté ; ses blonds cheveux descendaient sur ses épaules, et la forte demeure fut illuminée, comme par un éclair. »

Nous n'avons pas ici les parfums délicieux ni le feu des éclairs — ce n'est qu'une femme. Mais nous retrouvons, sur la femme offerte à Héra, un peu de la majesté d'Héra. Notre Corè garde, dans son humanité, un reflet du sacré.

Cette impression est rehaussée, sans doute, par des détails matériels.

Elle tient probablement au fait que l'art, ici, est encore assez peu libre. Les pieds sont joints, les jambes droites, les bras ne sont pas séparés du corps. Nous reviendrons sur cet aspect technique et sur le fait que le mouvement n'est pas encore inventé : on peut noter pour l'instant que ce trait contribue à l'impression de majesté et de distance que nous ressentons.

Inversement, la richesse complexe du vêtement peut y contribuer, elle aussi. La statue est revêtue d'une robe ou *chitôn,* en lin, d'un manteau ou *himation*, jeté sur le buste en biais, et d'un voile. Le voile, qui, semble-t-il, cachait la tête, évoque le mariage, auquel présidait Héra. C'est ce même voile qu'Andromaque arrache, avec les autres éléments de sa coiffure, lorsqu'elle apprend la mort d'Hector ; et Homère rappelle qu'Aphrodite lui en avait fait don le jour de son mariage (*Iliade*, XXII, 468 et suiv.). C'était ce voile qui avait d'abord suggéré à Paul Girard l'hypothèse qu'il s'agissait d'Héra. La noblesse du vêtement rejoint en tout cas celle de l'attitude.

Et le principe nous éclaire sur la nature du polythéisme grec, qui s'allie si bien avec l'humanisme. Car il instaure une amitié entre les dieux et l'homme, dont celui-ci sort grandi. On le voit dans un texte souvent cité de Pindare — un texte qui pourtant part du pessimisme le plus aigu — où il dit : « Êtres éphémères, qu'est chacun de nous ? Que n'est-il pas ? L'homme est le rêve d'une ombre. Mais, quand les dieux dirigent sur lui un rayon, un éclat brillant l'environne, et son existence est douce » (*Pythique* VIII, 95 et suiv.).

Une femme, un être humain. Mais un être humain sur lequel passe la majesté qui s'attache au sacré. Les deux traits définissent l'humanisme grec.

*

Mais le mot *Corè* a encore d'autres résonances, qui nous mènent tout droit au secret de cet art. Le titre même de Corè implique l'anonymat, et la transposition en image universelle.

Je sais bien que ce mot traduit seulement notre ignorance, à nous modernes. Nous ne savons plus, en général, qui était figuré dans une œuvre de statuaire : nous ne le savons que si la statue comporte un attribut très précis — et encore ! ou une dédicace donnant un nom — mais c'est assez rare.

Seulement je crois aussi que, par-delà notre ignorance, le mot s'adapte bien à la tendance des œuvres. Couroi et Corai : on les rencontre un peu partout dans le monde grec, droites images de l'homme et de la femme, lui viril et nu, elle vêtue de longues robes, tous se ressemblant par la force et la noblesse. Les archéologues aiment les distinguer, les dater à dix ans près, reconnaître le style particulier de chaque île et de chaque quart de siècle. Par des comparaisons rigoureuses, ils les classent et les opposent. C'est leur rôle, et je leur fais confiance. Mais je suis surtout frappée, moi la profane, par le nombre d'exemples qu'ils ont pour établir leur classement et par la ressemblance d'inspiration et d'esprit que ces éléments ont entre eux, et qui dégagent bel et bien un type. J'ajouterai que cette ressemblance ne s'établit si clairement que parce que chaque statue, déjà, se rapproche au maximum de ce type. La Corè de Samos ne fait pas exception : elle ne se veut pas un portrait, individuel, distinct, personnel, mais une Corè. Il est pourtant probable qu'elle représentait quelqu'un appartenant à un groupe sans doute familial. Mais on n'a point voulu la représenter dans ses traits individuels : et la preuve même en est donnée par la jumelle trouvée il y a dix ans. Elles sont identiques parce qu'elles ne sont pas individuelles.

De nos jours, nous sommes habitués à un art plus

vivant et mobile, de même qu'en littérature nous aimons l'étude des caractères et des facettes de la psychologie. Alors, on cherche des excuses à l'art plus ou moins hiératique qui s'oriente vers l'universel.

On dit, par exemple, que les différences individuelles devaient être marquées par la peinture : j'en doute fort et je crois que la couleur ne faisait que rehausser le type universel. En tout cas, nous ne l'avons pas.

On dit aussi : mais ces différences auraient été marquées par la tête, que nous n'avons pas non plus. Eh bien, parlons-en, de cette tête !

Moi qui ne tiens pas du tout à voir ces distinctions individuelles trop marquées, je pourrais commencer par me féliciter de son absence en citant cette phrase de Giraudoux dans *Marche vers Clermont* : « Il n'en est pas d'elles [des vies des âmes nobles] comme des statues antiques, dont la mutilation a été un allégement nécessaire pour le passage sur on ne sait quel pont dangereux des siècles ou du goût. » Mais voilà des propos à ne pas tenir devant des archéologues. Et figurez-vous, moi aussi j'aimerais la voir, cette tête ! Je suis sûre qu'elle serait digne et absente — personnalisée sans doute, car la ronde des Corai de l'Acropole, avec leurs têtes et leurs coiffures différentes, sont bien distinctes les unes des autres. Mais rappelez-vous leur impeccable maintien, leurs têtes droites, et ce sourire dont le mystère est que justement il semble refuser tel ou tel sentiment. Non ! Les Corai grecques n'ont pas, même dans leurs visages, la présence individuelle des visages dans les peintures étrusques, ni la présence saisissante de certaines reines égyptiennes. Elles offrent des différences légères dans le vêtement ou la coiffure, leur sourire est plus ou moins accentué ; mais elles sont jumelles, toutes, parce que chacune retient le type accompli d'un certain idéal humain. D'ailleurs le mot anonyme, que j'ai employé tout à l'heure, venait déjà sous la plume de Jean Charbonneaux, parlant de ces figures « représentant sous une forme anonyme la donatrice ».

Au reste, nous avons une dédicace. Elle précise qui a offert la statue, et à qui : elle ne précise pas qui elle représente.

Mais on me dira aussi — et c'est là le débat essentiel : c'est parce que la technique n'était pas assez affinée pour marquer ces différences. Et tous les guides, tous les manuels nous renvoient perpétuellement à ce « pas encore capables », à ce « déjà plus habiles à rendre », que suppose un tel progrès.

Sans nul doute, ils ont raison. Mais c'est, à mon avis, mal poser la question. Et si je le dis, c'est qu'ici encore, je me fonde sur le parallélisme avec la littérature.

Homère lui aussi simplifie les lignes et retient des types humains, obtenus en allant chaque fois à l'essentiel. J'ai tenté de montrer ainsi comment les adieux d'Hector et d'Andromaque mettaient en relief le mari et la femme, la vie et la mort, sans entrer dans les détails de ce qui serait propre à ce mari, à cette femme, à cette guerre. Et chez lui aussi, on a remarqué que les analyses psychologiques, quand il s'agissait d'hésitations ou de luttes intérieures, avaient quelque chose de fruste. Lui non plus ne savait pas encore exprimer ces nuances psychologiques. De fait, j'ai écrit tout un livre sur l'essor de la psychologie en Grèce en partant de ces rudesses homériques. Mais la vérité n'est-elle pas que, si ces analyses avaient intéressé Homère, les moyens d'expression auraient vite suivi ? Il sait si bien, quand il veut dire un partage de sentiments, le montrer de façon concrète et nuancée, comme quand il parle du « rire en pleurs d'Andromaque » !

Cet art dépouillé ne cherchait pas l'individualité : il la fuyait. Et le retard des moyens était dû à cette orientation première, qui menait vers le type, vers l'idée.

Rappelez-vous l'Aurige de Delphes. Rappelez-vous sa majesté, sa fierté, mais aussi son caractère impersonnel, image de la maîtrise de soi, de la fermeté virile, de la victoire. On n'est pas très loin, avec de tels exemples, de ce qui a mené les Grecs, d'abord à créer des héros destinés à rester des figures humaines symboliques — des Hector et des Agamemnon, des Clytemnestre et des Iphigénie, mais aussi à cerner des idées, pour nous les transmettre, abstraites et nettes à tout jamais — la philosophie, la démocratie, la logique, le civisme. Les Grecs — et c'est l'idée que j'ai voulu exprimer dans mon livre — tendaient vers l'expression universelle. Ils y tendaient même dans la description de gestes concrets. Ils y tendaient même dans la statuaire.

Pardonnez-moi cet envol loin de notre Corè. Je reviens à elle. Car le paradoxe est justement celui-ci : ce qui, dans son cas, prouve que sa simplicité presque hiératique n'est pas liée à l'insuffisance des moyens techniques, c'est que, si nous regardons maintenant le détail, nous constatons qu'il révèle un art des plus raffinés. Qui plus est, cet art s'exerce selon l'aspiration grecque à une beauté qui n'a rien ni de réaliste ni d'individuel.

Regardons seulement les drapés, les plis ! Ces trois épaisseurs de vêtements — peut-être viennent-elles d'Anatolie, et l'on a parlé de Cybèle. Cependant, ne considérons pas l'origine sociologique, mais la façon dont ils sont évoqués.

Ils se recouvrent partiellement, et l'on voit ces fins tissus dans la dureté du marbre. On les voit se recouper, se mettre en valeur.

Et ces plis ! Voyez seulement la façon dont ils s'évasent doucement pour suggérer le corps, dont ils se courbent pour dessiner les seins, par exemple ; car ce corps apparaît, y compris dans ce creux des reins que les spécialistes appellent joliment « une dépression spinale au modelé très vivant ». Et la façon dont la main retient un pan du manteau et se laisse voir sous les plis. Ah ! On ne peut pas parler de technique encore fruste quand on regarde ces plissés — pas plus que pour Homère, avec le rire en pleurs d'Andromaque : l'on peut et doit parler seulement d'un art qui ne cherche pas l'individualisme et le réalisme du portrait dans la présentation des personnages.

Rien de réaliste, en effet, dans notre Corè. Et cela ne me paraît nullement une maladresse si les deux jambes accolées forment comme une colonne. Cela peut être une influence mésopotamienne, une tradition ionienne, tout ce que l'on voudra. Mais l'artiste l'a gardée et l'on trouve un plaisir certain dans cette simplification. Elle permet ensuite au corps de paraître et de s'assouplir depuis les hanches peu saillantes, qui arrêtent à peine le mouvement vers le haut, jusqu'à ces seins si écartés, qui élargissent encore la stature et ajoutent à la noblesse de la Corè.

De plus le principe même de ces longs plis m'enchante. Ils ont la régularité imposante que les œuvres littéraires mettent, par exemple, dans leurs grands ensembles strophiques, où la longueur de chaque syllabe est commandée par la structure du tout. Ces plis ont aussi la régularité des triglyphes et des métopes ou des colonnes mêmes, identiques et combinées. Mais rien n'est raide en eux. Non seulement, je l'ai dit, ils s'évasent pour suivre les courbes du corps, mais la complexité du vêtement permet que les plis droits soient coupés par des plis en oblique, donnant une impression d'harmonie très libre. De même, des strophes d'un chœur de tragédie changent parfois de rythme, au gré d'une inspiration neuve, pour produire un ensemble plus subtil ou plus frappant.

Plus tard, une liberté nouvelle s'en mêlera ; et le vent fera voler les plis au gré du mouvement et au souffle de la victoire. Mais ici, nous saisissons ce par quoi les artistes grecs ont entendu commencer, et ce qu'ils ont désiré faire en premier.

Encore n'ai-je parlé que des plissés eux-mêmes ; mais il y a la façon dont le manteau s'arrête sur la robe, introduisant une ligne souple, relevée au centre, en un arc de cercle majestueux. Et pourtant les deux pans, à droite et à gauche, sont symétriques, mais non égaux : là encore, l'architecture est ferme, mais nuancée par la vie. Ce mouvement, je crois, se retrouve assez fréquemment sur des statues antiques. Si ce mélange de régularité et de souplesse est éminemment grec, rien d'étonnant à cela. Mais j'en conclurai non pas que la statue, par la délicatesse de ces précisions, nous apprend comment s'habillaient les femmes grecques (toujours la sociologie !), mais comment les artistes grecs se représentaient le beau. Or cette finesse ordonnée est caractéristique. La dame d'Auxerre, que Jean Charbonneaux se plaît à rapprocher de notre Corè, comme le dorien s'opposait à l'ionien, ignore ces finesses ; mais les statues des Corè de l'Acropole les pratiquent aussi, et dans l'agencement des robes et dans celui des boucles de cheveux.

Rappelez-vous ces ondulations régulières et stylisées, sous les hautes coiffures ! Rappelez-vous, chez les hommes comme chez les femmes, ces boucles circulaires entourant le visage, toutes semblables. Ou bien rappelez-vous ces tresses, annelées et stylisées, réparties des deux côtés de la poitrine, comme une parure exigée par le rituel. La liberté dans la disposition se combine avec une stylisation rigoureuse.

L'amour des Grecs pour la beauté comporte toujours un ordre et une liberté que l'on ne peut dissocier. Et peut-être les œuvres archaïques — comme celle-ci — où l'imitation de la nature n'entraîne pas encore l'artiste, rendent-elles plus évident encore ce trait qui me paraît si spécifiquement grec. Les œuvres archaïques nous livrent le secret de l'ensemble.

★

Vous voyez : menez-moi aux limites de l'Asie, menez-moi vers des œuvres encore toutes marquées d'influences orientales ; menez-moi vers des statues sans tête, sans *logos*, sans mots, j'y retrouverai encore ma Grèce des idées et des mots, ma Grèce tout de suite originale et à jamais vivante.

Je dirai même que la statue nous apporte de façon immédiate, une preuve, qui est plus éclatante que toutes les argumentations du monde. Mais cela aussi, les Grecs, qui analysaient tout, l'ont dit. Platon l'a dit quand il a célébré, dans le *Phèdre* le rôle unique de la Beauté. Je citerai ce texte pour finir. Après avoir évoqué les images troubles que nous gardons de la justice ou de la sagesse, il déclare : « La Beauté, elle, était resplendissante à voir en ce temps où, unis à un chœur fortuné, ces gens-là avaient en spectacle la béatifique vision... Depuis notre venue en ces régions, c'est elle encore sur qui nous avons eu prise, au moyen de celui qui est le plus clair des sens que nous possédons, elle-même brillante d'une supérieure clarté... Seule la Beauté a obtenu ce lot d'être et le plus évident et le plus désirable, ἐκφανέστατον καὶ ἐρασμιώτατον » (250, b-e).

Notre Corè répond à cette définition.

NOTE DE L'ÉTUDE N° 8

1. Si l'on date notre Corè des années 570-560 avant J.-C.

9

LA « SOPHIÈ » ET LA GUERRE DANS L'ŒUVRE D'HÉRODOTE*

Dans l'Athènes du Ve siècle avant J.-C., divers auteurs portent témoignage de l'effort qui se faisait pour exalter l'intelligence aux dépens du courage, ou pour harmoniser les deux vertus, voire même les assimiler l'une à l'autre dans toute la mesure du possible. Ceci s'explique par l'importance croissante donnée aux valeurs intellectuelles.

Autrefois, la « valeur », c'était le courage ; ἀρετὴ et ἀγαθὸς désignaient des mérites guerriers. Mais ces mérites n'allaient pas seuls et bientôt ils ne furent plus les plus importants. Après tout, le principe même de la démocratie reposait sur la délibération et l'εὐβουλία. De fait, à Athènes, la nouvelle éducation était, à la différence de l'ancienne, intellectuelle. L'on comprend donc que les rapports du courage et de l'intelligence aient alors passionné les esprits.

---

* Article publié à Athènes, 1983, dans des Mélanges offerts au professeur C. Vourveris, président de la Société humaniste grecque, sous le titre général *APETHE MNHMH*.

Ils le pouvaient d'autant mieux que, même à la guerre, la part faite à l'intelligence apparaissait de plus en plus — comme en fait foi l'œuvre de Thucydide. Or, cette part se reconnaît déjà dans l'œuvre d'Hérodote, surtout dans les derniers livres. Elle se révèle dans la structure même de ses récits : nous avons tenté de le montrer ailleurs [1]. Mais nous aimerions montrer ici que le texte même de l'historien reconnaît de façon ouverte ce rôle des facultés intellectuelles dans la guerre et prépare donc déjà les débats de la fin du siècle. On peut en relever plusieurs signes, soit dans la façon d'apprécier les mérites soit dans les récits de batailles et leurs commentaires, soit dans les jugements généraux d'Hérodote.

*

Ceux que l'on honore dans Hérodote, parce qu'ils se sont distingués au combat, sont, normalement, les braves.

C'est ainsi que les grandes batailles s'achèvent le plus souvent par la mention de ceux qui ont été « les meilleurs », c'est-à-dire les plus valeureux (le verbe employé étant ἀριστεύειν), ou qui ont obtenu le prix de la bravoure (ἀριστήια). Ainsi, à s'en tenir aux grandes batailles de la deuxième guerre médique [2], on rencontre ces mots pour les Thermopyles (VII, 226 et 227), pour l'Artémision (VIII, 11), pour Salamine (VIII, 93 et 122,2 ; cf. 123,1), pour Platée (IX, 71,2 ou 74,1 ou 81,2), enfin pour Mycale (IX, 105). Parfois aussi d'autres formules sont employées, mais qui renvoient aux mêmes usages et aux mêmes valeurs. Il s'agit donc d'un principe net, et systématique.

Cependant, la seule fois où il s'agit d'une bataille

navale gagnée par la ruse, c'est-à-dire pour Salamine, les prix se révèlent impossibles à attribuer : Thémistocle est jugé le meilleur, mais on ne donne pas de prix ; on se contente de l'honorer partout — non comme ayant été le meilleur, mais comme ayant paru le plus habile des Grecs (124, 1 : σοφώτατος). Et, à Sparte même, où il se rend, on l'honore à l'égal d'Eurybiade. Le texte dit seulement qu'Eurybiade reçut comme prix une couronne d'olivier, et que Thémistocle reçut en prix de σοφίη et d'habileté, lui aussi, une couronne d'olivier (124 2 : Ἀριστήια μέν νυν ἔδοσαν ... σοφίης δὲ καὶ δεξιότητος...). On rétablit en général dans le texte les mots ἀνδρηίης μέν, empruntés à Plutarque (*Vie de Thémistocle*, 17) de manière à rétablir la symétrie entre courage et *sophiè* : il n'est pas certain que l'on ait raison de le faire. Plutarque ne cite pas mot pour mot, et, à l'époque d'Hérodote, « le prix » sans précision désignait clairement le prix de la bravoure. Peut-être la ruse de Thémistocle, et sa victoire due à l'adresse se traduisent-elles ici dans une dissymétrie de la phrase. Mais en tout cas une chose est sûre : cette victoire entraîne une modification des usages et une nouvelle façon d'apprécier les mérites : la *sophiè* (le mot est employé à deux reprises) fait ici pièce à la bravoure, et conquiert sa place à côté de cette dernière.

Ce n'est pas le seul cas où cette rencontre des deux mérites intervienne chez Hérodote. Or, quand cette rencontre existe, il est clair que la vaillance est mentionnée par habitude et par tradition : les personnages qui ont les deux sont en fait avant tout des *sophoi*.

C'est le cas de Thémistocle lui-même. Le message qu'il fait tenir au roi, à VIII. 110, le déclare, de tous les alliés, le plus vaillant et le plus habile : ἄριστος καὶ σοφώτατος. La formule est large ; en fait elle s'applique à un homme que caractérise la *sophiè*. Le texte vient de rappeler qu'il est considéré partout comme σοφός τε καὶ εὔβουλος. Le premier mot de VIII, 110 est donc de tour traditionnel, le second dit ce qui compte.

De même pour un personnage moins connu, Phanès d'Halicarnasse : au livre III, 4, 1, le texte dit qu'il est « de bon jugement et vaillant à la guerre » (γνώμην ἱκανὸς καὶ τὰ πολέμια ἄλκιμος). Or le reste du paragraphe ne parle que de l'intelligence du personnage : il quitte Amasis pour joindre Cambyse ; Amasis l'apprend et, parce que l'homme connaît bien les affaires d'Égypte, il tente de le faire arrêter en route. La tentative réussit, mais Phanès s'évade, grâce à son adresse, par une ruse ; le texte dit bien : σοφίῃ. Phanès peut alors faire bénéficier Cambyse de ses bons conseils. Ici encore, par conséquent, la valeur guerrière figure là pour mémoire ; l'intelligence, mentionnée à ses côtés, est en fait l'essentiel.

Ces menus détails sont caractéristiques, parce qu'ils trahissent une évolution sans même qu'Hérodote en ait le sentiment conscient. Mais la même évolution se retrouve dans les récits de bataille, avec des commentaires, cette fois délibérés.

★

On peut s'en assurer en reprenant, ici encore, les grandes batailles des guerres médiques.

Pour la bataille de Marathon, la présence de la *sophiè* est mince. Pourtant Hérodote présente à VI, 109, avant la bataille, toute une analyse prêtée à Miltiade, qui montre de façon raisonnée et « explique » (φράσων) les dangers d'un retard. La valeur de cette analyse est relevée par Hérodote puisque Miltiade intervient, dit-il, alors que l'opinion la moins bonne (ἡ χείρων τῶν γνωμέων) allait triompher. La perspicacité du chef a donc un rôle. En revanche, le récit lui-même insistera plutôt sur le courage des troupes. Le fait est d'autant plus remarquable que l'attaque « à la course », qui semble ici un fait de pure vaillance, pourrait bien avoir relevé d'un calcul judicieux pour donner moins de prise aux flèches.

On n'attendait guère plus de place pour la *sophiè* dans la bataille des Thermopyles, où l'héroïsme des Spartiates reste, même à nos yeux, l'essentiel. Pourtant la victoire des Perses fut due à la manœuvre par laquelle ils tournèrent les Grecs et les surprirent. Et surtout Hérodote a, en fait, relevé la part du savoir jusque dans l'affrontement direct des troupes. C'est là un aspect nouveau du rôle de l'esprit à la guerre.

Contre les soldats de Léonidas, les Mèdes échouent ; puis les Immortels échouent à leur tour. Pourquoi cela ? Hérodote en donne deux raisons : parce que, serrés dans un espace étroit, avec leurs piques trop courtes, ils ne peuvent tirer avantage de leur supériorité ; mais aussi parce que les Lacédémoniens savent manœuvrer. Et Hérodote commente l'idée, avec insistance, à VII, 211 : « Les Lacédémoniens combattirent d'une façon digne de mémoire ; ils firent voir par différents traits qu'au milieu d'hommes ignorant l'art de la guerre, ils le possédaient, eux, à fond (ἐν οὐκ ἐπισταμένοισι μάχεσθαι ἐξεπιστάμενοι) ; en particulier, chaque fois qu'ils tournaient le dos, ils conservaient, en ayant l'air de prendre la fuite, une formation serrée : les Barbares, les voyant fuir, les poursuivaient en criant et en menant grand bruit ; mais eux, au moment d'être atteints, se retournaient face aux Barbares, et, à la faveur de cette conversion, ils abattaient des Perses en nombre incalculable. » Ce savoir, qui permet un recul contrôlé suivi d'une brusque volte-face, implique tout un art — celui de l'hoplite. Et les Perses échouent devant ce savoir. Pourtant ils ne manquent pas de courage : « Ils ne lâchaient pas pied, bien que subissant de grandes pertes », aussi tous constatent — et le Roi tout le premier — « qu'il y avait là beaucoup d'hommes, mais peu de soldats » (ὀλίγοι δὲ ἄνδρες). Ce qui distingue l'ἀνήρ, c'est donc une science, un art, un entraînement : ce n'est plus le seul courage.

Cet art de combattre est désigné ici par des mots intellectuels ; il n'est pas appelé *sophiè*, sans doute parce qu'aucune ruse ne s'en mêle ; on verra cependant que cette maîtrise de la manœuvre peut être appelée de ce nom par Hérodote : la dernière de nos batailles, celle de Platée, en fera foi[3]. De fait, il est clair qu'avant la raison qui prévoit une stratégie ou une tactique d'ensemble, avec plus ou moins de compétence ou d'habileté, l'intelligence pratique intervient au niveau des hommes qui exécuteront ce plan d'ensemble grâce à la qualité de leurs manœuvres et qui, même en plein combat, posséderont l'art de se battre et d'opérer de concert. Il faut du reste rappeler que, sur mer, les Athéniens devaient donner à cette intelligence pratique un grand développement : celle-ci, assimilée par l'expérience, rendra les Athéniens de la guerre du Péloponnèse aussi supérieurs, sur mer, aux Péloponnésiens, que ceux-ci le sont ici, sur terre, par rapport aux Barbares.

Et précisément c'est sur mer que nous mènent les deux batailles suivantes, celles de l'Artémision et de Salamine. À l'Artémision, la flotte grecque, inférieure en nombre, se bat bien ; mais ni sa manœuvre ni sa compétence ne sont fortement dégagées. En revanche, à Salamine, le récit met en valeur le rôle de l'intelligence.

Dans la tactique d'abord, le plan exposé par Thémistocle, qui compare les deux partis comme faisait Miltiade à Marathon, est plus clairement dégagé encore que pour cette bataille. Son discours, à VIII, 60, comporte des prévisions (ἐλπίζω) et comporte même l'idée, fièrement affirmée, que le calcul raisonnable assure le succès : « Quand les hommes forment des desseins raisonnables (οἰκότα βουλευομένοισι), le résultat est d'habitude heureux ; s'ils en forment de déraisonnables, telle n'est pas l'habitude, et la divinité ne souscrit pas à ces desseins. » Le rôle de l'intelligence — celle du stratège — est donc clairement revendiqué.

Mais en même temps cette intelligence ne peut être efficace que parce que l'armée connaît son métier et sait en appliquer les subtiles ressources. Cela, non seulement le récit le montre, mais, une fois de plus, Hérodote le dit en un commentaire insistant, à VIII, 86 : « Les Grecs combattant en bon ordre et gardant leurs rangs, tandis que les Barbares n'avaient pas conservé les leurs et agissaient en tout sans jugement (οὔτε σὺν νόῳ), il fallait s'attendre à ce qui leur arriva. Pourtant ils étaient, et se montrèrent ce jour-là, bien plus braves (ἀμείνονες) qu'ils ne l'avaient été devant l'Eubée ; car tous rivalisaient d'ardeur, en raison de la crainte qu'ils avaient de Xerxès, chacun s'imaginant que le Roi avait les yeux sur lui »[4]. La fin de texte cité précise donc bien que la défaite des Perses n'est point, ici encore, affaire de courage : ce qui leur a manqué est d'agir σὺν νόῳ. Le mot, dont la couleur intellectuelle est indéniable, suggère tout ensemble l'absence d'une tactique concertée pour l'ensemble et l'absence d'intentions lucides présidant aux mouvements de chacun et les combinant avec ceux des autres[5]. L'intelligence des Grecs au combat mobilise tout le monde, du stratège aux simples soldats, rendant ainsi inefficace le courage de leurs adversaires.

Enfin, à Platée, où l'on retrouve une bataille sur terre, ces deux fonctions de l'intelligence se retrouvent fort bien mises en lumière.

La tactique d'ensemble est nette. Elle entraîne même un mouvement secret des troupes, auquel Amompharètos ne veut pas se plier, parce que, pour lui, se retirer équivaut à fuir — ce que l'honneur lui interdit ! Il en est encore à la bataille héroïque : en cela, il est fort en retard.

On constate aussi que cette stratégie raisonnée suppose chez les hommes la compétence technique et l'expérience : le trait se marque même à deux reprises.

Tout d'abord, avant la bataille, on découvre, à côté de l'expérience même des armes, le rôle d'une autre expérience : celle que l'on a de l'adversaire. En effet, à IX, 46, Pausanias, avec sagesse, accepte, et même offre, que les Athéniens soient opposés aux Perses, donc à la place d'honneur. Et pourquoi ? « Vous savez », leur dit-il, « ce que sont les Mèdes et leur façon de se battre, pour avoir combattu à Marathon, tandis que nous, nous n'avons pas l'expérience de ces hommes, nous les ignorons » ; les mots grecs sont ἐπίστασθε, ἄπειροι τέ εἰμεν καὶ ἀδαέες : des mots du domaine intellectuel. L'esprit avisé de Pausanias est ici remarquable ; et il ne l'est pas moins de voir que, pour ces combattants lucides et observateurs qu'étaient les Grecs, toute expérience devenait une leçon et une donnée utile. L'incompréhension de Mardonios qui se moque des Lacédémoniens pour avoir ainsi cédé leur place privilégiée, et qui les accuse de lâcheté, met en relief l'attitude éclairée de Pausanias ; exactement comme l'incompréhension d'Amompharètos met en relief la clairvoyance présidant au mouvement des troupes.

Enfin, le récit même de la bataille fait éclater, plus nettement encore qu'à propos de Salamine, le contraste entre les guerriers σοφοί ou non. Les Perses en effet se ruent sur les Grecs, les croyant en fuite, et leurs alliés les suivent « dans un complet désordre sans se tenir à leurs rangs » (59, 2 : οὔτε κόσμῳ οὐδενὶ κοσμηθέντες οὔτε τάξει), ou encore « en une cohue hurlante » (βοῇ τε καὶ ὁμίλῳ). Les Athéniens alors entrent en action ; les Tégéates et les Lacédémoniens se défendent ; on finit par un corps à corps, où les Perses se font massacrer. Et pourquoi cela ? Jamais Hérodote n'a été plus net qu'en ce paragraphe 62 : « Les Perses n'étaient inférieurs ni en courage ni en force ; mais, en même temps que d'un armement solide, ils manquaient d'instruction militaire (ils étaient ἀνεπιστήμονες) et n'égalaient pas leurs adversaires en σοφίην ». Un beau mot, ce mot σοφίην, qui fournit ici l'explication de la victoire ! Les traductions françaises parlent d'« habileté tactique », ou de « tactique » tout court ; et le mot peut convenir ; mais il est clair que le grec a tout à la fois un sens bien plus étendu, puisqu'il englobe tout, depuis le plan du stratège jusqu'aux manœuvres des hommes, et une coloration bien plus intellectuelle puisqu'il désigne la présence d'une intention lucide à la source de chaque geste.

Sur mer comme sur terre, de la part des Athéniens ou des Lacédémoniens, au niveau des plans ou de l'exécution, il semble qu'Hérodote nous fasse découvrir pas à pas comment une intelligence avisée vient à bout des Barbares, si nombreux qu'ils soient et si braves qu'ils puissent être.

★

Cette interprétation trouve, semble-t-il, un écho dans un autre passage d'Hérodote, qui est fort célèbre, mais dont le sens n'a pas toujours été examiné d'assez près. Il s'agit du jugement qu'Hérodote porte, ou plutôt qu'il fait porter par Démarate, sur ce qui fait, en général, la force des Grecs.

Xerxès, on le sait, se demande comment ceux-ci, avec les faibles moyens dont ils disposent, pourraient tenter de lui résister. Et le Lacédémonien Démarate, invité à répondre sans réticence, profère alors un jugement (VII, 102) que l'on peut traduire de la façon suivante[6] : « Eh bien, roi, puisque tu exiges absolument la vérité, et des termes où tu ne puisses pas plus tard découvrir que l'on t'a menti, voici : la Grèce a toujours eu pour compagne la pauvreté ; mais elle s'est adjoint la valeur (ἀρετή), qu'elle a su gagner à partir de sa *sophiè* et de la force donnée à la loi : grâce à cette valeur, la Grèce se défend avec succès et contre la pauvreté et contre le despotisme. »

La traduction offerte ici tente de rendre compte mieux qu'on ne le fait d'habitude de la distinction entre les conditions existant de tout temps (αἰεί κοτε) et les qualités acquises par l'effort culturel (ἔπακτος) ; elle tente aussi de rendre au sujet, la Grèce, son activité propre dans l'élaboration de cette culture (κατεργασαμένη). Elle tente enfin de lever la fausse contradiction que certains ont vue dans le texte, entre la pauvreté constante de la Grèce et son triomphe sur la pauvreté[7] : en fait, il ne s'agit que d'une lutte défensive, comme dans le cas du despotisme ; et la Grèce n'a jamais, selon Démarate, ni voulu devenir ni abouti à devenir soit riche soit puissante au dehors.

Mais un mot n'a pas été traduit ; c'est ce mot σοφίη dont on vient de voir qu'il concluait les récits des batailles, comme on a vu auparavant qu'il pénétrait les éloges des hommes. Comment ne pas penser qu'il s'agit de la même *sophiè*, intelligence pratique, ingéniosité, habileté, compétence technique, faculté de réfléchir, lucidité ?

Le terme ne vise pas seulement les qualités dans le combat : de même que la loi forte est une garantie de liberté politique, mais assure aussi la discipline des troupes, comme Démarate l'explique avec éclat un peu plus loin [8], de même la *sophiè* dont on a vu le rôle dans le combat, peut suggérer aussi des moyens judicieux de lutter contre la pauvreté ou le despotisme. Mais la question de Xerxès et les explications de Démarate montrent bien que la valeur guerrière est ici au premier plan. N'est-ce pas, d'ailleurs, le sens même de ἀρετή ?

Dans ce cas, on voit quelle erreur on commet si l'on traduit ici *sophiè* par « tempérance » (Legrand) ou par « une institution sage » (Berguin). Même les traductions par « sagesse », « wisdom », « Weisheit », sans être vraiment fausses, risquent fort d'être trompeuses : il s'agit, à la vérité, d'un esprit avisé.

Cette interprétation s'accorde avec le sens le plus fréquent du mot chez Hérodote. Parfois, on le sait, il désigne nettement le recours à la ruse : l'index de J.E. Powell classe sous cette rubrique cinq emplois du substantif (sur vingt) et six de l'adjectif (sur dix-sept relatifs à des personnes). Mais d'autres emplois, classés ailleurs, renvoient cependant à un sens très voisin, et très distinct, soit de la sagesse abstraite, soit de la vertu morale. Démarate lui-même citera plus loin le « sage » Chilon : or, sa sagesse se traduit en l'occurrence par le fait de percevoir un danger stratégique (VII, 235). Au début du même livre, Artabane donne des conseils de prudence et précise qu'il ne tire pas ses idées de sa seule *sophiè* mais d'une expérience antérieure (VII, 10, γ). Presque toujours, la *sophiè* désigne une expérience technique (comme celle des Phéniciens, qui savent faire les calculs pour construire un canal à VII, 23) ou bien le bon calcul, opposé à la violence (dans le cas d'Amasis, à II, 172) ou encore la perspicacité (ainsi à IV, 131, 2). Certes, le mot peut désigner aussi la prudence générale, qui consiste à savoir prendre le meilleur parti ; mais il faut bien se rappeler que cette prudence générale n'est pas autre chose, en fait, que l'esprit d'observation lucide, appliqué à la vie ; et il faut remarquer enfin que, quand ces deux aspects se conjuguent, Hérodote insiste volontiers sur l'aspect le plus modeste et le plus proche de l'expérience [9]. De fait, le mot s'oppose même à la vertu morale qu'est la *sôphrosynè* lorsque Anacharsis trouve chez tous les Grecs le goût de la *sophiè*, mais dans la seule Sparte l'habitude de parler *sôphronôs* (VI, 77, 1) [10].

Cet exemple confirme au reste que le sens donné à σοφίη dans VII, 102 s'accorde non seulement avec le sens habituel du mot chez Hérodote, mais avec l'idée qu'il se fait de la qualité maîtresse des Grecs. On pourrait en ajouter d'autres preuves, quand ce ne serait que la remarque de I, 60, 3, faite à propos de la ruse par laquelle Pisistrate dupe Athènes en faisant intervenir une fausse Athéna : l'historien s'étonne d'une telle naïveté de la part des Grecs, étant donné que « le peuple grec s'était depuis longtemps distingué des Barbares en se montrant plus fin (δεξιώτερον) et plus dégagé d'une sotte crédulité » : et il la trouve particulièrement étonnante chez des

Athéniens, qui passent pour les premiers des Grecs par la *sophiè*.

Enfin, pour en revenir à la phrase de Démarate, il semble que la juxtaposition de la pauvreté et de la *sophiè* ne soit pas non plus indifférente. Car Hérodote ne dit pas d'où elle vient aux Grecs, cette *sophiè* ; mais bien des textes du ve et du ive siècle insisteront sur le fait que la pauvreté stimule l'acquisition des ressources techniques et d'un esprit avisé. C'est naturellement la thèse que défend la Pauvreté dans le *Ploutos* d'Aristophane[11]. C'est aussi ce que suggère l'union de la Pauvreté et de Poros dans le *Banquet* de Platon. Mais, dès le ve siècle, c'est une idée que l'on trouve, par exemple, dans un fragment d'Euripide (641 N), qui allie pauvreté et *sophia* « à cause de leur parenté[12]. Si la Grèce a triomphé de cette Perse riche en or et en hommes (comme Eschyle se plaira à le redire), c'est peut-être que tout n'est pas sain ni tonique dans cette richesse même ; et l'on sait que c'est sur des réflexions de ce genre que se clôt l'œuvre même d'Hérodote. Il n'y a rien de si net à VII, 102 ; et Démarate n'aurait pu tenir de tels propos ; mais le rapprochement de la pauvreté et de la *sophiè* suggère qu'il s'agit bien de cette *sophiè* ingénieuse et de cet esprit actif, que les autres auteurs associent à la pauvreté.

★

Si tel est bien le sens du texte, il confirme à son tour ce que les formules d'éloges et les récits de bataille laissaient percevoir, à savoir que les qualités d'esprit, qui distinguent la Grèce, ne cessent de prendre de l'importance à ses yeux, et, pour finir, triomphent même du courage.

En formulant en ces termes l'idée qui affleure si souvent dans Hérodote, on découvre donc comment la conscience d'une opposition entre les deux qualités s'est précisée au cours de l'expérience politique et militaire des guerres médiques ; il n'est d'ailleurs pas exclu que l'influence athénienne ait aidé Hérodote à lui faire sa place.

On peut même dire plus : car Hérodote n'apporte pas seulement une distinction de plus en plus nette entre le rôle du courage et celui de l'intelligence, avec insistance sur le second aspect : on trouve même, semble-t-il, dans le jugement de Démarate, l'idée que le véritable mérite, c'est-à-dire la vaillance, ou le courage, vient pour une part de la *sophiè*. Autrement dit, on trouve déjà, timidement annoncée, l'idée que le courage repose sur des qualités d'ordre intellectuel.

Il faut, bien entendu, préciser qu'elle n'est qu'annoncée, et timidement. En effet la portée des mots n'est pas — on en a eu la preuve — nettement délimitée ; de plus une troisième notion intervient, qui est la loi, avec la discipline qu'elle impose — ce qui n'a plus rien d'intellectuel [13] ; enfin, la relation même entre *sophiè* et vaillance reste imprécise. Hérodote veut probablement dire que grâce aux ruses de leur stratégie, aux ressources de leur art militaire et de leurs manœuvres, enfin à l'entraînement qu'ils ont la prudence de se donner, les Grecs ont acquis une efficacité au combat, qui leur donne confiance. Il sous-entend peut-être aussi qu'ils comprennent la nécessité de se défendre. Mais tout cela, il ne le dit pas.

Au contraire, les Athéniens de la fin du Ve siècle s'ingénieront à creuser le rapport entre les deux.

Il faut dire qu'entre-temps, la guerre du Péloponnèse

aura pris, vue par Thucydide, un caractère bien plus intellectuel encore — qu'il s'agisse de la stratégie à long terme exposée au seuil de l'œuvre [14], ou de la stratégie des batailles, longuement analysée en tête de chacune, ou encore de l'expérience et du métier, qui, dans les batailles sur mer, prennent une importance nouvelle. Pour toutes ces formes d'intelligence, Thucydide n'emploiera plus le mot indécis de *sophia* [15], mais des mots précis désignant la prévision et le calcul, ou bien l'expérience et le métier.

Dès lors, tous s'efforcent de revendiquer les droits de l'esprit et d'assimiler le courage à l'intelligence, d'une manière ou d'une autre. On pense aussi que, dans le choix d'une politique, le vrai courage est prudence : c'est ce que dit Euripide dans les *Suppliantes*, 508 sqq. (καὶ τοῦτό τοι τἀνδρεῖον, ἡ προμηθία). Plus précisément, dans la bataille même, Thucydide fait s'affronter les deux mérites. Pour les chefs lacédémoniens à Naupacte, la science (II, 87, 4 : ἐπιστήμη) a besoin du courage ; sans lui, l'homme se trouble et oublie tout ; à quoi Phormion répond que non seulement l'expérience est décisive, mais qu'elle entraîne le courage (89, 3) : « Ils n'ont nulle supériorité en matière de force d'âme et seule l'expérience plus grande que chaque peuple a de quelque chose l'y rend plus résolu. » Le mécanisme psychologique est donc analysé et la vaillance ramenée au savoir, par l'intermédiaire de la confiance. Enfin Platon, dans le *Lachès* en particulier, examine des définitions du courage qui font intervenir l'intelligence (192 c : ἡ μετὰ φρονήσεως καρτερία) ou font du courage une science (cf. 194 d : εἴπερ ὁ ἀνδρεῖος ἀγαθός, δῆλον ὅτι σοφός ἐστιν).

Il peut n'être pas sans intérêt de voir que cette activité raisonnée plonge ses racines dans la prise de conscience qui s'est faite en Grèce, lors des guerres médiques, sur le rôle de la *sophiè* à la guerre : comme toujours, la pensée grecque se déroule dans un élan continu de découverte et d'approfondissement.

Parce que ce mouvement aboutit à Platon, il a paru approprié d'en dédier la description à la mémoire d'un savant que retenaient tout ensemble Platon et les textes grecs en général ; l'on peut aussi penser que notre ami n'eût pas détesté voir honorer en même temps que lui ces vertus éminemment grecques que sont l'ingéniosité, l'esprit d'organisation et le dynamisme.

NOTES DE L'ÉTUDE N° 9

1. J. de Romilly, *Histoire et raison chez Thucydide* (Paris, 1956) aux pages 107-179.
2. Il n'y a pas d'indication semblable pour Marathon. Il n'y a d'ailleurs à Marathon, avec les Athéniens, que des Platéens. Du moins Hérodote signale-t-il la bravoure de Callimachos (VI, 114 : ἀνὴρ γενόμενος ἀγαθός). La *Stoa Poikilè* désignait nommément Miltiade et Callimachos.
3. Cf. ci-dessous. Il s'agit de IX, 62, 3.
4. C'est le seul genre de courage que connaissent les Perses : cf. les propos de Xerxès, à VII, 103 : « S'ils étaient, à la mode de chez nous, soumis à l'autorité d'un seul, ils pourraient, par crainte de ce maître, se montrer même plus braves qu'ils ne sont naturellement et, contraints par les coups de fouet, marcher, quoique en plus petit nombre, contre des ennemis plus nombreux. »
5. L'expression désigne l'intention du stratège à IX, 120, 4. Tout ce qui se fait σὺν νόῳ suppose du jugement (VIII, 138, 1) ; au contraire ce que l'on fait sans motivation réfléchie s'accomplit ἄνευ νόου ; à III, 81, 2, c'est le cas du peuple, qui ne connaît rien aux affaires, n'ayant eu pour cela ni instruction ni expérience.
6. Dans l'ensemble, les traductions données ici empruntent volontiers à la Collection des Universités de France ; mais elles ont été remaniées par nous, en particulier pour tous les détails relevant de cette étude.
7. Cf. le commentaire de Macan, p. 130, n. 4.
8. VII, 104. Voir à ce sujet la note 13 ci-dessous.
9. La sagesse de Solon est liée à ses voyages (I, 30) : Deiokès est juste, mais il est aussi avisé (I, 96, 1) ; Melampous s'est instruit en matière religieuse grâce à ses voyages (II, 49, 2) : les Égyptiens sont justes, mais aussi experts en matière de justice, puisqu'il s'agit de « trouver mieux » que les autres (II, 160 : ἐπεξευρεῖν). À III, 25, 5, le mot désigne en un sens la modération, mais celle-ci consiste à corriger une « erreur » (ἁμαρτάδι).

10. Socrate confondait σοφία et σωφροσύνη : c'est ce que nous apprend Xénophon (*Mémorables*. III, 9, 4) ; mais ceci est présenté, justement, comme une pensée originale : l'intellectualisme de Socrate se manifeste dans cette thèse plus que l'usage courant.
11. Cf. 511 : si tout le monde était également riche, aucun homme au monde ne pratiquerait οὔτε τέχνην ... οὔτ' ἂν σοφίαν. *Sophia* est la forme attique du mot, *sophiè* sa forme ionienne.
12. Cf. plus tard Pseudo-Théocrite XXI, 1.
13. Les sophistes auraient pu dire que choisir de se donner une loi forte est une marque de *sophiè* ; mais le texte ne le dit pas. Inversement, les récits de bataille montrent bien que la discipline collective est affaire de métier ; mais le texte ne le dit pas non plus ici. D'autre part, Démarate développe l'élément discipline beaucoup plus que l'autre : il parle en homme de Sparte.
14. De même dans les éloges, on constatera que le plus souvent Thucydide ne retient plus que l'intelligence et l'art de prévoir.
15. Il n'a en tout qu'un exemple de l'adjectif et c'est précisément dans le discours anti-intellectuel de Cléon, quand celui-ci attaque ceux qui veulent paraître « en savoir plus que les lois » (III, 37, 4 : être σοφώτεροι).

10

LA NOTION DE NÉCESSITÉ DANS L'HISTOIRE DE THUCYDIDE*

Si l'on évoque, à propos de la Grèce, l'idée d'une nécessité présidant au déroulement des événements, la première interprétation qui vient à l'esprit est qu'il devrait s'agir d'une nécessité religieuse et transcendante, émanant du vouloir des dieux. Or, contrairement à ce que l'on pourrait croire, une telle notion n'apparaît vraiment chez aucun historien grec. Il n'y a guère qu'Eschyle qui ait jamais tenté d'expliquer les faits, dans ses pièces, par un vouloir divin cohérent et souverain ; encore s'agissait-il de faits assez exceptionnels ; et sa tentative est restée isolée. Même Hérodote, qui parle si volontiers de décisions divines, et qui n'hésite pas à dire que les choses « devaient arriver » comme elles arrivèrent, n'a point érigé cette idée en un système explicatif. Hérodote ne préfigure ni saint Augustin ni Bossuet. En effet, il n'a point cherché un sens ferme à ces vouloirs divins ; et surtout,

* Étude publiée dans les *Mélanges Raymond Aron* (Calmann-Lévy, 1971), p. 112-128. Les idées exposées dans ce texte avaient fait l'objet d'une conférence donnée à Exeter College, Oxford, en mai 1969.

plus son histoire avançait et se rapprochait des réalités politiques contemporaines, plus la place faite à cette idée s'amenuisait, se rétrécissait. Dans les derniers livres de son histoire, qui sont consacrés aux guerres médiques, les dieux n'interviennent plus que de façon épisodique, lorsqu'il s'agit de sacrilèges ; et leurs interventions se traduisent alors par des événements qui brisent l'ordre courant. La notion de nécessité, et les mots désignant la nécessité, ont peu d'importance dans son œuvre.

La notion de nécessité apparaît, au contraire, lorsque les dieux ne viennent plus perturber les choses humaines : elle apparaît avec Thucydide. Elle constitue même un des traits les plus originaux dans son interprétation de l'histoire, et un de ceux dont il semble tirer le plus de fierté. Certes, il n'a point conduit cette idée de nécessité jusqu'au point où la conduisirent certains penseurs modernes. Mais, précisément parce qu'il s'en est rapproché à certains égards tout en restant radicalement différent, il peut valoir la peine de chercher à voir ce qu'il en a dit, et dans quelle mesure sa tentative pouvait — fût-ce de très loin — préfigurer les doctrines modernes impliquant des idées semblables, et allant, si l'on veut, d'Auguste Comte à Hegel ou à Marx. Il y a, en effet, juste assez de ressemblance pour faire valoir clairement la différence, qui est, on s'en doute, profonde.

★

L'idée que certaines situations entraînent inéluctablement telles ou telles conséquences apparaît dans la plus personnelle et la plus ferme des positions prises par Thucydide, à savoir la façon dont il explique la naissance de la guerre du Péloponnèse.

On sait qu'il s'oppose là à beaucoup de ses contemporains. Ceux-ci attribuaient volontiers à Périclès la responsabilité de la guerre et n'hésitaient pas à admettre que ce dernier avait pu obéir à des mobiles égoïstes. Même sans aller jusque-là, ils admettaient en tout cas — le côté polémique que prend l'exposé de Thucydide suffit à en faire foi — que la guerre était née des incidents qui la précédèrent. Autrement dit, on pouvait, pour expliquer la guerre, partir de ces incidents, et montrer comment, de rancune en rancune, les choses s'étaient progressivement aggravées. La vengeance, qui est assurément le moyen le plus naïf de lier le passé au présent, et qui fournit à Hérodote un cadre si naturel, aurait pu, ici aussi, servir de lien entre les faits.

Mais Thucydide procède autrement. Il se refuse à envisager une responsabilité de Périclès (il ne mentionne même pas les ragots le mettant en cause). Et il se refuse également à faire sortir la guerre de la série des incidents immédiatement antérieurs. Délibérément, il regarde ailleurs, plus loin ; et, remontant cinquante ans plus haut, jusqu'au moment où commença de se former la puissance athénienne, il voit dans ce développement même, par-delà les actions des uns et des autres, une cause plus profonde rendant la guerre nécessaire. Il le dit dans une phrase fameuse : « En fait, la cause la plus vraie est aussi la moins avouée : c'est, à mon sens, que les Athéniens, en s'accroissant, donnèrent de l'appréhension aux Lacédémoniens, les contraignant ainsi à la guerre » (I, 23 ; le verbe est *anankazein*).

L'interprétation de cette phrase, si importante pour comprendre la pensée de Thucydide, ne semblait pas poser de problème : seul M. Sealey, en 1957, a cru pouvoir lui donner un sens nouveau, en supposant qu'il s'agirait non d'une nécessité interne, mais de pressions exercées par Athènes sur les Lacédémoniens, la puissance d'Athènes n'étant que le moyen grâce auquel elle les exerce. Cette interprétation a été critiquée pour des raisons de langue. On pourrait ajouter que, si l'on se fie aux tendances montrées ailleurs par Thucydide, elle risque de méconnaître un des traits marquants de sa pensée. Car de multiples passages illustrent le même désir de retrouver partout des séries de faits s'enchaînant de façon nécessaire, et la même insistance sur ce genre de nécessité.

En ce qui concerne la guerre elle-même, on peut tout au moins rappeler qu'en deux autres circonstances, elle est, de façon analogue, présentée comme inévitable. Périclès dit aux Athéniens, à I, 144, 3 : « Ce qu'il faut bien savoir, c'est que la guerre est inévitable » (le mot est *anankè*, et l'on remarquera qu'il s'agit cette fois, non plus de Sparte, mais d'Athènes). Et, au moment où la guerre reprend, l'on retrouve une expression semblable dans un texte où Thucydide parle en son nom personnel. Appliquant l'idée de nécessité aux deux peuples ensemble, il déclare qu'« il devint inévitable pour eux de rompre la paix » (V, 25, 3 : le verbe est *anankazein*).

Cela doit-il nous surprendre ? Non pas si nous gardons en mémoire la façon dont il décrit l'impérialisme athénien. Car il insiste à chaque instant sur l'idée de nécessité, ou plutôt il la met avec insistance dans la bouche des divers orateurs, tant athéniens qu'ennemis d'Athènes.

Les cités résistent à Athènes parce qu'elles se rendent compte que, de toute manière, le danger les atteindra. Si elles sont encore à demi libres, elles savent qu'elles seront asservies. Si elles sont indépendantes, elles savent qu'elles seront attaquées. Elles en jugent d'après le passé, et les précédents qu'il a comportés. Aussi se livrent-elles à des raisonnements de forme simple montrant qu'il est « logique » qu'Athènes continue ; et ces raisonnements sont ponctués de mots traduisant soit l'évidence, soit la vraisemblance (par exemple *eikos* ou *eulogon*). Elles se jugent donc forcées de résister, qu'elles le veuillent ou non. Leur conduite est dictée par la nécessité.

Cependant, de l'autre côté, Athènes elle-même, qui pourrait bien sembler agir de son plein gré, n'est pas, en fait, plus libre. C'est du moins ce qui ressort des différents discours prêtés à ses orateurs. Car tous, sans distinction, insistent sur la notion de nécessité ; et tous font allusion à une évolution dont le sens ne peut plus changer. Si bien que les choses semblent se développer d'elles-mêmes, de plus en plus vite, comme la boule de neige qui grossit, entraînée par son propre poids.

C'est ainsi que les Athéniens du livre I expliquent comment ils ont acquis l'empire. Ils ont reçu l'hégémonie du plein gré de leurs alliés. Ensuite, l'évolution s'est faite toute seule : « Puis, rien qu'à l'exercer, nous avons d'abord été obligés de l'amener au point où il est » (I, 75, 3). Le verbe est un composé de *anankazein* et le complément est une expression étrange : « à partir de la chose même, de la réalité même (*ergou*) » : elle indique que les faits eux-mêmes sont dorénavant déterminants. Et comment le sont-ils ? Les Athéniens l'expliquent en faisant appel, d'abord, à des sentiments normaux issus de la situation, et, ensuite, à une évolution normale née de cette combinaison. Soulignant l'idée qu'une situation, une fois créée, interdit les retours en arrière, ils accumulent, dans leur phrase, les verbes au parfait (marquant un résultat acquis) et les adverbes de temps : « Dès lors, disent-ils, au nom de notre sécurité, comme nous étions en butte aux haines de la plupart, et que même certains déjà, après avoir fait défection, avaient été réduits, comme, en plus, nous ne rencontrions plus auprès de vous la même amitié, mais le soupçon et le désaccord, il ne nous semblait plus possible de prendre des risques en laissant aller » (I, 75, 4). La répétition du « ne plus » traduit l'exclusion des possibilités enfuies : ce qui fut une fois devient, au moins de façon négative, déterminant ; et les conséquences qui en découlent vont, en s'accélérant, toujours dans le même sens.

Périclès dira de même : « Or, cet empire, vous ne pouvez plus vous en démettre... ; d'ores et déjà il constitue entre vos mains une tyrannie... » (II, 63, 2).

Alcibiade, plus tard, aura des formules analogues, et plus insistantes encore. Il dira, en effet : « J'ajoute qu'il nous est impossible de régler, comme on fait d'un domaine, l'extension de notre empire, mais qu'au point où nous nous sommes mis, force nous est, ici, d'ourdir des menaces, là, de ne pas céder » (VI, 18, 3). Un certain nombre de possibilités se sont donc progressivement effacées, et « au point où ils se sont mis », les Athéniens se trouvent pris dans une « nécessité » (*anankè*).

Enfin l'Athénien Euphémos répète à son tour, en Sicile, qu'Athènes n'a pas le choix de sa politique et que celle-ci sort inévitablement de la situation existante : « Si nous nous mêlons de beaucoup de choses, nous y sommes forcés, pour la raison qu'il y en a beaucoup dont nous nous gardons » (VI, 87, 2).

Qu'il s'agisse en partie d'excuses rhétoriques, on ne le contestera pas ; et il y aura lieu de revenir sur cet aspect de l'idée. Mais elle est trop étroitement liée à d'autres caractères de l'histoire de Thucydide pour qu'on puisse se contenter de cette explication extérieure. De fait, la même tendance se marque dans certaines des analyses que Thucydide, en son nom propre, consacre à l'impérialisme athénien. C'est le cas, en particulier, pour le chapitre I, 99. Là, Thucydide n'emploie pas le mot de nécessité. Mais il explique toute la formation de l'empire d'Athènes par une sorte de mécanisme jouant de lui-même, à partir de certaines données. La mauvaise volonté des alliés contribue, en effet, à accroître le pouvoir d'Athènes ; et cet accroissement de pouvoir ne fait que renforcer la mauvaise volonté des alliés. Les choses se font donc toutes seules. Le passage distingue des causes, des responsabilités, mais aucune ne se rattache ni à un Athénien quelconque ni même à la cité dans son ensemble. Les causes sortent de la situation, qui commande, directement, l'évolution de la politique.

Autrement dit, la causalité, qui, à l'origine de la pensée grecque, avait surtout été divine, puis qui était passée, avec Hérodote, dans le domaine humain, semble ici être descendue à un niveau encore inférieur : elle semble avoir laissé l'homme de côté pour venir s'implanter dans les forces anonymes de la réalité politique, dont la pression ne laisse pratiquement aucun choix. Et, à ce niveau, on retrouve une sorte de grand schéma présidant à toute une longue suite d'événements. Les dieux voyaient plus loin que les hommes et leurs desseins couvraient des générations ; mais les situations, elles aussi, durent plus que les personnes. Et lorsque l'on peut, par la pensée, arriver à cerner une situation assez générale pour peser sur plusieurs générations (comme le fait Thucydide dans le cas de l'empire d'Athènes), la permanence de cette situation entraîne une continuité dans les décisions prises par les hommes qui se succèdent, et aussi, par voie de conséquence, dans l'évolution même des événements qui en résultent.

On voit ce que de telles idées peuvent avoir de moderne. Sans doute ne faudrait-il pas forcer : cette continuité ne vaut pas pour l'ensemble de l'histoire, et il n'est pas question de faire de Thucydide un représentant avant la lettre du matérialisme historique. Mais il est déjà assez remarquable que l'on trouve chez lui le germe d'une pensée de cette nature.

Et d'autre part, même quand il ne va pas si loin, même quand il traite de faits ordinaires, pour lesquels aucune continuité de ce genre ne saurait être invoquée, il semble bien que, même alors, il ait eu tendance à présenter chaque événement de son histoire comme rendu inévitable par les conditions du moment et par l'événement antérieur. Par la rigueur avec laquelle il observe l'exactitude chronologique, par l'implacable logique avec laquelle il enchaîne les faits les uns aux autres, son récit laisse le sentiment que chaque décision commande la suivante, de façon impérative. Certes, il ne saurait employer le mot de nécessité, lorsque tant de facteurs divers entrent dans la combinaison, dont certains relèvent du hasard. Il ne saurait le faire en son propre nom : il est bien trop prudent pour cela, et aussi bien trop précis. Mais il isole la part du hasard, insiste sur les aspects les plus généraux que présente chaque événement, et aboutit, en fin de compte, à un ajustement si exact de tous les facteurs, qu'une impression de nécessité se dégage de l'ensemble.

Cette tentative si nouvelle, et d'ailleurs si unique, dans la façon d'écrire l'histoire, n'est pas seulement intéressante en ce qui concerne Thucydide. Du point de vue même de la pensée moderne, il devient essentiel de chercher quelles en furent les origines et quelle en est la vraie portée.

À vrai dire, on pourrait d'abord penser à des explications de fait ; et il n'est pas impossible que l'idée même de nécessité ait été liée, de quelque manière, aux conditions politiques régnant alors dans le monde grec. Chaque auteur tire ses idées de l'expérience qui est la sienne. Or, la croissance de l'empire athénien, dans ce monde de cités autonomes, était un phénomène trop remarquable et trop continu pour qu'on pût se contenter, à son sujet, d'explications d'ordre individuel. De même, la reprise de la guerre entre Athènes et Sparte s'était trop souvent répétée pour ne pas suggérer quelque chose d'inévitable. Et la complexité des liens et des rancunes, dans cette période de guerre générale, compliquée de guerres civiles, pouvait assez bien suggérer l'idée de pressions perpétuelles et de démarches inévitables. Toutes ces raisons ont pu faciliter le développement de l'idée de nécessité. Pourtant, elles ne suffisent pas à rendre compte de l'importance que celle-ci a prise chez Thucydide, ni de l'extraordinaire insistance avec laquelle le mot lui-même est employé à tout propos.

Lorsqu'il parle en son nom personnel, Thucydide, il est vrai, ne l'emploie guère que pour des contraintes pratiques, comme on pouvait en rencontrer, déjà, chez Hérodote. On peut être contraint par la nécessité à débarquer, ou à se battre, ou à demander du secours, ou à se révolter plus tôt qu'on ne voulait. Dès qu'il s'agit de choses plus générales, il se fait plus prudent. Mais, s'il évite le mot de nécessité, il a d'autres formules traduisant le même désir de ramener les conduites humaines à des règles générales, auxquelles tous obéiraient. Il dit que les choses arrivent « souvent » ou « en général », qu'elles « ont l'habitude » d'arriver, qu'il est « vraisemblable » qu'elles arrivent, ou qu'il est « dans la nature humaine » qu'elles arrivent. De telles expressions vont dans le même sens que les formules parlant de « nécessité ». Et dès qu'il peut sans imprudence employer ces dernières, ou, plus souvent encore, les prêter à ses orateurs, il ne manque pas de les multiplier, en répétant obstinément le mot de « nécessité » (*anankè*). L'on dirait les rudiments d'une sorte de science politique.

Parfois, celle-ci se plaît en formulations générales. Ainsi on lit, en I, 71, 3, que « fatalement, comme dans les techniques, la nouveauté l'emporte toujours » (*anankè*) ; ou bien on lit, en V, 17, 1, que « c'est toujours une règle que les dirigeants, en cas de malheur, soient attaqués » (*anankèn*). Le plus souvent, cependant, cette analyse des « nécessités » porte sur une situation donnée ; et elle entend dégager de cette situation des conséquences, présentées comme nécessaires. Si vous n'acceptez pas un arbitrage, déclarent les gens de Corcyre au livre I, nous serons dans l'obligation de contracter des alliances que nous ne souhaitons pas contracter (I, 28, 3 : le verbe est *anankazein*). Si vous devenez les alliés de Corcyre, répondent alors les Corinthiens, vous serez nécessairement en état de guerre avec nous (I, 40, 3 : *anankè*). Si nous ne traitons pas maintenant, déclarent les Lacédémoniens, « il devient inévitable qu'à notre hostilité nationale envers vous s'en joigne une autre, personnelle, qui soit définitive et que vous perdiez, vous, les avantages que nous vous proposons » (IV, 20, 1 : *anankè*). Si les peuples de Sicile ne s'unissent pas, déclare le Syracusain Hermocrate, « nous ne pouvons alors qu'avoir pour adversaires ceux qui ne devraient pas l'être » (IV, 63, 2 : *kat' anankèn*). Si nous quittons la Sicile, rétorquent les Athéniens quelques années après, Syracuse deviendra maîtresse de l'île : « La chose est fatale, si vous vous liguez avec eux » (VI, 85, 3 : *anankè*). Toutes ces nécessités sont, si l'on peut dire, conditionnelles ; et elles laissent à l'homme, au moins en apparence, une liberté initiale. Pourtant, on les rappelle pour peser sur cette liberté en montrant qu'un seul choix est viable ; et l'analyse suppose toujours qu'à partir d'un geste donné, une série de conséquences s'ensuivent, qu'on le veuille ou non. Mais surtout, ce qui est remarquable est de voir à quel point toutes ces formules se rencontrent autour d'un mot. La notion de « nécessité », plus ou moins générale, plus ou moins justifiée, est ainsi mise en avant, à chaque moment de l'analyse : on dirait le mot d'ordre dont se réclamerait tout un courant de pensée.

Au reste, les chiffres sont là. Hérodote présente 55 exemples du mot « nécessité », à savoir *anankè* ou ses composés : Thucydide en présente 102.

Il y a donc là autre chose qu'un simple hasard de présentation, il y a une tendance marquée, que la réalité historique ne suffit pas à expliquer, et qui doit avoir sa source quelque part dans la réflexion contemporaine. Dépister cette source est une tâche qui s'impose, si l'on veut arriver à cerner la nature et la portée de l'innovation apportée par Thucydide dans le genre historique.

★

Il existe deux ouvrages allemands sur l'histoire de l'idée de nécessité : l'un, écrit par M. Gundel en 1914 (*Beiträge zur Entwicklungsgeschichte der Begriffe Ananke und Heimarmene*, In. diss. Giessen, 1914, 101 p.), l'autre, écrit par M. Schreckenberg en 1964

(*Ananke, Untersuchungen zur Geschichte des Wortgebrauchs*, Zetemata, 36, 188 p.). Or, aucun des deux ne mentionne les faits qui viennent d'être relevés : au contraire, même, le premier de ces deux ouvrages précise que Thucydide n'apporte rien d'intéressant pour le sujet qui l'occupe — ceci s'expliquant par le fait que seul est retenu l'aspect philosophique et religieux de l'idée de nécessité.

Tout ce que l'on peut trouver dans ces deux ouvrages se ramène à l'étude du sens cosmique que revêtait cette notion chez plusieurs présocratiques ; et il serait à coup sûr déraisonnable de penser que ce sens n'a aucun rapport avec la tendance relevée chez Thucydide. Mais, entre cette généralité et les applications toujours particulières que l'on rencontre chez l'historien, la distance est si grande qu'aucune influence précise ne saurait être retenue. Et, d'autre part, s'il est vraisemblable de penser que la notion de nécessité devait intervenir dans des descriptions plus concrètes du monde physique (puisque l'on parle encore aujourd'hui des lois de la nature), les textes conservés sont trop rares pour permettre d'établir aucune filiation de ce côté-là.

Inversement, il est manifeste que la notion de nécessité a joué un grand rôle — et un rôle vérifiable — chez deux espèces de penseurs, avec qui Thucydide présente une parenté non moins certaine : ces deux espèces de penseurs sont, pour le domaine des sciences, les atomistes et les médecins, et, pour le domaine moral, les auteurs de recherches relatives à la rhétorique.

On sait, en effet, qu'il existe un rapport souvent assez proche entre Thucydide et Démocrite. J'ai moi-même tenté de montrer (par une étude publiée dans les *Annales de l'École normale supérieure de Pise*, en 1966,

p. 143-191) que ces deux auteurs partageaient une même idée du progrès, fondée sur le besoin, ou la nécessité (*chreia*, ou *anankè*). Cette nécessité immédiate et concrète est évidemment assez proche de celle qui nous occupe. Et, de fait, Aristote a dit que Démocrite « expliquait toutes choses dans la nature en les ramenant à la nécessité » (*Génération des Animaux*, 789 b 2 : *anankèn*). Le témoignage est donc incontestable. Et l'on en possède un qui n'est pas moins clair en ce qui concerne Leucippe. Car, sur les deux fragments que nous avons de ce philosophe, il en est un qui dit : « Rien n'arrive au hasard, mais d'après la raison (*logou*) et sous la pression de la nécessité (*anankès*) ». On peut donc assez raisonnablement admettre que les vues de Thucydide sur la vie humaine et sur la politique le rapprochaient du mécanisme des premiers atomistes, et qu'il a, en somme, tenté de faire, en histoire, ce que ceux-ci faisaient dans le domaine cosmologique.

Il a pu être aidé dans cette tentative par d'autres efforts comparables ; et c'est ici que pourrait être rappelé l'effort, alors si fécond, qui se marque dans certains écrits médicaux. La chose est d'autant plus digne de mention que l'influence des médecins sur la méthode de Thucydide et sur son vocabulaire a été souvent mise en lumière. Or, il est au moins un écrit médical où le recours à la notion de nécessité prend une importance spectaculaire : ce texte est le traité hippocratique intitulé *De la nature de l'homme*. Sans doute ne faudrait-il pas croire que ce traité est un exemple moyen : il est, au contraire, tout à fait exceptionnel ; et aucun texte médical ne présente en si peu de pages autant d'exemples du mot *anankè* ; mais, précisément, il se montre si insistant qu'il suffirait, à lui tout seul, pour suggérer l'existence d'une mode intellectuelle. L'auteur veut, en effet, marquer, de ligne en ligne, la nécessité, toute logique, qui lie entre elles ses conclusions. Joignant le mot de nécessité à celui d'« indice », si cher à Thucydide, il annonce qu'il va montrer « les nécessités et les indices » par lesquels sa thèse s'établit ; et, du paragraphe 2 au paragraphe 5, on a sept formules impérieuses établissant ces nécessités : « Tout d'abord, il est nécessaire que la génération ne se fasse pas à partir de l'unité » (3, 1 : *anankè*) ; « Il est nécessaire, puisque telle est la nature des êtres en général et de l'homme en particulier, que l'homme ne soit pas une unité » (3, 12 : *anankè*) ; « Il est nécessaire qu'inversement chaque élément retourne à sa nature » (3, 18 : *anankè*) ; « Il est inévitable, quand un élément est isolé par lui-même, que la maladie se mette... » (4, 10 : *anankè*) ; « Il y a grande nécessité... », quand un homme a subi le déplacement de certains éléments en lui, « ...à ce qu'il éprouve double souffrance, conformément à ce qui a été dit » (4, 18 : *anankè*), il est nécessaire que les éléments séparés ne puissent former une unité (5, 14 : *anankè*). On pourrait multiplier les citations : le mot revient, en particulier, à 7, 58, à 10, 4, à 12, 37, à 12, 43, toujours avec la même solennité, toujours avec la même certitude. Que cette certitude soit, en général, d'ordre purement logique apparaît bien dans les quelques citations qui viennent d'être faites ; mais il reste qu'elle se fonde aussi sur l'analyse d'une « nature » (ainsi à 3, 10) et s'étend, en quelques cas, à des enchaînements (ainsi à 4, 10 ; 10, 4 ; 12, 37 ; 12, 43). Et, de toute façon, une telle insistance suppose, chez l'auteur de ce traité comme chez son contemporain Thucydide, un désir assez remarquable de donner à la démonstration une rigueur extérieure parfaite.

Mais, en définitive, ce qui compte le plus, dans la portée donnée au mot par Thucydide, est précisément le fait qu'il ait transféré sa valeur d'un domaine physique — petit ou grand — à un domaine moral et politique. Et c'est en quoi l'effort accompli par la rhétorique peut l'avoir aidé plus que d'autres.

L'usage de la notion de nécessité en rhétorique est, en effet, important ; et, chose remarquable, bien que divers auteurs puissent ici être appelés en témoignage (par exemple Gorgias, qui a plusieurs exemples intéressants), il se trouve que les deux auteurs chez qui cette notion prend le plus d'importance sont précisément ceux-là mêmes que l'on a le plus de raisons de rapprocher de Thucydide : le premier est Thrasymaque, le second Antiphon.

Les doctrines de Thrasymaque, telles qu'elles sont exposées au livre I de la *République* de Platon, sont très proches de certaines réflexions que Thucydide a insérées dans le dialogue des Athéniens et des Méliens. Or, dans l'unique fragment de Thrasymaque dont nous possédons le texte original, on trouve, en deux pages, trois exemples du mot *anankè*, plus un du verbe correspondant. Et il s'agit, soit de passages où le rôle des circonstances est donné comme déterminant (ainsi à la ligne 4, quand l'auteur dit que la situation, autrefois, ne « contraignait » pas les jeunes à parler), soit des passages qui revêtent une portée universelle et s'appliquent à des enchaînements (comme à la ligne 25, quand l'auteur parle du sort nécessairement réservé aux gens dont l'ambition est irréfléchie). Ce genre de remarques rappelle de très près les formulations prêtées aux orateurs de Thucydide.

On peut donc penser que la rhétorique, toujours si importante dans la pensée du Ve siècle avant J.-C., a, ici aussi, joué un rôle décisif. Il devient difficile d'en douter quand, de Thrasymaque, on passe à Antiphon.

Antiphon — il s'agit ici de l'orateur, quel que soit au reste son rapport avec le sophiste — était un homme connu et admiré de Thucydide. Or, pour le mince volume que nous avons conservé de ses œuvres, on trouve vingt-deux fois le mot *anankè*, vingt et une fois le verbe correspondant et quatre fois l'adjectif — ce qui représente presque autant d'emplois que pour toute l'œuvre d'Hérodote. De plus, un discours comme celui sur le meurtre d'Hérode présente, comme en raccourci, toute la gamme des significations pouvant s'appliquer à l'individu. Il y a d'abord les exigences d'une situation : « Quiconque n'a pas l'expérience des procès dépend nécessairement des discours des accusateurs... » (3 : *anankè*) ; ces exigences impliquent certaines conduites, et aussi certaines dispositions psychologiques, avec leurs résultats : « Lorsqu'on est soi-même en danger, il est inévitable que l'on commette quelque faute » (6 : *anankè*) ; pourquoi cela ? — parce qu'il faut nécessairement penser non seulement à ce que l'on dit mais à l'issue qu'aura le procès (*ibid.* : *anankè*) ; et « il est inévitable que l'on en soit fortement troublé » (*ibid.* : *anankè*). Au reste, des dispositions psychologiques comme la crainte (née d'une certaine situation, naturellement) peuvent obliger à des actes déterminés, et même au meurtre (58 : le verbe est *anankazein*). Enfin, l'individu, pris dans une situation politique, peut se trouver contraint d'agir contre son gré : il peut être impliqué malgré lui dans la faute (76 : le verbe est *anankazein*) ; et il peut se rendre compte qu'« il n'était plus en son pouvoir de traduire son dévouement par des actes : quitter la ville, il n'en avait pas les moyens ; trop puissants étaient les gages qui l'y retenaient, je veux dire ses enfants et ses biens ; faire de l'opposition sur les lieux, c'était impossible » (*ibid.*).

Ces exemples montrent assez la vogue du terme et de la notion. En outre, ils utilisent l'un et l'autre, toutes proportions gardées, dans le même esprit que faisait Thucydide ; et ils offrent le même éventail d'acceptions, allant de la règle générale à l'analyse toute concrète des exigences d'une situation. Ils confirment donc très nettement que la rhétorique a pu lui servir de modèle.

À cet emprunt, on voit deux raisons, d'inégale importance.

La première est d'ordre tout extérieur. Elle réside en ce que la notion de nécessité — comme le prouve, d'ailleurs, la dernière citation d'Antiphon — fournit la meilleure excuse qu'il soit possible d'imaginer. Comment, en effet, se disculper de façon plus claire qu'en montrant que l'on n'a point agi volontairement ? « Ce n'est point ma faute, je n'avais point le choix » : telle est la réponse facile de tous ceux que l'on accuse. Les sophistes le savaient bien — témoin Gorgias, qui s'ingénie à montrer qu'Hélène n'a point suivi Pâris de sa propre volonté : que ce soit par les dieux, par l'amour, par la persuasion ou par la violence, elle y a été contrainte. Et les auteurs tragiques ne le savaient pas moins — qui multiplient les tirades de justification dans les débats entre héros. Et certainement les orateurs plaidant devant les tribunaux en étaient non moins avertis. Or, on aura pu remarquer que les exemples les plus frappants de cet emploi de la notion se trouvaient, chez Thucydide, dans la bouche d'orateurs athéniens cherchant à montrer qu'Athènes n'était point responsable de sa politique impérialiste.

La nécessité est l'excuse des hommes politiques comme elle est celle des plaideurs.

Mais la notion de nécessité représente, pour la rhétorique, beaucoup plus que cette excuse facile. Elle est un moyen d'expliquer, de prévoir, de rendre des conduites compréhensibles et probables. À cet égard, elle n'est qu'une présentation renforcée de la fameuse « vraisemblance », si fort à la mode en cette fin du Ve siècle. Comme la vraisemblance, elle constitue, en même temps qu'un argument pratique, une méthode de raisonnement. Comme la vraisemblance, elle consiste à partir de règles reconnues et d'enchaînements réguliers. Elle n'en diffère que par la plus grande rigueur qu'elle suppose. Et tout se passe comme si l'on parlait parfois de nécessité, au lieu de vraisemblance, pour obéir à l'ambition intellectuelle d'une époque éprise de certitude scientifique.

C'est bien pourquoi la notion de nécessité ne se limite pas, dans l'œuvre de Thucydide, aux seuls plaidoyers des gens qui ont à cœur de se disculper. Elle apparaît ailleurs, un peu partout, dès qu'il s'agit de raisonner et d'expliquer. Et elle apparaît, à ce titre, chez les auteurs les plus divers. Tous subissaient plus ou moins l'influence de la rhétorique ; tous participaient plus ou moins aux mêmes ambitions intellectuelles ; et c'est pourquoi tous se plaisaient, chacun dans son domaine, à dégager des « nécessités ». Alors que l'œuvre d'Eschyle, où pourtant le destin semble peser si lourd, n'a que vingt exemples du mot, Sophocle, pour sept pièces également, en a presque quarante, et Euripide, dans une œuvre plus étendue, dépasse le chiffre de cent vingt.

Que tel soit le sens de cette vogue peut d'ailleurs être confirmé par un texte un peu postérieur, qui a le mérite de faire se rejoindre en une ambition unique les deux sources que nous avons dépistées. Ce texte montre bien que la notion de nécessité trahit une aspiration à quelque chose de méthodique, de scientifique. Et il montre bien qu'une telle notion repose sur l'analyse d'une « nature ». C'est un texte du *Phèdre*, relatif à la rhétorique. Après avoir rappelé la plus haute forme de rhétorique, à savoir l'éloquence pratiquée par Périclès sous l'égide d'Anaxagore — et d'un Anaxagore qui, ayant élaboré une science de l'univers, aurait tiré de là les conséquences voulues relatives à la parole — Socrate, invité à s'expliquer, présente un parallèle entre la médecine et la rhétorique : « Dans l'une et dans l'autre, dit-il, on doit procéder à l'analyse d'une nature : dans la première, celle du corps, dans l'autre celle de l'âme. » Puis, évoquant justement Thrasymaque, il décrit les connaissances que supposerait une rhétorique comme la sienne, pour être vraiment scientifique ; et ces connaissances rappellent étrangement celles que cherchait à établir l'auteur du traité hippocratique *De la nature de l'homme* : « Il est donc manifeste que Thrasymaque, ou tout autre qui donnerait un enseignement sérieux de l'art oratoire, commencera par dépeindre l'âme en toute exactitude, par faire voir s'il est dans sa nature d'être une chose une et homogène ou si, à la façon d'un corps, elle est multiforme ; car c'est cela, disons-nous, qui est montrer la nature d'une chose. » Et, pour finir, toutes ces connaissances aboutiront à la connaissance d'enchaînements nécessaires, car on enseignera « de quelle sorte étant l'âme et de quelle sorte les discours, quelle est la cause en vertu de laquelle ceux-ci produisent nécessairement en l'une la persuasion, l'incrédulité dans une autre » (271 b : *ex anankès*).

Cette connaissance idéale n'est point celle sur laquelle repose la rhétorique du Ve siècle ; mais le texte illustre pourtant, avec la profondeur propre à Platon, le rapport qui existe à cet égard entre médecine et rhétorique, et l'aspiration qu'implique cette dernière à une connaissance systématique de l'homme. C'est de cette aspiration que rendent témoignage tous les textes que l'on a vus. Et en elle nous reconnaissons une tendance dont Thucydide offre maint autre symptôme. C'est la même qui le fait si souvent recourir à des sentences, à des analyses abstraites, à des définitions, la même aussi qui le pousse à décrire le cheminement des passions et à parler si volontiers de la « nature humaine ».

Par tous ces traits, Thucydide se rattache à un mouvement de pensée qui était alors nouveau et à la mode : c'est le mouvement de pensée qui consiste à inventer ce que nous appellerions aujourd'hui les « sciences humaines ».

★

Mais, s'il en est bien ainsi, cette circonstance éclaire d'un jour un peu nouveau le sens que prend l'idée de nécessité là où Thucydide lui a fait une place, c'est-à-dire dans le domaine historique.

Elle montre, en fait, que nécessité et déterminisme ne coïncident nullement, malgré les ressemblances extérieures.

Tout d'abord, la nécessité qu'invoquent les auteurs du Ve siècle, et Thucydide parmi eux, n'est pas une vraie nécessité : le mot traduit, en effet, l'ambition intellectuelle de celui qui l'emploie, plutôt qu'une souveraineté sans appel des exigences qu'il décrit.

Antiphon disait qu'un homme, dans certaines circonstances, devait, bon gré, mal gré, accepter l'attitude qui était celle de sa cité. Était-ce bien vrai ? Il voulait dire, en réalité, qu'il aurait été dangereux, ou même désastreux, pour cet homme d'adopter, à lui seul, une attitude contraire. Mais on a vu de tout temps des hommes, placés dans la même situation que lui, qui n'hésitaient pas, soit à quitter leur pays, soit à agir secrètement à l'intérieur de ce pays. Et l'exemple d'Antigone prouve assez que les Athéniens du Ve siècle en avaient bien conscience. De même, quand un héros d'Euripide dit que trois circonstances l'obligent à sauver les enfants d'Héraclès (il le dit dans les *Héraclides*, au vers 236, et le verbe est *anankazein*), il entend évidemment que toute autre ligne de conduite impliquerait un grave danger. Or, il en va de même pour à peu près tous les exemples que l'on relève chez Thucydide.

Bien plus, si l'on se reporte au texte, pour tous les passages importants relatifs à la guerre ou à l'impérialisme athénien, on constate que Thucydide est, sur ce point, tout à fait explicite : à toutes les mentions de la nécessité qui entraîne Sparte ou Athènes se joint l'idée que cette nécessité passe par des sentiments et des calculs humains, et repose sur l'idée d'un danger dont on ne veut pas.

Quand Thucydide dit que la croissance de l'empire athénien obligea Sparte à entrer en guerre, il précise ainsi que ce fut par le biais de l'appréhension : « La cause la plus vraie est aussi la moins avouée : c'est à mon sens que les Athéniens, en s'accroissant, *donnèrent de l'appréhension* aux Lacédémoniens, les contraignant ainsi à la guerre. » Les Lacédémoniens sont donc contraints d'entrer en guerre, parce qu'autrement ils courraient de plus grands dangers.

De même, quand les Athéniens du livre I disent qu'ils ont été contraints de mener leur empire au point où il se trouve, ils précisent qu'une fois les premières soumissions obtenues, « il n'était *plus sûr* » pour eux d'agir autrement ; et ils ajoutent : « Il ne nous semblait plus possible *de prendre des risques* en laissant aller » (I, 75, 4). Et lorsque Périclès rappelle qu'Athènes n'est plus libre de se démettre de son empire, il parle, lui aussi, de dangers : « D'ores et déjà il constitue entre vos mains une tyrannie, dont l'acquisition semble injuste, mais l'abandon *dangereux* » (II, 63, 2). Enfin, Alcibiade fait de même : il dit bien qu'Athènes n'est pas libre de fixer l'extension à donner à son empire, mais il ajoute, à titre d'explication, qu'il serait dangereux de vouloir le faire : « Force nous est ici, d'ourdir des menaces, là, de ne pas céder, car *le risque* est pour nous de tomber, le cas échéant, sous l'empire d'autrui, si nous n'en exercions pas nous-mêmes un sur d'autres... » (VI, 18, 3).

Que tel soit le sens de ces « nécessités » est d'ailleurs confirmé par le fait que l'on trouve, à l'occasion, les deux idées juxtaposées, comme lorsque les Platéens déclarent se sentir contraints de prendre la parole et disent : « Nous voici contraints et cela semble le plus sûr, à ne pas nous exposer sans avoir rien dit » (III, 53, 3). En d'autres termes, les « nécessités » que l'on trouve chez Thucydide correspondent au calcul lucide opposant des risques divers. Ce sont des nécessités qui s'exercent par l'entremise de la raison.

La nuance pourrait être sans importance ; car il est bien possible que toutes les nécessités, quand il s'agit de l'ordre humain, comportent, en effet, une part de choix sous-entendue : une évolution est nécessaire quand elle repose sur une série de choix également évidents. Mais il se trouve que, chez Thucydide, la part de la raison ne se limite pas à cela ; et la fonction dévolue à ces « nécessités » est plus caractéristique encore que la façon dont elles s'exercent.

En effet, ces nécessité n'impliquent pas seulement un raisonnement sous-entendu, elles s'insèrent elles-mêmes à l'intérieur d'autres raisonnements, ceux-là fort explicites, et elles servent, en fin de compte, à fonder des décisions qui soient plus lucides et plus efficaces.

Lorsque les Corinthiens, au livre I, montrent quelles seront les conséquences nécessaires d'une alliance entre Corcyre et Athènes (I, 40, 3 : *anankè*), ils ne veulent qu'ouvrir les yeux à cette dernière et la rendre plus raisonnable. Quand Phormion montre à ses soldats ce que seraient, nécessairement, les caractères d'une bataille navale livrée sans espace suffisant (II, 89, 8 : *anankè*), il ne veut que leur faire comprendre qu'une autre solution est plus intelligente. Quand Hermocrate explique aux peuples de Sicile ce que seraient les conséquences nécessaires de leurs divisions (IV, 63, 2 : *kat' anankèn*), il ne veut que les convaincre qu'il serait sage d'éviter de se mettre dans une telle situation.

Qu'il s'agisse de formulations générales, de remarques psychologiques, d'analyses particulières relatives aux conditions du combat ou à celles des alliances, toutes ces « nécessités » que brandissent les orateurs sont donc une façon plus péremptoire, plus rigoureuse, d'orienter l'action des gens par le recours au raisonnement.

Telle est même, probablement, la raison pour laquelle le développement du récit semble toujours, à lui seul, impliquer une part de nécessité. Car les personnages obéissent bien aux exigences d'une situation qui se poursuit ou se modifie ; mais ces exigences sont toujours lucidement perçues par eux. De là toutes ces transitions, de phrase à phrase, commençant par des mots comme

« voyant cela... », « comprenant cela... », « craignant, dans ces conditions... », etc.

Ainsi s'instaure une sorte de dialogue entre nécessité et raison. Et l'on peut dire, à la limite, que plus un personnage est apte à déceler d'éventuelles nécessités, plus aussi il a de chances de ne pas y être soumis. Un bon général calcule, prévoit. Il évite de se trouver pris dans une situation qui ne lui laisserait pas d'issue. Mieux, même : il guette le moment où l'ennemi s'y trouve enfermé ; et, s'il peut, il s'efforce de le susciter. Ainsi, opposant entre eux le subtil Brasidas et l'imprudent Cléon, Thucydide écrit, à V, 7, I : « Cléon fut forcé de faire ce que prévoyait Brasidas » (le verbe est *anankazein*). De tels emplois du verbe *anankazein* marquent, en fait, des victoires remportées par la raison.

Il convient d'ailleurs d'ajouter que, pour que la raison domine dans un conflit avec les autres, il importe, évidemment, qu'elle ait d'abord eu la victoire à l'intérieur même de l'âme humaine. Qui écoute ses passions, qui cède aux entraînements de la « nature humaine » se laisse mener en aveugle ; et l'on sait que, chez Thucydide, les réflexions sur la « nature humaine » sont en général fort amères. Mais c'est que la « nature humaine » n'épuise pas le tout de l'homme. D'un côté, il y a des entraînements aveugles ; de l'autre la raison, qui permet de prévoir et de réagir. D'un côté, il y a la foule, aux réactions irréfléchies et trop aisément prévisibles ; de l'autre, il y a Périclès, qui la retient et l'avertit. D'un côté, il y a une évolution que les colères ou les ambitions ne font que précipiter ; de l'autre, il y a un homme qui reconnaît des nécessités et tente d'en tirer le meilleur parti — un homme qui, peut-être, aurait su retenir Athènes sur la pente où elle se laissa aller.

Cette tendance rationaliste est exactement ce que l'on pouvait attendre de cet âge d'ambition intellectuelle. Le mot d'*anankè*, signifiant la nécessité, respirait la certitude scientifique et tirait de là son attrait ; mais les ambitions scientifiques impliquent, en dernier ressort, qu'on ait confiance dans la raison. Ou, du moins, elles l'impliquaient au Ve siècle avant J.-C.

Au reste, cette union si étroite qui s'établit, chez Thucydide, entre raison et nécessité n'est pas sans rappeler le texte de Leucippe, qui a été cité plus haut pour prouver la place que celui-ci faisait à la nécessité : en fait, il y avait deux termes, fortement liés l'un à l'autre, puisque tout se faisait, disait le texte, « d'après la raison et sous la pression de la nécessité ».

Une telle combinaison est éminemment grecque. Elle fait toute la différence entre la nécessité historique, telle que la concevait Thucydide, et celle que devaient retrouver des doctrines comme la matérialisme historique. Lucidité et nécessité ne sont point encore dissociées. Elles s'associent ; elles sont complémentaires ; elles se renforcent l'une l'autre. C'est bien pourquoi Thucydide a pu parler de façon si insistante du caractère inévitable de certains événements historiques, et pourtant se trouver à l'avance soustrait à tous les reproches formulés, en 1953, par Sir Isaiah Berlin contre ce qu'il appelait, en faisant de ce terme le titre de son étude, « Historical Inevitability ».

⋆

Pour un Grec, par conséquent, les impératifs de la nécessité ne jouent que rarement de façon absolue et sans appel : ils ne le font que lorsque l'homme accepte de ne plus se laisser conduire par la raison. Et, à cet égard, écrivant ces quelques remarques en l'honneur d'un philosophe, il peut être à propos d'achever sur un texte de Platon.

Platon est, en effet, le seul auteur grec, avec Thucydide, qui ait appliqué la notion de nécessité à une évolution historique, et le seul qui ait employé, plus encore que Thucydide, ce fameux mot d'*anankè* pour décrire cette évolution. Il s'agit, en l'espèce, de la façon dont il décrit, au livre VIII de la *République*, le passage d'un régime à l'autre, menant de la timocratie, successivement, à l'oligarchie, à la démocratie, puis à la tyrannie. Cette évolution est démontée comme un mécanisme et présentée comme inévitable : certaines de ses étapes sont scandées par l'emploi du mot *anankè*. Mais, si le mot commence à surgir pour les régimes antérieurs, il ne devient vraiment fréquent, et d'un emploi systématique, que lorsque la raison a perdu tout pouvoir au profit des deux autres parties de l'âme, c'est-à-dire au moment où s'instaure la tyrannie. Alors, soudain, on tombe sous l'autorité absolue de l'*anankè*. Les riches sont alors contraints de se défendre (565 b : le verbe est *anankazein*) ; le peuple leur fait du tort malgré lui ; eux-mêmes deviennent oligarques malgré eux ; là-dessus, le tyran connaît le sort de l'homme qui a goûté des entrailles humaines : de même que celui-ci devient nécessairement loup (565 d : *anankè*), c'est pour le tyran « une nécessité et comme une loi du destin ou de périr de la main de ses ennemis, ou de devenir tyran et d'être changé en loup » (566 a : *anankè*). Dès lors il est contraint de faire continuellement la guerre (567 a : *anankè*), de devenir l'ennemi des bons (567 c : *anankè*, à deux reprises), de vivre avec des gens méprisables (567 d : *anankè*).

Platon se situe ici sur la ligne tracée par Thucydide ; et, en renchérissant sur ce dernier, il fournit une sorte de contre-épreuve aux idées avancées ici. Car, s'il peut décrire en termes si implacables le rôle de la nécessité dans l'évolution politique, c'est précisément parce qu'il se place dans le cas limite où la raison cesse de jouer le rôle qui lui est normalement dévolu.

La nécessité, pour les Grecs, est avant tout une arme au service de la raison : seule, l'abdication de la raison lui donne sa pleine souveraineté sur le cours de l'histoire humaine.

11

LA MÉDECINE COMME MODÈLE INTELLECTUEL DANS LA GRÈCE ANTIQUE*

Je ne viens pas aujourd'hui vous parler d'histoire de la médecine : je serais bien incapable de le faire. Je vous renverrai plutôt sur ce point au livre de M. Jouanna, professeur à la Sorbonne, qui traite à fond d'Hippocrate [1].

Mon problème, à moi, est le suivant. Il se trouve que la médecine d'Hippocrate, c'est-à-dire la première médecine scientifique qui ait existé en Grèce, y surgit en même temps que tous les grands auteurs du siècle de Périclès — en même temps que Thucydide, Sophocle, Euripide ou Socrate, et peu avant les philosophes qui prendront sa suite au IVe siècle avant J.-C., Platon et Aristote. Or, tous ont connu la médecine et tous en ont parlé. La médecine a compté pour eux. Et je voudrais tenter de voir dans quelle mesure et dans quel sens elle a compté.

Après tout, nous trouvons normal que nos penseurs d'aujourd'hui soient marqués, de façon profonde, par les

---

* Conférence prononcée le 10 janvier 1992, lors de la Séance Solennelle de la Société Médicale des Hôpitaux de Paris et reproduite dans *Ann. de médecine interne*, 1992, p. 283-286.

découvertes de la biologie. Or la médecine scientifique était alors aussi neuve que le sont en notre temps les conquêtes de la biologie.

J'ai donc souhaité reprendre et approfondir quelques remarques que j'avais offertes, il y a dix ans, à l'hôpital Saint-Louis et qui avaient été publiées dans les *Actualités Odontostomatologiques*. Et je voudrais, de façon plus particulière, chercher comment le modèle médical se reflète dans des genres aussi divers que l'histoire et la philosophie. Il s'y reflète, en fait, sous des formes à chaque fois différentes et qui semblent suggérer une influence de plus en plus précise.

★

On commence en effet par l'enthousiasme d'une naissance. Le Ve siècle avant J.-C. est tout entier occupé, en Grèce, par un phénomène extraordinaire : le surgissement, en un demi-siècle, de toutes les *technai*. Ce mot grec veut dire à la fois art (on dit encore « l'art médical »), science, et, naturellement, technique. Il désigne le savoir de l'homme, codifié et porteur d'efficacité pratique. Cela va depuis le savoir du pilote, de l'architecte ou du musicien jusqu'à la rhétorique, par exemple ; et tous nos mots français en *-ique* sont le reflet d'anciens adjectifs féminins qui, en grec, qualifiaient le mot *technè*.

Impossible de dire la première née de ces *technai*, ou leur ordre d'apparition. Mais la médecine était l'une d'elles. Et elle était capitale pour la vie humaine. Elle venait, avec Hippocrate, d'évoluer vers un statut rationnel et systématique, se prêtant à l'enseignement et s'exprimant par des traités. Après la médecine routinière ou magique des débuts, voici que surgissaient l'observation des symptômes, la comparaison des cas, la recherche des causes et l'établissement d'un diagnostic, permettant de prévoir, en gros, l'évolution du mal. C'est, en Grèce, l'époque où l'on veut comprendre et dominer les phénomènes : Plutarque raconte dans la *Vie de Périclès* que, devant un animal anormal, au lieu de croire à un signe sacré, on recherche une cause physique, et que, devant une éclipse, jusqu'alors tenue pour un miracle, on se met à reconnaître un phénomène naturel, explicable par le mouvement des astres. L'esprit scientifique, soudain, a surgi.

Et aussitôt, dans cette Athènes où l'on se passionnait pour l'homme, des auteurs se sont dit : si l'on peut faire cela pour la nature physique, si l'on peut faire cela pour les maladies, on doit pouvoir le faire pour les phénomènes politiques ; on doit donc pouvoir écrire une histoire scientifique, et y reconnaître le schéma d'enchaînements qui soient, eux aussi, susceptibles de se répéter. Thucydide se met alors à écrire une histoire d'un type nouveau, inspirée en partie par le modèle médical.

Je sais bien que cette dernière affirmation risque d'être imprudente : peut-être la méthode scientifique est-elle seule en cause, sans qu'intervienne le modèle médical. Thucydide aurait pu inventer une histoire scientifique sans rien devoir à la médecine. De quel droit la faire intervenir ici ?

Eh bien, nous avons des preuves. Et l'historien Thucydide s'est lui-même appliqué, on le sait, à la description médicale. Il l'a fait dans un texte célèbre, relatif à la peste d'Athènes. Et voici la belle déclaration liminaire par laquelle il a ouvert sa description : « Je laisse à chacun », écrit-il, « médecin ou profane, le soin de dire son opinion sur la maladie, en indiquant d'où elle pouvait vraisemblablement provenir [...]. Pour moi, je dirai comment cette maladie se présentait ; les signes à observer pour pouvoir le mieux, si jamais elle se reproduisait, profiter d'un savoir préalable et n'être pas devant l'inconnu, voilà ce que j'exposerai » (II, 48). Et il se lance alors dans une longue description technique et précise : le pharynx, la langue, le souffle, la toux, les évacuations de bile, etc. Qui plus est, il le fait en comparant, en ne retenant que l'essentiel : « Si l'on néglige bien d'autres singularités, qui se marquaient dans chaque cas et les distinguaient l'un de l'autre, telle était donc, dans l'ensemble, la forme de la maladie », son *idea* (II, 50).

Il est un peu triste qu'une analyse aussi rigoureuse ne permette pas aux médecins d'aujourd'hui de reconnaître avec certitude la nature de l'épidémie. Mais on voit du moins que la médecine scientifique fascinait, en tant que méthode, les esprits de ceux qui n'étaient pas médecins — et Thucydide, tout le premier.

Il était donc naturel d'appliquer le même mode de réflexion à l'analyse politique, et d'espérer, là aussi, classer et prévoir. C'est ce que tente Thucydide. Il mène son enquête avec un soin rigoureux ; il vérifie, il classe. Il écarte, en ce domaine aussi, ce qui relève du cas particulier, pour cerner des schémas susceptibles de se répéter.

Un exemple ? Eh bien, la cause de la guerre du Péloponnèse. Était-ce la faute de Sparte, ou bien celle de Périclès ? L'élément décisif avait-il été tel incident ou bien tel autre ? On en discutait. Mais Thucydide ne veut pas s'arrêter à cela. Pour lui, la cause de la guerre est la croissance de la puissance athénienne au cours des cinquante années qui ont précédé. Et cette croissance elle-même n'est pas le fait de la seule ambition athénienne : les autres ont laissé faire ; et puis, le déséquilibre une fois créé, l'évolution s'est poursuivie d'elle-même. Le schéma ainsi dessiné est clair ; c'est, comme pour la maladie, une *idea* qu'il dégage, et cette *idea* pourra se retrouver dans d'autres cas et dans d'autres temps. La naissance et l'évolution de l'impérialisme athénien apparaissent sous une forme générale, presque universelle. D'autre part, lorsque commence cette guerre, les personnages de Thucydide font l'analyse de la situation, dans des discours denses et raisonnés. Périclès peut ainsi prévoir qu'Athènes, par sa double supériorité financière et navale, doit, sauf imprudences de sa part, l'emporter. En analysant les conditions, en les ramenant à des cas généraux, l'orateur peut donc établir un « pronostic ».

J'emploie ce mot à dessein. Il appartient au vocabulaire hippocratique et fournit même le titre d'un des traités. Or Thucydide l'emploie, précisément pour faire l'éloge de Périclès. Il montre que celui-ci avait raison. Athènes a perdu la guerre, mais, en réalité, à cause d'imprudences graves que celui-ci avait à l'avance condamnées ; son pronostic, lui, était juste. Deux fois, Thucydide répète : *pronoia*, *proégnô* (II, 65, 6 et 13).

Mais ce qui est vrai dans le cas de Périclès se vérifie, bien entendu, dans tous les autres. Les discours de Thucydide sont des pronostics juxtaposés, que le récit des faits vient confirmer ou infirmer. C'est ce qui explique toutes ces analyses auxquelles se livrent les chefs militaires ou politiques, quand ils justifient leurs choix. Ils se réfèrent à des règles générales, reposant à la fois sur le raisonnement et sur l'observation ; et ils en tirent des conclusions sur le bon effet que doit avoir, selon toute vraisemblance, l'attitude qu'ils préconisent. Discerner les grands facteurs humains, les rapprocher les uns des autres, établir des prévisions probables, tel est le sens de toute l'histoire de Thucydide, avec ses discours si abstraits, si rigoureux, si subtilement construits pour permettre de vérifier, dans le récit, ce que chacun valait, en quoi il se trompait et en quoi il avait raison.

Tous ces calculs reposent bien évidemment sur l'idée d'une certaine « nature de l'homme », considérée du point de vue moral : Thucydide ou ses orateurs y font allusion à plusieurs reprises. Mais ceci nous rappelle qu'un autre traité hippocratique s'appelait *La nature de l'homme.* Il traitait de ses composantes physiques, comme les orateurs de Thucydide parlent de ses composantes morales.

Il y aurait quelque imprudence à pousser plus loin le rapprochement. Et deux remarques s'imposent à cet égard.

La première est que Thucydide n'a jamais forcé les choses. Il n'a pas lui-même dégagé de lois, ou de constantes. Il n'a même pas traité les grands phénomènes politiques comme des maladies aux formes connues. Isocrate, oui, devait le faire, un demi-siècle plus tard. Considérant que l'impérialisme d'Athènes, puis celui de Sparte, avaient mené chacune de ces cités, respectivement, à leur perte, il parle de maladie : « Comme il convient pour les gens que corrompent les mêmes désirs et la même maladie, ils ont fait les mêmes entreprises, ont commis des fautes analogues et enfin sont tombés dans des malheurs semblables » (*Sur la Paix*, 104).

Thucydide n'a jamais été jusqu'à de telles généralisations : il s'est contenté de serrer chaque partie du récit, pour en dégager l'élément prévisible qu'il comportait et en rendre compte.

Cela prouve sa prudence. Cela prouve aussi — et c'est la seconde remarque que je voulais faire — qu'il n'a retenu de la médecine, sauf en un ou deux passages sur lesquels on reviendra, que le modèle purement théorique d'une méthode scientifique, qui introduirait une connaissance raisonnée là où l'on ne voyait jusqu'alors que l'incohérence ou une routine irrationnelle. La médecine a été pour lui un modèle, toujours présent et déterminant, mais seulement dans la mesure où elle passait pour être — déjà ! — une science de l'homme.

Une seule fois, on voit surgir dans son œuvre un aspect un peu différent et un rôle également différent pour le modèle médical. Si un homme d'État doit aider les autres par son savoir et son pronostic, il a parfois d'autres devoirs qu'il partage également avec le médecin. Ce sont des devoirs d'ordre moral, qui lui imposent d'intervenir, même si tout s'y oppose, en vue du bien de la cité.

Ce trait apparaît dans l'œuvre en un moment décisif, lorsque Nicias veut empêcher Athènes de se lancer à la conquête de la Sicile. C'était là une de ces imprudences prévues par Périclès ; et Athènes ne devait jamais se remettre de la défaite que causa cette entreprise. Or, l'expédition a déjà été votée ; mais Nicias presse le président (le prytane) de provoquer, malgré le vote acquis, une nouvelle délibération. Solennellement, il l'invite alors à penser que « la cité, qui a été mal inspirée, trouverait en toi un médecin, et que le bon magistrat est bien celui qui rend à sa patrie le plus de services possible, ou du moins ne lui cause délibérément aucun préjudice » (VI, 14). Le mot grec est *iatros* et la formule finale correspond mot pour mot au serment hippocratique.

Ici, il ne s'agit plus de méthode scientifique, mais d'éthique. Comme pour la méthode, on notera que la médecine n'intervient, ici encore, que comme le modèle théorique d'une attitude idéalisée. On retrouvera la même image chez les philosophes, qui la développeront bien davantage, et y mettront, cette fois, plus de précision et d'insistance.

★

Pour les philosophes, en effet, il ne pouvait s'agir d'une science de l'homme, ni d'une méthode de connaissance. Mais le modèle joua autrement.

Je n'entrerai pas ici dans la longue tradition qui, en Grèce, associa toujours médecins et philosophes. De grands philosophes ont été des médecins — ainsi Empédocle. D'autres ont donné des conseils à des rois — ainsi Démocédès, dont parle Hérodote et qui fut conseiller du roi de Perse. Certains médecins parlaient du corps en termes de philosophie politique — comme Alcméon de Crotone. Un sophiste entreprit même de fonder une médecine de l'âme et avait, nous dit-on, une sorte de clinique, où l'on venait soigner ses chagrins ; c'était Antiphon, et le fait nous vient de Plutarque (*Moralia*, 833 c). Tout ceci prépare déjà indirectement le rôle de la médecine pour Platon et Aristote. Mais je voudrais, comme pour Thucydide, chercher comment l'idée du médecin, dans sa forme nouvelle, a, en fait, hanté Platon et inspiré Aristote, de deux façons également profondes, mais bien différentes dans un cas et dans l'autre.

Pour Platon, cette idée du médecin a représenté la hantise de la compétence.

Par contraste avec la démagogie courante, cette idée a d'abord offert le modèle d'une action visant au bien et passant par des mesures mal vues ou douloureuses. Le prytane devait être, pour Thucydide, le médecin de la cité ; Platon compare Socrate au médecin des âmes. Et un passage célèbre du *Gorgias* évoque ainsi l'idée de la condamnation de Socrate, en lui faisant dire, à l'avance : « Je serai jugé comme un médecin qui comparaîtrait devant des enfants, accusé par un cuisinier. » Le verdict, dans ce cas, est aisé à deviner (478 b, 521 d-522).

Le médecin, donc ! Toujours le médecin ! Celui qui agit pour le bien des gens, malgré eux, c'est lui.

Et ce qui vaut pour les âmes vaut pour les États : pour Platon, le parallélisme est absolu. Déjà dans le *Gorgias*, l'identification avec la médecine affleure. Platon déclare que la politique ne doit pas donner à des peuples ce qu'ils demandent, mais ce qui est bon pour eux (à savoir la justice) : la puissance et la richesse ne sont, dit-il qu'une « enflure malsaine » (518 e) ; on a « gorgé » la cité de biens matériels ; cet excès prépare un « accès de faiblesse » (519 a), qu'ensuite l'on imputera aux successeurs de ces imprudents démagogues. Le véritable homme d'État, lui, tourne vers le bien les désirs d'une cité.

La même identification se retrouve, développée avec insistance, dans la *République*, quand Platon décrit les divisions intérieures qui surgissent dans la cité lorsque certains veulent s'enrichir aux dépens des autres : alors, dit-il, « comme il suffit à un corps débile d'un petit ébranlement du dehors pour tomber malade [...] ainsi un État, dans une situation analogue, devient à la moindre occasion la proie de la maladie et de la guerre intestine, tandis que chaque parti appelle des secours du dehors » (556 e). Les désirs non contrôlés sèment donc bien la maladie.

Pour y parer, il faut au gouvernement un homme ou

des hommes dont l'esprit ait été initié au vrai et au bien. Et telle est l'explication de l'extraordinaire exigence qui consiste à vouloir confier le pouvoir à des hommes formés, pendant de longues années, aux plus hautes disciplines de l'esprit ; cette exigence, chez Platon, déroute nos esprits modernes ; or elle lui a, sans aucun doute, été inspirée par la hantise de la compétence qu'illustrait à ses yeux le médecin de la nouvelle médecine, mettant son savoir au service du bien.

Thucydide, qui vivait au temps des découvertes du rationalisme, avait vu dans la médecine l'exemple d'une recherche intellectuelle tentant de mettre de l'ordre dans les phénomènes qui concernaient l'homme ; Platon, qui venait de vivre la défaite d'Athènes, les excès de la démocratie et la mort de Socrate, a vu en elle, avant tout, l'exemple d'un homme qui sait, en face d'une foule aveugle. Thucydide avait, comme le médecin, tenté d'établir un certain nombre de probabilités. Platon, lui, a aspiré à ce qui serait une compétence théorique lentement acquise, mais fondée sur des certitudes.

À certains moments, il semble même exagérer les traits du modèle auquel il se réfère et les idéaliser. C'est ainsi que, voulant remplacer la rhétorique des sophistes, qui à ses yeux était pure flatterie, par une rhétorique de la compétence, ou plutôt de la connaissance, il a invoqué une fois de plus le modèle médical. Il a même alors cité Hippocrate nommément. Et il a dressé l'image d'une connaissance systématique, au sens le plus fort du terme : « Dans l'un et l'autre », a-t-il écrit, parlant de l'art médical et de son propre projet pour la rhétorique, « on doit procéder à l'analyse d'une nature ; dans la première celle du corps, dans l'autre celle de l'âme, si l'on veut, au lieu de se contenter de la routine et de l'expérience, recourir à l'art pour administrer, à l'un, remède et régime, et ainsi produire en lui santé et vigueur, à l'autre, propos et occupations en accord avec la règle et ainsi lui communiquer telle condition et telle excellence qu'on souhaite pour elle » (*Phèdre*, 270 b). D'après ce que nous savons de la médecine d'alors, Platon semble se faire des illusions sur son caractère systématique. Il en connaît les démarches essentielles, mais il les pousse à l'extrême. Comme pour Thucydide, la splendeur du principe doit lui être plus familière que les réalisations pratiques.

De fait, on pourrait imaginer que, lorsque Platon dit que l'homme d'État doit accroître la part de la justice dans l'âme, et en ôter l'injustice, il peut être inspiré par le souci qu'affichaient alors certains médecins de rétablir un équilibre entre les diverses humeurs de notre corps. Mais il semble s'agir là d'une simple analogie. Platon paraît avoir été plus sensible au projet théorique de la médecine d'alors, et d'Hippocrate, qu'à ses aspects pratiques et à ses façons de procéder.

Il est important d'en prendre conscience parce que l'on découvre ici la différence avec Aristote.

Là, tout à coup, le point de vue change ; et un autre aspect de la médecine se révèle à nous, non plus l'aspiration scientifique dans son ambition toute neuve, mais l'expérience pratique, prudente, concrète.

Aristote avait de quoi être informé ; son père, Nicomaque, était le médecin personnel du roi de Macédoine. Et tout son souci de connaître les espèces animales, les sensations, la vie sous ses formes concrètes et physiques se rattache peut-être à la tradition héritée de ce père médecin.

Quoi qu'il en soit, les rapports avec les écrits hippocratiques portent dorénavant sur des aspects plus familiers, relatifs, entre autres, au régime alimentaire.

C'est ainsi qu'Aristote reprend le classement des constitutions, après Platon ; mais cette fois, il part, comme le médecin, d'observations multiples. Il a enquêté et comparé. Même quand il reproduit la liste classique des régimes, il distingue pour chacun — conformément à l'idée même de santé et de maladie — des formes « droites » et des formes « déviées ». Et, surtout, sa façon de choisir entre ces divers régimes est révélatrice, car il le fait au nom d'une idée chère à la médecine d'alors, qui est celle de mélange.

Le principe de cette idée était apparu, déjà, dans un passage surprenant de Thucydide : dans ce passage, Alcibiade, qui représentait les jeunes en politique (on parlait déjà beaucoup des jeunes pour les opposer aux autres générations !), défendait l'idée d'un mélange entre jeunes et vieux ; et il disait : « Le vrai secret de la force est d'associer, en les mêlant, le moins bon, le moyen et le vraiment parfait » (VI, 18, 6). On peut s'étonner en entendant de tels propos et se demander dans quel cas l'addition d'un élément moins bon (*phaulon*, c'est-à-dire « médiocre ») peut jamais contribuer à la qualité du tout. Alcibiade n'explique rien. Mais j'ai, il y a près de vingt ans, consacré un article à ce sujet, et j'y ai fait une place de choix à un passage de la *Politique* d'Aristote[2]. Celui-ci est capital car il défend le principe démocratique et, contrairement à Alcibiade, se réfère nettement au modèle médical.

Platon réclamait la compétence ; Aristote établit qu'une assemblée, dans laquelle tous participent, acquiert, une fois réunie, une capacité supérieure à celle des individus qui la composent, parce que les qualités de tous y sont mêlées et qu'ils décident de façon collective : « Du fait qu'ils sont plusieurs, chacun a sa part de vertu et de sagesse pratique, et de leur union naît un seul homme à plusieurs pieds, plusieurs mains, et doué de plusieurs sens, et il en va de même pour le caractère et l'intelligence » (1281 b 4 et suiv.). Parmi toutes les justifications que les Grecs ont données de ce régime dont ils étaient si fiers, la démocratie, celle-ci est originale. On voit que, contrairement aux vibrantes déclarations du siècle précédent, elle vient après les critiques et leur répond.

En fait, ce passage montre bien le fossé qui sépare les deux pensées politiques de Platon et d'Aristote. L'opposition qui apparaît entre elles sur la question de la démocratie et de la clairvoyance populaire demeure d'actualité aujourd'hui encore. Or, si Platon semblait hanté par le modèle de la compétence médicale, Aristote, lui, se réfère avec précision au modèle du régime que proposent les médecins. Voici, en effet, comment il justifie cet apport heureux des citoyens médiocres : « Mêlés aux meilleurs citoyens », écrit-il, « ils rendent des services à l'État, tout comme un aliment impur, joint aux aliments purs, rend le tout plus profitable qu'une petite quantité toute pure. »

Aristote se réfère à la médecine ; et il a raison. Le traité de l'*Ancienne médecine* précise ainsi que l'essentiel est la transformation et le mélange au cours desquels l'aliment perd certaines de ses propriétés et se trouve mêlé à d'autres, par exemple, par la cuisson, mais aussi parce qu'ainsi l'on évite l'excès d'amer ou d'acide ou d'un autre caractère : « La force, la croissance, la nourriture ne viennent de rien d'autre que du fait que l'alimentation a été bien mêlée, qu'elle n'a rien de non-mêlé et de fort, mais qu'elle est devenue un tout uni et simple » (14, fin).

Ainsi une notion se dégage des enquêtes médicales et offre à la réflexion de nouvelles perspectives. La source est avouée, le parallélisme déclaré.

Et les choses ne s'arrêtent pas là, avec Aristote.

Le régime politique qu'il préfère — à la suite de Thucydide, mais avec plus d'insistance ici encore — est un régime mixte : le mélange, toujours. Il l'appelle *politeia*, ou république, et il dit qu'elle « est en somme un mélange d'oligarchie et de démocratie » (1293 b). L'idée n'était pas neuve. Elle avait paru déjà au Ve siècle chez les modérés comme Théramène. Elle avait reçu l'approbation de Thucydide. Chez Aristote, elle devient un idéal fondé sur l'expérience du régime médical. De même que la démocratie mêle les divers jugements, de même la république, ou *politeia*, mêle les divers principes. Enfin, la même conscience du réel et de l'expérience concrète se retrouve dans tout ce qui touche la vie morale. Socrate ou Platon étaient des intellectualistes, pour qui comprendre où était le bien suffisait à vous faire bien agir. Aristote, lui, croit au rôle essentiel que joue l'habitude. Il précise qu'il faut contracter dès l'enfance de bonnes habitudes et que seule l'habitude permet aux capacités naturelles d'arriver à maturité. Or les médecins insistaient sur l'habitude, affirmant même : « On supporte bien les aliments auxquels on est habitué, même s'ils ne sont pas bons par nature » ou « Les plus grands changements qui surviennent à notre constitution et à nos habitudes sont les plus grandes causes de maladies » (*Régime des maladies aiguës*, 35).

Sans doute peut-on établir d'autres rapprochements. M. Jouanna en a suggéré plusieurs dans ses articles. Mais vous voyez que j'ai voulu m'en tenir à l'essentiel. Et après tout, je vous offre, à vous médecins, un assez beau bouquet, la méthode historique du plus grand des historiens, l'aspiration philosophique de Platon, les thèmes les plus chers à Aristote — ce n'est pas mal !

Et vous aurez remarqué qu'au fil des quelque cinquante ans que j'ai parcourus ici, ce modèle médical semblait s'être précisé de proche en proche. Les Grecs ont de mieux en mieux connu, admiré, imité les démarches de leurs médecins.

Ce serait une conclusion flatteuse. Elle a une contrepartie qui ne l'est pas moins. C'est que dans la littérature de l'époque, qui parle si bien des médecins, on ne semble guère songer à se moquer d'eux : rien, alors, qui ressemble à Molière, ou au *Knock* de Jules Romains. Pourtant, ils aimaient se moquer : des devins, des marchands d'armes, des plaideurs, oui !... mais non pas des médecins. On dirait que la Grèce antique leur ouvre les bras et s'élance à leur suite !

Si je le répète ainsi en conclusion, c'est que je compte bien sur la réciproque. La tradition des médecins humanistes était une belle tradition. Il n'y a guère de chances pour que les médecins d'aujourd'hui ou de demain aient fait assez de grec pour que leur vocabulaire scientifique leur soit transparent ; et je le regrette. Il n'y en a pas beaucoup plus pour qu'ils éprouvent, au soir d'une journée de travail, l'envie de remonter à ces sources anciennes où une pensée se lance à la recherche de certaines idées valables pour l'homme en général. Ce recours au grec serait, en somme, un prêté pour un rendu.

Et, après tout, vous m'avez invitée ce soir : je confie aux médecins que vous êtes un peu du sort de l'hellénisme, auquel je tiens plus qu'à tout. Et je vous dis merci.

NOTES DE L'ÉTUDE N° 11

1. Le livre a paru chez Fayard en février 1992.
2. Voir Mélanges Lesky (*Wiener Studien*, 89, 1976, p. 309-321).

12

ATHÈNES ET LA MÉDITERRANÉE AU Ve SIÈCLE AVANT J.-C. *

Parler d'Athènes et de la Méditerranée au ve siècle avant J.-C. se justifie de diverses façons. D'abord, l'admirable livre de F. Braudel s'est délibérément gardé d'insister sur la Grèce classique. Mais, surtout, l'expérience du ve siècle avant J.-C. est tout à fait unique du point de vue politique, et, pour cette raison, particulièrement instructive. On a rarement rencontré tant de facteurs d'unification menant à tant de divisions, ni un tel échec dans la pratique lié à un pareil rayonnement culturel.

C'est sur quoi je voudrais vous inviter à réfléchir, avec l'aide de Thucydide — et d'une carte géographique.

*

J'ai dit que les facteurs d'unification étaient nombreux : pour le comprendre, il faut, avant d'évoquer Athènes, se représenter la Méditerranée telle que l'avaient formée plusieurs siècles de colonisation grecque.

---

* Conférence faite à Lourmarin, le 26 juillet 1986.

La colonisation avait commencé très tôt. Dans sa phase historique, elle s'épanouit du VIIe au VIe siècle. Besoins économiques, dissensions dans les cités : diverses causes l'expliquent ; toujours est-il que des groupes partaient former au loin des comptoirs plus ou moins importants, qui devenaient souvent de grandes villes. Les Phéniciens l'avaient fait avant les Grecs ; et, dans leur navigation, ils allèrent plus loin que les Grecs. Il n'empêche que l'on trouva bientôt des villes grecques, non seulement dans la mer Égée, mais dans toute la Méditerranée. Il y en avait, dès le début, en Asie Mineure. Il s'en fonda au nord et au sud de l'Asie Mineure : à Byzance (660) ou à Naucratis (VIIe siècle), ainsi qu'à Cyrène (631). Il s'en fonda aussi à l'Ouest : en Italie du Sud, avec Cumes (725), Tarente (708) et Parthénopée (c'est-à-dire Naples), et aussi en Sicile, avec Sélinonte (652), Agrigente (580) et Catane. On alla même plus loin, à Marseille (600), en Corse (Alalia), en Espagne, avec Ampurias et la lointaine Tartessos (690). Une seule zone resta sans ville grecque : l'actuelle Afrique du Nord, où dominaient des Phéniciens, installés à Carthage. Mais, de Carthage à Sélinonte, il n'y a guère que 200 kilomètres de distance à vol d'oiseau. Et, même si la Méditerranée n'est vraiment grecque que de la Sicile à l'Asie Mineure, les Grecs avaient assez d'escales pour la sillonner d'un bout à l'autre, en restant à portée de villes grecques. Et, de chaque centre, le commerce répandait les objets grecs, les contacts, les influences.

Il faut toutefois faire attention : cette colonisation ne ressemblait pas à ce que l'on a appelé, au sens moderne, la colonisation. En effet il s'agissait de petits groupes d'hommes qui s'en allaient de chez eux, apportant ailleurs leurs usages, mais ne visaient pas à établir une domination quelconque sur les peuples des pays où ils se fixaient. Le nom même de ces établissements est instructif. Le « colon » vient cultiver le sol d'autrui, s'y installer et le régir ; le Grec parle, lui, d'*apoikia*, de gens « partis » de chez eux, ou, à la rigueur, d'*oikistai* : de gens qui « vont habiter » dans un endroit. L'entreprise se limitait à la petite cité qu'ils fondaient et dans laquelle ils n'auraient même pas envisagé d'admettre des étrangers. Leur installation se faisait souvent dans des lieux encore inhabités (des ports, des places naturellement fortifiées) ; les habitants, s'il y en avait, pouvaient être curieux des nouveautés apportées et se montrer amicaux ; ils pouvaient aussi, après quelque résistance, se replier un peu plus loin [1]. Mais les résistances ne comptaient que quand elles étaient attisées et organisées par la jalousie d'autres puissances : tantôt des Grecs et tantôt des Carthaginois [2]. Les exemples que nous connaissons de colons obligés de repartir rentrent le plus souvent dans ce cas. En général, les peuples du pays devenaient les clients des puissants, mais sans entrer dans aucun système politique qui les eût rendus dépendants.

Si j'insiste sur ce point, c'est parce que l'expérience fut très différente des usages postérieurs — romains puis modernes. C'est aussi parce que, même dans le Ve siècle avant J.-C., deux autres formes de colonisation apparurent, toutes deux liées au nom d'Athènes, qui font de cette époque une illustration rêvée des dangers et des espoirs de la colonisation.

La première forme trace une ligne idéale (celle de l'espoir) : elle montre comment la colonisation aurait pu devenir un élément d'unification pour les Grecs en Méditerranée. C'est un cas isolé : celui de la colonisation de

Thourioi. Thourioi, contrairement aux autres, est une colonie imaginée et patronnée par Athènes, mais qui se veut internationale : Athènes invite les autres Grecs à se joindre à elle. C'était en 443 ; et, parmi les tribus de Thourioi, il y avait, à côté de l'Athenaïs (d'Athènes) la Boiôtis (de Béotie), la Nèsiôtis (l'insulaire, c'est-à-dire : de l'Égée). On sait que l'historien Hérodote, venu d'Asie Mineure, s'inscrivit comme citoyen, et que les lois furent rédigées par le sophiste Protagoras, venu d'Abdère, dans le nord de l'Égée.

Sous le patronage athénien, c'était, on le voit, une tentative unique pour faire une Grèce méditerranéenne. Les Lacédémoniens refusèrent : ils voyaient trop qu'Athènes affirmait ainsi sa puissance ; et déjà celle-ci semblait inquiétante : on est moins de quinze ans avant la guerre du Péloponnèse, où se marque la réaction contre cette trop grande puissance. Le second cas à mettre à part est lié, précisément, aux excès de cette puissance : il s'agit de ce que l'on a appelé les « clérouquies ». Elles apparurent en 506 avant J.-C. Le principe était, pour assurer sa tranquillité par rapport à un voisin trop remuant — un voisin grec ! — de le vaincre, de confisquer une partie de son territoire et d'en faire des lots, remis à des Athéniens. Le premier exemple connu se place à Chalcis, en Eubée. Athènes recourut souvent à ce procédé au milieu du Ve siècle, quand son empire suscita des résistances : elle le fit en Chersonèse, à Naxos et à Lemnos (447), plus tard à Imbros, ensuite, après le soulèvement de l'île, à Mytilène (en 425) [3].

Cette mesure n'a donc rien à voir avec le principe de la colonisation : il vise des Grecs et repose sur une confiscation. Du coup, il suscita toutes les protestations que ne suscitait pas la colonisation. « Pas de clérouquies » « plus de clérouquies ! » furent les mots d'ordre du IVe siècle avant J.-C., après l'expérience athénienne[4].

Il importait de planter d'abord ce décor, car indépendamment de toute suprématie politique ou culturelle, il est clair que ce principe de la colonisation par fondation de petites cités fut la cause principale de la pénétration grecque dans la Méditerranée.

Chacun apportait ses usages, ses produits, ses légendes ; tous apportaient la même langue et les mêmes traditions, car ils avaient, dit Hérodote, même race, même langue, même religion et mêmes usages (VIII, 144). Ils construisirent des temples grecs partout où ils s'installèrent. Ils importèrent des œuvres de Grèce propre. Ils pratiquèrent le commerce avec les barbares d'alentour. Et grâce à ce commerce, leur implantation pointilliste, si je puis dire, déborda chaque fois, un peu ou beaucoup, sur le pourtour. On étudie de très près, aujourd'hui, les échanges culturels qui en résultèrent, car les influences jouaient dans les deux sens. Mais la pénétration grecque est indéniable : nous visitons encore aujourd'hui le temple de Ségeste, en Sicile, temple grec construit par une ville qui ne l'était pas ; et l'on a trouvé des vases athéniens dans le pays égyptien qui entourait la ville grecque de Naucratis.

Il faut toutefois préciser que ces diverses colonies, si elles étaient toutes grecques, venaient de métropoles différentes, appartenant à des familles ethniques plus ou moins rivales. Athènes avait colonisé dans la mer Égée, et c'étaient là des villes ioniennes ; les colonies de Chalcis, la ville d'Eubée, se rattachaient au même groupe ; inversement, les Péloponnésiens, qui étaient doriens, avaient formé la plupart des colonies de Sicile.

Il y avait là des possibilités évidentes de frictions d'une cité à l'autre, frictions que les liens ethniques risquaient toujours d'aggraver.

Ce fut surtout le cas au Ve siècle, où la rapidité des communications maritimes s'était beaucoup accrue[5], et où surtout venait de surgir, dans cette Méditerranée semée de jalons grecs, une puissance maritime de première importance : celle d'Athènes.

★

Athènes avait construit sa flotte pour résister aux Perses. Elle avait remporté avec cette flotte la victoire de Salamine. Elle avait acquis, grâce à cette flotte, l'hégémonie sur les Grecs de la mer Égée ; et elle avait employé cette hégémonie à accroître et perfectionner cette flotte, en faisant, pour cela, verser une contribution aux alliés.

Qui plus est, Athènes avait pris parfaitement conscience du pouvoir que représentait cette thalassocratie. Je vous citerai deux textes de Thucydide, qui l'évoquent dans sa réalité commerciale et dans sa réalité militaire.

D'abord le commerce (II, 38) : « Nous voyons arriver chez nous, grâce à l'importance de notre cité, tous les produits de toute la terre, et les biens fournis par notre pays ne sont pas plus à nous, pour en jouir, que ne sont ceux du reste du monde. »

Puis la guerre : Périclès explique d'abord aux Athéniens que Sparte ne peut rien contre eux. Quoi qu'ils fassent, dit-il (à I, 142, 3), « cela ne parviendra pas à nous empêcher d'aller par mer établir chez eux des positions fortifiées et de nous défendre avec la flotte qui fait notre force ». Il en conclut qu'il faut une stratégie consistant à tout supporter sur terre, en gardant, souveraine, la maîtrise de la mer ; et plus tard il ajoute (II, 62, 2) : « Vous croyez ne commander qu'à vos alliés ; mais je vous montre, moi, que des deux éléments offerts à votre activité, la terre et la mer, vous êtes vraiment maîtres de l'un dans sa totalité : non seulement sur toute l'étendue que vous en contrôlez actuellement, mais sur une plus grande si vous voulez ; et il n'est personne qui, si vous mettez à la mer les forces dont vous disposez, puisse vous barrer le passage, ni le Roi, ni aucun autre peuple à l'heure actuelle. »

On est à deux doigts d'avoir une Méditerranée non seulement grecque, mais athénienne. On ne l'a pas eue. Au contraire, en trente ans, Athènes a perdu son empire, sa flotte et sa suprématie ; et l'expérience a paru à Thucydide digne d'être analysée comme une « acquisition pour toujours ». C'est en ce sens que je voudrais l'utiliser, dans la perspective qui est la nôtre aujourd'hui.

Ce qui a avant tout frappé Thucydide — et à juste titre — dans l'expérience athénienne est le fait que la puissance même d'Athènes a semé autour d'elle des craintes et des ressentiments, qui ont augmenté au fur et à mesure qu'elle-même, en tentant de se protéger contre les hostilités ainsi formées, durcissait son autorité. Ce durcissement finit par faire l'union contre elle.

Mais, si cette explication reste la principale et la plus riche d'enseignement politique, il est possible de méditer également sur l'influence qu'a pu avoir dans le déroulement de cette guerre le genre de la pénétration grecque en Méditerranée, telle que je l'ai décrite tout à l'heure.

Cette influence apparaît déjà dans les causes de la guerre.

Revoyons dans Thucydide ces causes de la guerre. Il

ne rapporte que deux incidents : ceux de Corcyre et de Potidée — deux villes bien éloignées d'Athènes, l'une vers l'ouest et l'autre vers l'est.

Le premier de ces incidents est proprement colonial. Épidamne est une colonie de Corcyre, elle-même colonie de Corinthe. Des incidents l'opposent à sa métropole. Épidamne va se plaindre à Corinthe, qui l'aide ; et Corcyre demande, elle, l'aide d'Athènes. On le voit : dans une Méditerranée grecque au sens où je l'ai définie, le feu peut prendre n'importe où ; car les grandes cités ont partout soit des gens à elles soit des intérêts ; si bien que la rencontre entre ces petits établissements rivaux d'une part et la puissance athénienne de l'autre constitue un redoutable détonateur.

L'autre incident est lié au premier. Potidée, en bordure de la Macédoine, est une colonie de Corinthe et une alliée d'Athènes. Athènes, se méfiant d'elle, lui donne des ordres précis : Potidée, alors, réclame l'aide de Corinthe et de Sparte contre Athènes. Athènes et Corinthe envoient toutes deux des troupes — d'où va sortir la guerre.

Ajoutons que les événements de Potidée eurent des suites. À la fin de l'incident et juste avant la guerre, Potidée fit défection, suivie par les Chalcidiens et les Bottiéens. Or ce sont eux qui, plus tard, pèseront, ainsi que Perdiccas, roi de Macédoine, sur les villes de Chalcidique que le Lacédémonien Brasidas vient détacher d'Athènes, à la fin du livre IV [6] ; et ces défections amèneront la perte d'Amphipolis, la condamnation de Thucydide, et la conclusion d'un armistice.

Il est probable que l'importance de ces suites, aux yeux de Thucydide, explique la minutie des détails qu'il donne alors sur l'origine et le peuplement des villes, bien qu'il ne s'agisse pas de rivalités coloniales (Brasidas s'en prend d'abord à des colonies d'Andros, et Amphipolis est colonie d'Athènes[7]. Simplement, il est clair que tout est parti d'une affaire de ce genre, qui a grossi indéfiniment, et que les craintes semées par Athènes ont trouvé dans ce milieu un terrain d'élection.

Plus tard, après un temps de paix, cette guerre rebondira et repartira, à l'occasion de l'expédition athénienne en Sicile.

Que celle-ci soit un signe de l'ambition athénienne, comme Thucydide le montre, est indiscutable. Mais, en même temps, il est intéressant de voir ce qui encourage cette ambition. Il est intéressant de voir l'occasion et la cause immédiate. Thucydide mentionne une ambassade de Ségeste (ville non grecque), demandant l'aide de son alliée Athènes. Mais pourquoi cela ? Parce qu'une querelle de clocher opposait Ségeste à Sélinonte, et que Sélinonte était aidée par Syracuse. Et pourquoi était-elle aidée par Syracuse ? Parce que toutes deux étaient des villes fondées par des Doriens venus du Péloponnèse, et qu'entre Doriens et Ioniens, on se jalousait et se guettait sans cesse. Les rivalités entre colons entraînent donc, ici encore, des appels à l'aide perpétuels, d'où sort encore une fois la guerre. Mais en même temps, on trouve mis en avant un mobile plus ancien, qui est, plus directement encore, lié aux rivalités coloniales et ethniques. Trois villes avaient été fondées, en Grande Grèce, par Chalcis : des villes ioniennes par conséquent : c'étaient Naxos, Leontinoi et Rhégium. Or Syracuse, avec toutes les villes doriennes de Sicile, sauf Camarine, se trouvait en guerre contre les Léontins, alliés et parents d'Athènes. Bientôt chassés de chez eux (V, 4, 3), ils voulaient être rétablis ; et Athènes devait naturellement les y aider. Dans l'expédition de Sicile, le cas des Léontins est constamment mis en avant ; ils sont à Athènes avec les gens de Ségeste (VI, 19, 1) ; on parle d'eux (6, 2 ; 8, 2 ; 33, 2 ; 47 ; 48 ; 50, 4 ; 63, 3, etc.). La rivalité ethnique dans la colonisation, là aussi, mène à la guerre.

C'est bien une des raisons pour lesquelles Thucydide commence le récit de l'expédition de Sicile par une longue mise au point sur le peuplement de la Sicile, en indiquant chaque fois d'où était venue la colonie[8].

La situation que j'ai décrite tout à l'heure contribue donc assez largement à expliquer la guerre. Elle explique aussi la nature de son déroulement.

En effet, cette guerre se déroulera, comme les incidents préliminaires, partout. C'est bien pourquoi Thucydide a eu du mal à la raconter ; car les théâtres de l'action sont multiples. Aussi a-t-il décidé de répartir sa matière par années, puis saisons, et, à l'intérieur de chacune, de prendre tour à tour chacun des épisodes en cours, quitte à établir, quand il le peut, des concomitances plus étroites. C'est une gageure ; mais celle-ci lui est imposée par le caractère méditerranéen de la guerre.

L'émiettement des opérations, l'élargissement du conflit, ne cessent de s'accentuer. On est à Platée, à Corcyre, à Mytilène, mais aussi en Sicile, et à Chios... L'année 411 voit deux Athènes, car la ville se soumet provisoirement à l'oligarchie, mais l'armée est à Chios et ne veut rien savoir. Quant à la bataille finale, elle se livre à Aegos Potamoi, en Chersonèse de Thrace. Et l'on arrive à ce résultat étonnant qu'Athènes a perdu la guerre deux fois : à Syracuse, d'abord, puis tout là-bas au nord.

La conclusion est claire : les circonstances que nous décrivions tout à l'heure ont bien eu un effet généralisateur ; cependant elles ont produit non pas une Grèce méditerranéenne, mais une guerre méditerranéenne. C'est là ce qu'avait pressenti Thucydide quand il écrivait qu'il avait prévu dès le début l'importance de cette guerre et qu'il précisait : « Elle gagna, pour ainsi dire, la majeure partie de l'humanité. »

Les conséquences ne tardèrent pas : la défaite d'Athènes vit se réveiller le pouvoir carthaginois. Au début de ce siècle, on avait assisté à deux victoires jumelles : alors que les Grecs de Grèce remportaient la victoire de Salamine sur les Perses, Gélon, roi grec d'Agrigente, remportait sur les Carthaginois la bataille d'Himère. Au contraire, à la fin du siècle, alors que Sparte se faisait aider contre Athènes par les Perses, qui, désormais auraient leur mot à dire dans les affaires grecques, les Carthaginois, de 409 à 406, reprenaient pied en Sicile, détruisant Sélinonte, Himère et Agrigente. La guerre des Grecs en Méditerranée avait eu, aux deux extrémités géographiques, des spectateurs non grecs, tout prêts à intervenir. Bientôt allait venir, après l'hégémonie de Sparte, puis de Thèbes, un grand coup de balai, dont la Grèce ne se remit pas : la Macédoine conquit les cités, et ce n'est pas vers la Méditerranée qu'elle tourna alors ses regards.

★

Mais ce qui se solde, sur le plan politique, par un échec athénien et bientôt grec, ne constitue qu'une face des choses ; et la puissance athénienne, jointe à l'extension de la colonisation grecque, suffit à susciter le plus extraordinaire essor culturel que l'on puisse imaginer — cet essor ayant pour centre Athènes, mais impliquant la participation de toutes les grandes cités grecques de la Méditerranée.

Les deux principaux foyers qui envoient leurs penseurs ou leurs poètes à Athènes sont l'Asie Mineure, où tout avait commencé, et la Sicile. Mais certains viennent d'ailleurs. Protagoras vient d'Abdère, dans le Nord, d'autres viennent des îles (comme le poète tragique Ion de Chios) ou d'Italie (où se développe l'école pythagoricienne). Dans tous les genres, les novateurs viennent à Athènes, s'y fixent dans certains cas — en tout cas reviennent, enseignent, mettent en commun leurs découvertes. Pour l'histoire c'est Hérodote, qui arrive d'Asie Mineure ; il vient vivre un temps à Athènes, subit l'influence des discussions politiques qui y règnent, et y implante l'idée de l'histoire. Pour la rhétorique, on sait le rôle des sophistes, maîtres itinérants, enseignant l'art de parler et de discuter. La rhétorique avait fait ses débuts en Sicile, avec Corax et Tisias : le sophiste Gorgias vient en ambassadeur, puis reste, et Athènes apprend de lui l'éloquence. L'autre pôle, l'Asie Mineure, est représenté par Thrasymaque venu de Chalcédoine. On a dit déjà que Protagoras venait d'Abdère. Tout ce monde-là se retrouve à Athènes, discute, enseigne, forme des disciples. Dans la philosophie proprement dite (par opposition aux sophistes, qui étaient souvent occupés de questions philosophiques), Anaxagore vient, d'Asie Mineure, se fixer à Athènes. Et n'oublions pas que la Sicile, en ce domaine aussi, était active : Empédocle était d'Agrigente... Même la tragédie, genre athénien entre tous, s'ouvrait parfois à d'autres : le nom d'Ion de Chios en est la preuve, ou celui de Néophron de Sicyone. Athènes était le rendez-vous des intellectuels de la Méditerranée grecque. Et les échanges qui s'y faisaient stimulaient tous les progrès : les idées arrivaient à Athènes transportées par les uns et les autres ; la médecine hippocratique a dû y être connue de cette sorte.

Les Athéniens, d'ailleurs, allaient aussi au dehors. L'histoire de la tragédie en est un bel exemple : Eschyle a fait deux voyages en Sicile, où il mourut ; Sophocle était allé à Chios et y avait été fêté ; Euripide se retira en Macédoine où s'achevèrent et sa vie et son œuvre. De même, les voyages de Platon sont célèbres ; ils le menèrent en Égypte et à Cyrène, mais aussi à Tarente, et trois fois en Sicile.

Dans l'ensemble, l'essor d'Athènes fut largement soutenu par cette ouverture, qui marqua son apogée.

Le rendez-vous économique dont nous avons entendu Thucydide se vanter au nom de sa ville était donc aussi, et avant tout, le rendez-vous de la culture, de l'intelligence et de l'art. Et chacun bénéficiait de la présence des autres. C'est ce qui faisait, aussi, d'Athènes la vivante leçon dont parle Thucydide.

Je l'indique avec force, car je pense que cette concentration explique pour une bonne part le rayonnement même que prit alors, et pour des siècles, la culture grecque. Mais je l'indique aussi parce que cet extraordinaire éclat ne dura pas. Quand Athènes fut en proie aux difficultés, puis quand elle fut vaincue, les artistes, et même les artistes athéniens commencèrent à s'en aller ailleurs, là où subsistait la possibilité de réussites brillantes et de vie opulente.

Pour apprécier cette translation, un coup d'œil en arrière n'est pas inutile. Déjà dans le passé, la culture grecque avait eu d'autres centres qu'Athènes. L'Asie Mineure avait commencé ; les îles avaient suivi. Au début même du Ve siècle, avant le grand essor athénien, la Sicile avait été un foyer incomparable, attirant effectivement des gens de Grèce propre et des Athéniens. On sait que Pindare a consacré des odes aux victoires remportées par Théron d'Agrigente et Hiéron de Syracuse. Mais Eschyle aussi alla chez Hiéron. On dit qu'il y donna une seconde représentation des *Perses* et qu'il composa ses *Etnéennes* pour célébrer la fondation d'Etna. Il mourut d'ailleurs à Géla, en Sicile.

Mais si l'on passe à l'autre extrémité du siècle, que voit-on ? On voit que, si le premier des trois grands tragiques s'en allait ainsi vers la Sicile grecque, le dernier, Euripide, s'en va, vers la fin de sa vie, chez Archélaos, le roi de Macédoine, et qu'il meurt là-bas, en 406, juste avant la défaite finale d'Athènes. De même qu'Eschyle avait écrit une pièce en l'honneur de Hiéron, Euripide écrit un *Archélaos*, ce qui est un hommage au roi de Macédoine qui porte ce nom. Et il, n'est pas le seul : Agathon, l'auteur de tragédies, Timothée, l'auteur de dithyrambes, allèrent aussi chez Archélaos. Thucydide, manifestement, connaissait bien et l'homme et son œuvre. Celui-ci était d'ailleurs assez connu à Athènes pour devenir comme le symbole vivant de ce qu'incarne un monarque : Thucydide fait son éloge (à II, 30), mais Socrate avait refusé de se rendre chez lui, et Platon, dans le *Gorgias*, le donne comme l'exemple de toutes les fautes de la tyrannie. Au reste, Antisthène devait écrire un traité intitulé *Archélaos ou de la royauté*. Après la ville la plus démocratique de toutes, un souverain absolu, en bordure des pays barbares, tente de devenir le centre de la culture grecque.

Archélaos meurt en 399 ; et bientôt un autre tyran attire des intellectuels : on sait que Platon lui-même se rendit à Syracuse, chez Denys l'Ancien puis chez Denys le Jeune. Mais la vrai succession d'Athènes en Méditerranée, c'est une ville grecque toute neuve qui le reçut : c'est Alexandrie. Fondée en 337, elle devint la résidence des Lagides, et un centre intellectuel, groupé autour de la Bibliothèque et du Musée. Tous les auteurs du temps y allèrent : Callimaque venait de Cyrène, Apollonios venait de Rhodes, Théocrite venait de Sicile, Aratos était né en Cilicie : la concentration est comparable à celle dont Athènes avait donné un siècle plus tôt le modèle éclatant.

On peut tirer de ces faits une conclusion très générale, et amèrement vérifiable, à savoir que la culture intellectuelle se déplace, et se déplace très vite, à la suite de la puissance. Je pourrais ajouter : et avec les moyens de vie, ou de diffusion, qui accompagnent la puissance.

Mais on peut aussi tirer une autre conclusion. Cette expérience du Ve siècle nous montre en effet que la culture grecque était une, tout autour de la Méditerranée, qu'elle vivait d'échanges et de déplacements, mais — et ceci ressort bien du rapprochement avec l'histoire politique — qu'elle pouvait fort bien s'arranger, non pas de la pluralité des centres, mais de leur alternance. Cette souplesse peut être un modèle pour tout groupement de peuples, y compris pour l'Europe.

*

L'hellénisme a dû le principal de son éclat à l'exceptionnelle concentration qu'a opérée Athènes pendant près d'un siècle ; mais il a dû sa continuité au fait que la chute d'Athènes n'a nullement été la chute de la Grèce : l'unité la plus vivante ne passe pas nécessairement par la fusion politique, ni même par la force et la puissance. Je sais : il y a Rome, qui a réussi cette unité. Mais les villes grecques ont gardé leur personnalité sous la domination romaine ; et les Romains ont appris le grec. Cette pérennité-là, dont on suit localement la persistance au niveau des lieux et des usages est à mettre en parallèle avec celle des œuvres de l'art et de la pensée. La Méditerranée est, d'une certaine manière, restée marquée, presque partout, par l'hellénisme, dont les premiers colons, sillonnant la mer d'une rive à l'autre, dans un esprit d'entreprise merveilleux, avaient semé les traces un peu partout.

NOTES DE L'ÉTUDE N° 12

1. Les textes disent alors qu'un fondateur a « chassé » les habitants antérieurs (Thuc., III, 2 et 3) ; éventuellement, on précise, comme dans le second cas : « par la guerre ». Mais quelquefois le pays est « passé » aux nouveaux venus (VI, 4, 1 : *paradontos*).
2. Voir par exemple Thucydide VI, 4, 5-6 et 5, 3 ; ou bien Hérodote V, 42 et 46
3. Cf. Thucydide, III, 50. Voir, dans le même auteur, pour d'autres clérouquies : I, 114 (Andros) et V, 77 (l'ancien exemple de Chalcis, cité par Hérodote VI, 100).
4. Ce fut la première garantie offerte par la seconde confédération athénienne. Sur les reproches formulés, voir par exemple Isocrate, *Panégyrique*, 107.
5. Au Ve siècle, les divers pays méditerranéens se trouvaient moins éloignés les uns des autres qu'on ne l'a dit : d'Athènes, on pouvait, s'il le fallait, gagner en quelques jours l'Asie Mineure ou la Sicile.
6. Voir déjà leur intervention à IV, 7 ; pour la mention de leur rôle, cf. IV, 103, 7.
7. A.W. Gomme, dans son Commentaire, fait remarquer que Thucydide précise, pour IV, 109, 3 : « Sanè colonie d'Andros », alors qu'Hérodote, dans une description de la péninsule, dit seulement, à VII, 22 : « Une ville grecque, Sanè. »
8. Comme dans tous les récits parenthétiques de Thucydide, il y a certainement le désir de tirer au clair des faits mal connus. D'autre part, il souhaite montrer l'importance de la Sicile : il le déclare clairement en introduction. Mais l'esprit de l'exposé est cependant caractéristique : cf. à 2, 1 le mot *ethnè*. On retrouve les discussions sur les races dans les discours ; et le rôle des Syracusains est d'en minimiser la portée.

III

LA GRÈCE ET NOUS

13

PANHELLÉNISME ET UNION DE L'EUROPE*

On hésite à le dire dans cette Grèce qui est pour nous, de façon si pleine et si vivante, un État ; mais, du point de vue de l'expérience antique, le panhellénisme a été un échec. Je veux dire que la Grèce n'a pu constituer son unité assez tôt pour préserver son indépendance. C'est seulement sous l'autorité macédonienne, qui dépassait le monde grec, et surtout sous la tutelle romaine, que, soumise au même titre que d'autres, elle s'est distinguée de ces autres en formant un tout. Le mot « panhellènes » ne se rencontre appliqué à un corps politique qu'à l'époque de l'empereur Hadrien. Cette première réflexion pourrait avoir quelque chose de décourageant pour nous autres, Européens. Et l'impression s'aggrave du fait que les Grecs avaient tout pour réussir — tout ce que n'a pas l'Europe. Hérodote nous montre qu'à l'époque des guerres médiques, les Grecs étaient

---

* Conférence faite au VIe Congrès de la Fondation européenne de la Culture à Athènes, le 13 mai 1964. Une traduction allemande de ce texte a paru dans la *Stuttgarter Zeitung* du 23 janvier 1965.

conscients des critères sur lesquels reposait leur unité : ils avaient l'unité de la race, celle de la langue [1], celle de la religion, et celle des usages (VIII, 144). Et non seulement ils avaient cette unité, mais les autres en étaient exclus. Cela est particulièrement remarquable pour l'unité religieuse [2] : celle-ci se traduisait, dans la pratique, par des fêtes communes avec des concours, prenant place dans des sanctuaires communs, et précédées de trêves annoncées d'un bout à l'autre du monde grec [3] ; or ces fêtes, ces concours, étaient interdits aux barbares [4]. À beaucoup d'égards, par conséquent, les Grecs réagissaient, de longue date, comme un peuple uni. En outre, le sentiment qui les unissait prit corps et s'affirma dans des circonstances décisives : l'attaque de Darius, puis de Xerxès, contre la Grèce suscita une sorte d'entente sacrée, groupant le plus grand nombre des cités ; et le sentiment de la solidarité grecque se cimenta ainsi dans une expérience héroïque. Et malgré cela, malgré les efforts, les conseils, les tentatives pour retrouver cette belle union, les cités tombèrent, divisées, sous le pouvoir de deux conquérants successifs. Dans les principes qui les guidèrent et dans les difficultés qui les arrêtèrent, nous pouvons lire une double leçon, que notre situation historique rend aujourd'hui particulièrement intéressante. Et c'est donc surtout de leur aventure que je voudrais parler aujourd'hui — mais en pensant toujours à l'Europe, et en me proposant pour règle celle que Thucydide énonce à propos de ses récits : « Si l'on veut voir clair dans les événements passés et dans ceux qui, à l'avenir, en vertu du caractère humain qui est le leur, présenteront des similitudes ou des analogies, qu'alors on les juge utiles et cela suffira. »

L'union sacrée des guerres médiques aurait pu durer. Au lendemain de la victoire, les Grecs s'organisèrent (sans Sparte, mais sans objection de sa part), sous la direction d'Athènes ; l'élan de la guerre les soutenait encore : le but était d'achever la lutte contre la Perse et d'exercer contre elle des représailles. Tout se présentait assez bien. Malgré l'obligation de réduire certaines défections grecques, l'activité principale de la ligue restait tournée contre la Perse, et beaucoup de dirigeants — Aristide, puis Cimon[5] — se montraient soucieux des intérêts des Grecs. La confédération athénienne commence comme une tentative pour faire passer dans un organisme stable le groupement panhellénique suscité par la guerre médique.

En fait, il n'y survécut pas. Et les choses se compliquèrent dès que le danger perse recula et qu'une paix eut été conclue avec le roi. Périclès sentit le danger ; et c'est à ce moment, semble-t-il, qu'il recourut à ce que l'on peut appeler un panhellénisme de façade : Athènes voulut inviter tous les Grecs à un congrès, les associer dans l'envoi de colons[6]. En réalité ces tentatives furent des échecs ; cela parce qu'elles tendaient plus à assurer la prééminence d'Athènes que le bien-être des Grecs. Et on ne pouvait l'ignorer : la situation de fait qui s'était déjà établie ne laissait guère de doutes à cet égard.

L'histoire du Ve siècle n'est, en effet, pas autre chose que celle de l'impérialisme athénien. Athènes qui, devant le danger, avait su subordonner son ambition au souci du bien commun[7], fit, une fois le danger passé, un choix inverse ; et peu à peu la situation évolua de telle façon qu'elle n'eut même plus à faire de choix. Les alliés avaient pris l'habitude de ne participer à la ligue que financièrement et la disproportion s'était accrue d'autant entre leurs forces et celles d'Athènes. Une fois les premières villes rebelles dûment châtiées, une fois la brouille consommée avec Sparte, Athènes dut veiller à maintenir par la force une autorité qu'elle avait d'abord acquise du consentement de tous. Elle continua donc de se renforcer, multipliant les moyens de contrôle et de coercition, transférant chez elle le trésor de la ligue, l'employant à sa guise et parfois à son usage propre ; nous pouvons nous en féliciter quand nous montons à l'Acropole ; mais il reste que l'organisation créée pour défendre les Grecs fut bientôt occupée à lutter contre eux.

L'aboutissement fut, on le sait, la guerre du Péloponnèse — guerre entre deux cités grecques, entre deux ligues grecques, dans laquelle on n'hésita pas, ni d'un côté ni de l'autre, à faire appel aux Perses. Et, pour finir, Athènes avait soulevé tant de mécontentements que l'unité du monde grec, à laquelle elle avait cru présider [8], ne fut pas loin de se refaire contre elle [9].

Le beau mot d'« hellénique » servait maintenant d'épithète à une guerre — et le rapport de Grecs à Grecs était devenu un rapport soit de suzeraineté soit d'hostilité. Périclès se félicitait de ce qu'aucun peuple grec n'ait « exercé en Grèce un aussi grand empire » [10]. À Athènes, au lieu de parler de l'« ennemi naturel », le Barbare, on parlait d'ennemis « qui sont inévitablement tels », les sujets [11].

Bien qu'elle n'eût jamais impliqué d'annexions [12], la Grèce athénienne avait donc aussi profondément échoué — et pour les mêmes raisons, toutes propositions gardées — que l'Europe de Napoléon ou la Nouvelle Europe d'Hitler [13].

Est-ce à dire que cette expérience athénienne ait été

sans aucun profit pour le panhellénisme ? Certes non : car l'action d'Athènes auprès des villes de l'empire y introduisit de nombreuses unifications dans tous les domaines où celles-ci étaient encore nécessaires, et en particulier dans le domaine économique : les villes adoptèrent — et c'était un point important — les poids et mesures d'Athènes — et bientôt sa monnaie : le tétradrachme attique, maintenu semblable à lui-même, était pratiquement la monnaie de toute la mer Égée [14]. Grâce à cela, le commerce international était facilité : Athènes avait d'ailleurs conclu avec les cités des pactes commerciaux qui faisaient d'elle le centre des marchés ; et elle assurait la protection des échanges maritimes. Ces mesures, jointes à l'unification judiciaire pour toutes les causes de quelque importance, correspondaient à des empiétements dus à l'intimidation ; mais elles marquaient un progrès sur la voie de l'unité — sinon pour tous les Grecs, du moins pour les peuples maritimes, chez qui, précisément, les échanges étaient essentiels. En un sens, l'empire d'Athènes était une sorte de marché commun involontaire. Mais, plus encore, l'expérience athénienne devait profiter au panhellénisme par réaction, par contraste.

De plus en plus, vers la fin de la guerre, on vit éclater comme un regret et une révolte. Ne parlons même pas des aspirations à une réconciliation entre Athènes et Sparte : si ces aspirations furent réelles, les arguments employés évoquaient plus l'empire à deux qu'un souci réel de la Grèce [15]. Mais, avec l'ingérence croissante des Perses dans la guerre il y eut des bouffées de révolte et de ferveur panhelléniste : le théâtre en fournit la preuve indéniable : « Quand vos ennemis les Barbares sont là en armes, vous tuez des Hellènes et détruisez leurs cités ! »

s'écrie un personnage d'Aristophane (*Lysistrata*, 1133-1134)[16]. Et l'Iphigénie d'*Iphigénie à Aulis* se sacrifie pour une cause résolument définie comme panhellénique. Le scandale de la situation à laquelle on était arrivé ravivait un sentiment que les faits avaient étouffé, et préparait le grand renouveau du début du IVe siècle.

Mais surtout, de façon plus précise et plus rigoureuse, l'expérience athénienne devait permettre aux Grecs de dégager certaines leçons dans l'ordre politique. Et ce sont ces leçons qui comptent pour nous, car, en ce domaine comme en d'autres, la Grèce a progressivement élaboré, retouché, découvert, les grands principes qu'aujourd'hui nous voyons moins bien, noyés qu'ils sont dans une réalité plus complexe et plus embrouillée.

Les leçons de l'expérience athénienne ont été transmises aux penseurs du IVe siècle par les analyses de Thucydide.

Thucydide, lui, n'a jamais été effleuré par le moindre sentiment panhelléniste. Il n'a jamais été sensible à l'opposition profonde entre Grecs et barbares. Et il n'a jamais laissé paraître la moindre réserve à l'égard de cet impérialisme rayonnant qu'avait figuré Périclès. N'empêche que son intelligence lucide a si parfaitement analysé les risques de l'impérialisme, que les panhellénistes du siècle suivant semblent uniquement préoccupés de répondre à ses diagnostics par des remèdes appropriés.

Il a été le premier à comprendre que, parce qu'elle s'était au début laissé entraîner, inconsciemment ou légèrement, en tout cas de façon très humaine, à perpétuer par la force une hégémonie de moins en moins bien acceptée, Athènes avait été progressivement entraînée sur la voie de la guerre puis de la défaite. La politique athénienne ne pouvait en effet que se heurter dès lors à l'hostilité (ou μῖσος), soit au sein de la ligue, soit en dehors d'elle. Et il y a dans son analyse une sorte de simplification hardie qui donne à cette idée tout son relief.

Si la guerre éclate, c'est à cause de l'accroissement d'Athènes, qui contraint Sparte à intervenir[17]. Si l'opinion est contre Athènes, c'est à cause de ce même accroissement : parce que les uns sont soumis, les autres menacés[18]. L'empire d'Athènes est une tyrannie, et, à la moindre occasion, la révolte est normale (on le voit à Mytilène) — de même, il est normal que ces révoltes soient exploitées, ces résistances organisées. Jusqu'au moment des défections qui suivirent l'échec sicilien (et jusqu'à cette époque dramatique où Athènes voulut en vain changer le régime des cités, pour tenter de les retenir), toute l'histoire de Thucydide montre l'échec progressif de cette politique, fondée sur la force, qui, aliénant la sympathie de tous (ou εὔνοια), condamne celui qui l'applique à une situation chaque jour plus difficile et plus instable.

Les Grecs du IVe siècle, lorsqu'ils eurent à cœur de réaliser un accord panhellénique, ne devaient pas oublier cette leçon[19]. Et Isocrate, dans son *Panégyrique*, n'a pas manqué d'insister sur les précautions à prendre pour éviter que l'hégémonie ne tournât à l'empire. De fait, il ne fut probablement pas étranger à la rédaction des clauses qui définissaient les droits des alliés dans la deuxième confédération athénienne, fondée deux ans après la parution de son *Panégyrique* : le tribut était remplacé par une contribution, Athènes renonçait à toute espèce d'ingérence dans les affaires des cités, à tout envoi de garnison ou de gouverneurs. Qu'Athènes n'ait pu s'en tenir à ces clauses et qu'elle se soit à nouveau trouvée en lutte avec ses anciens alliés, explique donc bien l'indignation et le découragement d'Isocrate dans le *Sur la Paix*, vingt-cinq ans plus tard ; là il n'aura pas de mots assez sévères pour flétrir la tyrannie, qu'il décrit comme une maladie, propre à perdre non seulement ceux contre qui elle s'exerce, mais ceux-là mêmes qui l'exercent. Pourtant, il ne renoncera pas, même alors, à donner ses conseils et à rappeler le grand principe du consentement mutuel : quel que soit le chef qui dirigera les Grecs, celui-ci devra, dit-il, « accepter de traiter les alliés en vrais amis... de les diriger non plus en esclaves, mais en alliés »[20].

Ces grands principes, nés de l'expérience que Thucydide avait décrite, et rendus plus nets par la fermeté de ses analyses, attestent qu'il existait désormais une claire conscience du problème : on savait que seule était souhaitable une entente volontaire, fondée sur le respect de l'autonomie de chacun[21]. L'on peut donc dire que la première grande loi de tout rapprochement international a été ainsi dégagée par les Grecs : les grands principes de toute fédération — les grands principes valables pour l'Europe — sortent à tout jamais de l'expérience athénienne commentée par un Athénien.

Le IVe siècle repartait donc sur de nouveaux frais et avec des chances accrues. Et, cette fois, l'on rencontre dès le début un élan véritable, un désir profond de s'unir. La fin de la guerre du Péloponnèse et de ses horreurs suscite une réaction comparable à celle de 1945.

Le vieux Gorgias et le jeune Lysias furent les premiers à lancer, à Olympie même, l'appel à l'union des Grecs[22] : il faut qu'ils luttent contre les barbares et contre les tyrans ; il faut, pour cela, qu'ils soient amis. Et la réunion même d'Olympie doit être une occasion de développer cette amitié[23], qui jadis avait fondé la liberté commune[24]. Dans les mêmes années Isocrate ouvrait à Athènes son école de rhétorique, et, dès ses premiers manifestes de professeur, il exaltait au passage l'union des Grecs, faisant de la belle Hélène la première occasion de cette entente entre Grecs, de cette ὁμόνοια, qu'il allait prôner toute sa vie. De fait, si l'on prend les trois grands penseurs politiques — bien différents par leur orientation et le genre de leurs esprits — qui ont vécu à Athènes entre 404 et 338, on voit chacun à sa façon mettre à part « les Grecs » comme constituant un tout, et centrer plus ou moins sa réflexion sur leur union et leur intérêt.

On dirait qu'une sorte de conscience est née. Et il n'est pas jusqu'à Platon, pourtant si prêt à faire table rase du réel pour reconstruire, à part, un monde idéal, qui ne trouve l'occasion de dire que la guerre entre Grecs est bien plus horrible que l'autre : ce n'est même pas une guerre, dit-il, car les Grecs sont naturellement amis ; c'est donc un mal intérieur et une guerre civile : « Grecs, ils ne ravageront pas la Grèce, ils ne brûleront pas les maisons, ils ne regarderont pas comme ennemis tous les habitants d'un État... » ; inversement, ils doivent se comporter à l'égard des barbares « comme les Grecs le font entre eux à présent »[25].

Mais ce sentiment devait, chez les hommes plus directement tournés vers l'action, s'exprimer de façon plus constructive.

Le plus ardent, le plus convaincu, le plus insistant est naturellement Isocrate. Isocrate a d'abord compté sur l'hégémonie athénienne pour mener les Grecs contre les Barbares — une hégémonie athénienne admise et partagée par Sparte ; puis, les difficultés surgissant, il a espéré en divers princes ; et, pour finir, il a fait confiance à Philippe. Mais l'idée d'une union des Grecs en lutte contre les Barbares ne l'a jamais quitté. Ces deux notions étaient, pour lui, complémentaires : « Il est impossible d'avoir une paix assurée si nous ne faisons pas en commun la guerre aux Barbares, impossible d'amener la concorde aux Grecs avant que nous n'ayons tiré nos avantages des mêmes sources et ne nous soyons exposés au danger contre les mêmes ennemis »[26]. Il y a là une doctrine concrète et précise. Isocrate a consacré sa vie entière à la défendre, tentant obstinément de ranimer la grande entente du passé, de faire revivre les guerres médiques.

Au même moment, Démosthène, qui suivait une politique bien différente, dans la mesure où il redoutait Philippe, alors qu'Isocrate lui faisait confiance, reprenait des thèmes semblables au profit d'une Grèce d'où était exclu le roi de cette Macédoine remuante, devenu pour lui un nouveau Xerxès. Mais lui aussi rappelait les souvenirs des guerres médiques, lui aussi cédait à une nostalgie pleine d'espoir en pensant au grand rôle qu'avait tenu Athènes à Marathon et à Salamine ; et lui aussi voulait que sa cité reprît ce rôle glorieux de servante d'une cause grecque. Certes, il pensait avant tout à Athènes ; mais le prestige d'Athènes était pour lui de défendre les Grecs : « Il s'est parfaitement rendu compte », disait-il de Philippe, « que votre ville et vos sentiments étant ce qu'ils sont, ni promesses ni faveurs quelconques ne vous persuaderaient de lui abandonner pour votre avantage personnel aucun des Grecs » (*Philippique*, II, 8) ; « seuls entre tous, vous ne sacrifieriez à aucun profit les droits communs des Grecs ; aucune faveur, aucun intérêt ne vous ferait renoncer à votre fidélité envers eux » (10) ;

« Quelle honte ce serait, par Zeus et par tous les dieux, quelle conduite indigne de vous, de la puissance de la république, des hauts faits de vos ancêtres, que de sacrifier à votre mollesse la liberté de tous les autres Grecs. » L'ambition d'Athènes se mue donc en dévouement ; elle cherche le prestige au lieu de la puissance. Car, pour Démosthène comme pour Isocrate, le vrai but de la politique est de renouveler les guerres médiques.

Sans doute ces deux interprétations diverses du panhellénisme ont-elles contribué à l'échec. Un accord pensé comme essentiellement militaire ne se fait que si l'on s'entend sur l'ennemi à repousser. Et la leçon, ici encore, peut, en un certain sens, s'appliquer à l'Europe : il est bien certain que le rapport à établir, pour les États européens, avec les deux grands ne sont pas envisagés par tous sous le même jour : l'existence d'un choix à faire prive l'alliance européenne de l'appui de certains partis. En outre, il subsiste, dans chaque État, un certain flottement sur des questions de priorité, correspondant à des interprétations différentes de la situation politique[27].

Pourtant, par-delà les problèmes généraux d'orientation politique, il est bien évident que les Grecs tendaient de plus en plus à agir en commun et à se grouper. Il existe des preuves multiples montrant que leur désir était sincère. Et l'histoire du IVe siècle fait défiler devant nos yeux toute une série de pactes et d'accords, qui ne le cèdent en rien, par la bonne volonté et le nombre, à ceux qui se sont conclus en Europe depuis 1948.

Disons le vrai : dans la mesure où ils tendaient à établir une union tant soit peu étendue, ces pactes et ces accords furent presque toujours tournés en instruments de pression et de querelle.

Il en était déjà ainsi de cette vieille organisation internationale que la Grèce avait héritée de sa vie religieuse : l'amphictyonie de Delphes, dont l'organe essentiel portait le nom bien caractéristique d'« assemblée commune des Grecs »[28]. Il y avait là, de fait, un début d'organisation commune[29] ; et Philippe se donna bien du mal pour y occuper sa place. Mais on sait assez que de ces rencontres sortirent les guerres sacrées, et en particulier celle qui devait amener Philippe de Macédoine à Élatée. En réalité, les tentatives d'union des Grecs ont, ici, contribué à les perdre, en les mettant sous la dépendance d'un garant trop puissant.

Cependant ces institutions se multipliaient. La seconde confédération athénienne, fondée en 376 sous la présidence d'Athènes, avait été conçue selon les idées isocratiques : les empiétements athéniens et la mauvaise volonté des cités la détournèrent bientôt de sa fonction et la vouèrent à l'échec. Et si l'on retrouve le même programme[30] dans la ligue de Corinthe, fondée en 338 sous la présidence de Philippe à une échelle encore plus large (en fait, ces divers pactes rappellent l'Europe des Six, des Sept, des Quinze, des Dix-Sept !), cette communauté grecque (car tel était son nom) répéta bien vite, et de façon plus éclatante, les mêmes empiétements d'une part et le même esprit de révolte d'autre part (encore que celui-ci fût plus efficacement tenu en échec).

Entre-temps, l'on signait aussi — et c'est un trait nouveau du IVe siècle — des « paix communes », par lesquelles, face au grand roi et en accord avec lui, ou, plus tard, face à Philippe et en accord avec lui, la Grèce réglait son statut d'ensemble[31]. La Grèce s'organisait pour traiter avec un puissant interlocuteur, un peu comme l'OECE se constitua pour recevoir l'aide américaine. Contrairement aux paix antérieures, ces paix communes sont chaque fois définitives : en 386, en 375, en 371, en 362, et encore en 346 et 336. Leur multiplicité même est le signe de leur échec ; et la dernière ratifie la soumission des Grecs.

En fait, seules vécurent les confédérations qui n'étaient pas panhelléniques : celles qui étaient partielles, locales, limitées. Du IVe au IIe siècle, beaucoup de Grecs, en effet, ont su dépasser le cadre de la cité pour adopter des institutions communes. Dans ces cas on vit se former de véritables communautés, partageant une même citoyenneté et organisées avec des institutions stables.

La confédération béotienne était ancienne ; son organisation, très sage, comportait un corps de magistrats et un conseil commun. À la fin du Ve et dans le cours du IVe siècle on vit se constituer le *koinon* des Thessaliens, la sympolitie de Céos, la sympolitie chalcidienne, la confédération arcadienne, la ligue des États grecs de Sicile, la confédération eubéenne, le *koinon* des Crétois, puis, enfin, les deux grandes confédérations, aitolienne et achaïenne. M. Ténékidès, qui connaît mieux que personne ces problèmes et a consacré déjà deux livres à l'étude de ces confédérations dans la Grèce ancienne[32], a analysé la variété de leurs groupements et montré leur importance. *Bundesstaat*, *Staatenbund*, ligues entre cités ou autour d'une cité, les Grecs ont presque tout essayé. Et l'on peut suivre le progrès de ces ligues à l'époque hellénistique[33], quand un sentiment croissant d'impuissance devant les monarchies en favorisa l'extension. Un certain nombre d'entre elles furent des réussites remarquables. Mais il reste qu'elles n'étaient nullement panhelléniques — ni même panhellénistes — dans leur esprit. Elles ne groupaient que des cités directement liées par une solidarité de fait[34], et dont les membres (pour des raisons soit historiques soit géographiques) n'auraient point eu, seuls, de vie politique très développée[35]. Les nouvelles communautés restaient des communautés provinciales. Elles n'étaient pas plus la Grèce que le Bénélux n'est l'Europe ; et elles correspondaient, en fait, à un effort de fédération beaucoup moins remarquable et efficace que ne fait ce dernier.

C'est bien pourquoi les Romains trouvèrent la Grèce aussi désunie devant leurs armées que l'avaient trouvée, auparavant, les armées de Philippe.

Le contraste entre ces efforts divers et cet échec réitéré n'est pas encourageant. Il laisse l'impression que, lorsque des nationalismes se sont heurtés, ils ne peuvent être transcendés qu'une fois que ces nations elles-mêmes ont cessé de compter politiquement — comme si l'union ne se faisait qu'après la perte de ce qui l'aurait rendue efficace. Ce pourrait donc être un de ces cas — nombreux, à vrai dire — où les leçons de l'histoire ne sont pas gaies, et un de ces cas — plus rares — où les Grecs n'ont rien à nous apprendre.

Il y a toutefois une remarque qui vient corriger cette notion.

Les Grecs, en effet, n'ont pas réussi à se fédérer, parce que, malgré les apparences, ils n'ont pas cherché à le faire. Ils ont voulu renouveler entre eux une union purement militaire — d'où les problèmes presque insolubles relatifs aux questions d'hégémonie entre États autrement indépendants. Et ils ne pouvaient guère songer à autre chose étant donné la nature de l'État ancien. L'État ancien était quelque chose de direct, d'immédiat, de concret. L'activité politique, comme d'ailleurs l'activité judiciaire, était exercée de façon personnelle par chaque citoyen. L'État, c'était lui. Et si un Béotien pouvait, à la rigueur, aliéner de tels privilèges en envoyant des délégués à la ville toute proche de Thèbes, personne n'aurait compris qu'on pût les aliéner au profit d'institutions anonymes et lointaines. Il y a quelque chose d'assez passionnant à étudier la façon dont s'organisent les grandes ligues pour tenter de concilier le vieux principe de participation directe avec les commodités d'un système représentatif[36]. Mais d'une façon générale, la cité grecque ne comportait aucun intermédiaire entre le citoyen et l'exercice de la souveraineté.

Au contraire, pour nous, l'État, en s'agrandissant, a pris le caractère d'une entité abstraite, avec laquelle nous n'entrons en rapport qu'à travers toute une série d'instances anonymes. Le principe de la représentation nationale est devenu nécessaire, dans ces États ; et la consultation nationale ne peut se faire que sur de grandes questions de nature simple. L'administration même y étant devenue plus complexe, les échelons se sont multipliés, et, avec eux, les obligations diverses pesant sur chacun. Or, à partir du moment où existent des règlements, des pouvoirs, des conseils, qui sont comme coupés de l'activité personnelle du citoyen, il lui est plus aisé aussi d'en accepter de nouveaux. Et l'on peut imaginer que ceux-ci commencent dans des domaines particuliers — par exemple, économiques et commerciaux — puis se multiplient et se généralisent. Un règlement international n'a plus, pour l'individu, le caractère d'une abdication.

Autrement dit, si nous pensons le rapport entre panhellénisme et union européenne sous la forme d'un parallélisme, ce rapport est accablant. Mais il est aussi inexact. Entre les deux, le rapport est plutôt inverse. Le panhellénisme est l'histoire d'une nationalité, sentie comme telle, qui n'a pas su à temps se traduire en institutions. Le paneuropéanisme est une tentative pour former des institutions communes que ne soutient pas l'existence d'un sentiment national[37]. Le panhellénisme n'a jamais cherché à rien réaliser qu'une union politique et militaire ; le paneuropéanisme discute le plus souvent économie. Les institutions communes les plus simples étaient encore trop pour les Grecs des cités ; les institutions communes les plus complexes se surajoutent aux autres, dans le monde moderne, sans changement absolu : on peut même dire qu'en vertu d'une sorte de paradoxe, la complexité et le disparate de ces institutions peuvent aider à les insérer progressivement dans un monde où elles ne font qu'en coiffer d'autres, également anonymes et abstraites[38].

Par conséquent, si les Grecs anciens nous ont laissé des principes dont nous vivons encore aujourd'hui, la différence des conjonctures politiques est assez grande pour nous permettre au moins d'espérer que nous n'imiterons pas leur destin.

Cette conclusion n'est donc pas entièrement décourageante. Mais est-elle suffisante ? Et est-il légitime de s'en tenir à deux reprises aux leçons d'un échec ? Après tout, nous sommes réunis ici dans une Grèce solidement constituée en État indépendant. L'échec était donc provisoire. Et quelque chose subsistait, qui l'a finalement emporté. Après l'ère de l'impérialisme athénien, puis celle des fédérations manquées, la Grèce a connu pendant des siècles l'ère des dominations étrangères et des soulèvements nationaux — jusqu'en 1821. Et si, à travers tout ce temps, elle a survécu, c'est que chez les

Grecs comme chez les autres peuples survivait le respect de ce que représentait la Grèce — c'est-à-dire sa culture : non pas le panhellénisme, mais l'hellénisme, tout simplement. En fait, c'était bien là l'essentiel de ce que les Grecs anciens entendaient maintenir.

Quand ils définissaient l'unité grecque, c'était celle d'une culture, fondée sur certaines valeurs. Par contraste avec les barbares, ils représentaient, délibérément, l'attachement à la liberté et celui à la raison — figurée politiquement par la loi. Dès le temps des guerres médiques, le sentiment de cette opposition de culture était bien clair ; Hérodote décrit l'étonnement du roi de Perse devant ces Spartiates qui n'ont d'autres maîtres que la loi (VII, 103) ; et Eschyle prête un étonnement analogue à la vieille reine Atossa lorsqu'on lui dit des Athéniens : « Ils ne sont esclaves ni sujets de personne » (*Perses*, 422). Plus tard, à l'époque de la guerre du Péloponnèse, la participation à cette vie grecque, libre et pourtant raisonnable, reste sentie comme un privilège ; quand Jason abandonne Médée, après l'avoir ramenée de Colchide, il déclare être quitte avec elle : « Tu as reçu », dit-il, « plus que tu n'as donné. Je m'explique. D'abord la terre grecque, au lieu d'un pays barbare, est devenue ton séjour ; tu as appris la justice, et tu sais vivre selon la loi, non au gré de la force » (*Médée*, 535-538). On pourrait multiplier les citations de ce genre [39] et aussi les références aux « lois communes des Grecs », règles souveraines d'humanité, qui exigeaient le respect d'autrui et venaient limiter l'emploi de la violence (par exemple pour le droit à être enseveli, pour le respect des prisonniers, des suppliants, des sanctuaires, ou même celui des territoires étrangers [40]). Quand les anciens Grecs disaient « la Grèce », ils pensaient « la civilisation » [41] ; quand ils disaient « barbares », ils voulaient dire — comme nous l'entendons encore — « non civilisés »[42]. Et Périclès, dans l'œuvre de Thucydide, décrit précisément cette vie athénienne, pleine de liberté et d'ordre raisonné, qui faisait d'Athènes, selon un mot célèbre, non pas la « capitale de la Grèce », comme on aurait tendance à le dire, ni même « l'école de la Grèce », mais une « vivante leçon » pour la Grèce, une « éducation » : τῆς Ἑλλάδος παίδευσιν[43].

Cette conscience de représenter une certaine culture a même donné aux théories panhellénistes leur vraie originalité. Car celles-ci ne reposaient ni sur un orgueil racial ni sur une ambition militaire mais sur un attachement commun à des valeurs. Isocrate le marque bien dans le *Panégyrique* 50, quand il déclare : « Notre cité a tant distancé les autres hommes pour la pensée et la parole que ses élèves sont devenus les maîtres des autres, qu'elle a fait employer le nom de Grecs non plus comme celui de la race mais comme celui de la culture (μηκέτι τοῦ γένους, ἀλλὰ τῆς διανοίας) et qu'on appelle Grecs plutôt les gens qui participent à notre éducation que ceux qui ont la même origine que nous (τοὺς τῆς παιδεύσεως τῆς ἡμετέρας ἢ τοὺς τῆς κοινῆς φύσεως μετέχοντας). » Parmi les traits qui définissent cette « éducation », il y a, naturellement les lois (les lois qui s'opposent non seulement à la vie sauvage, mais à tout régime d'oppression) et il y a le libre exercice de l'intelligence.

Ces deux domaines sont ceux où Athènes se distingue : « La première elle fixa des lois et établit une constitution », écrit Isocrate (*Panégyrique*, 39) ; à Athènes on voit des luttes « non seulement de vitesse et de force, mais de parole, d'intelligence, et de tous les autres genres d'activité » (*ibid.*, 45) ; « la culture intellectuelle aussi (φιλοσοφίαν) ... a été révélée par notre cité ». Mais ces deux caractères sont aussi ceux qui, partout, définissent l'apport de l'hellénisme[44].

Tenir des assemblées, discuter, aiguiser ses idées — tel est bien le trait dominant de cette civilisation si parfaitement à la mesure de l'homme. Depuis ces querelles amicales entre dieux et hommes, qui marquent l'*Iliade* d'un jour si étonnant, jusqu'à cette forme de pensée tout à la fois si exigeante et si vivante que représente le dialogue platonicien, on retrouve la même visée, la même hardiesse, le même goût du débat. Il serait naïf de vouloir vanter en quelques mots toutes les découvertes qui en ont résulté, soit dans le domaine artistique, soit dans celui de la pensée politique ou philosophique. L'essentiel est de comprendre que les Grecs eux-mêmes ne voyaient dans toutes ces créations que le reflet d'une certaine φιλοσοφία[45], qui définissait à leurs yeux la Grèce.

Grâce à cette φιλοσοφία, la Grèce survécut à la perte réitérée et prolongée de son indépendance : *Graecia capta*... L'hellénisme ne mourut pas avec la fin de l'indépendance grecque[46]. Il survécut, rayonna. Comme l'écrivait Antoine Meillet : « L'hellénisme a été une civilisation avant d'être une nation. »

Or, ne nous y trompons pas. Sur ce point l'européanisme n'a pas à être mis en parallèle avec l'hellénisme : il en est le prolongement direct ; il le continue.

La culture grecque est devenue gréco-latine ; elle s'est ouverte aux valeurs chrétiennes ; elle s'est enrichie d'un certain patrimoine germanique. Mais elle reste le noyau initial, le levain. Et l'on retrouve dans l'esprit européen les mêmes valeurs essentielles. Contre toute espèce de totalitarisme, cette culture commune se réclame de la liberté ; à côté de tout matérialisme de la richesse et du confort, elle exalte les valeurs intellectuelles. Et ce rôle formateur n'avait pas échappé à Paul Valéry (je vous cite quelqu'un qui n'était pas suspect, comme je peux l'être, de parler *pro domo*) : dans une étude de 1924, sur l'esprit européen, il distinguait les éléments ayant contribué à former l'homme européen et il mettait à part — pour l'intelligence, pour l'art, pour la rigueur — le plus ancien de ces héritages, l'héritage grec : « Toute race et toute terre qui a été successivement romanisée, christianisée, et soumise, quant à l'esprit, à la discipline des Grecs, est absolument européenne »[47].

Cette culture gréco-européenne, si je puis dire, est aujourd'hui en fait, et sans contestation possible, commune à tous les peuples européens comme elle l'était à toutes les cités de la Grèce antique. Elle crée un lien qui ne comporte aucun mysticisme[48] et qui ne comporte non plus aucune exclusion. Il est ouvert à tous, comme l'était la vie à Athènes. Et il est bien manifeste, entre autres, qu'il nous lie, nous peuples d'Europe, aux États-Unis d'Amérique — mais la participation à cette culture peut être plus ou moins directe et proche. De même qu'Athènes était la Grèce de la Grèce, la culture occidentale part d'Europe et fait le prestige, donc la force, de l'Europe. La culture occidentale n'est que le dernier avatar de l'hellénisme.

Par un trait amusant, d'ailleurs, ce terme même d'Europe a d'abord désigné, en gros, la Grèce. Car, entre Grecs et Perses, la limite était presque la même qu'entre Europe et Asie ; et, dans les textes anciens, les deux notions se chevauchent volontiers[49]. La confusion est même assez caractéristique des textes panhellénistes : en disant « l'Europe », Isocrate et ses disciples tendaient à affaiblir le critère ethnique au profit d'un bloc géographique peut-être un peu plus ouvert[50]. Les panhellénistes commençaient avec la plus petite de toutes les « Europe » !

L'Europe d'aujourd'hui est infiniment plus étendue. Elle reste quand même très largement grecque par la culture.

S'il en est bien ainsi, on conçoit que le meilleur moyen de donner quelque réalité aux sentiments qui font ou peuvent faire l'union de l'Europe n'est pas de se livrer à une propagande artificielle au profit d'un sentiment national jusqu'ici inexistant, mais de chercher à approfondir certaines valeurs, à nous en pénétrer et à les promouvoir. Ce serait à la fois imiter la tradition de l'hellénisme et la continuer.

Est-ce à dire que je suggère que l'Europe n'a d'autre refuge qu'une existence culturelle ni d'autres soutiens que des professeurs ? Allons-nous nous faire un idéal d'être la *Graecia capta* ? Assurément pas. Les chances ne se présentent pas pour nous comme pour la Grèce ancienne et son histoire n'est pas la nôtre. Je veux dire seulement que, lorsque nous trouvons dans son héritage des valeurs, qui nous sont historiquement communes et qui ont l'air de nous montrer la voie, il ne faut pas les négliger. Après tout, il y a un marché commun ; mais il faut aussi un esprit commun, non seulement pour que les accords soient plus facilement conclus, mais pour qu'ils soient plus stables et plus larges. Aussi bien, il y a ces beaux mots de κοινωνία et de φιλία, de communauté et d'amitié, si volontiers associés par Platon ; ils n'ont pas toujours correspondu à des réalités de l'histoire grecque ; mais le halo qui les entoure n'a rien perdu de son rayonnement intérieur. Libre à nous de nous tourner vers eux pour recommencer l'expérience dans des conditions nouvelles ; et, comme disaient les Grecs : « À la bonne fortune ! »

NOTES DE L'ÉTUDE N° 13

1. La Grèce avait des dialectes différents mais dès le IVe siècle ces différences elles-mêmes tendaient à s'effacer au profit d'un parler commun, la κοινή. Pour l'Europe, même si les institutions créées jusqu'à présent reconnaissent en général quatre langues (ainsi, pour le Conseil de l'Europe : français, anglais, allemand, néerlandais), il y a, en fait, treize langues principales. [Note de 1964.]
2. Cf. d'ailleurs son rôle dans *Lysistrata*, 1128-1134. Les critères indiqués par Platon, *Lois*, 708 c, correspondent à ceux d'Hérodote.
3. Même en 412, en pleine guerre du Péloponnèse, on respectait la trêve isthmique : Thuc., VIII, 9-10. On rapprochera l'usage, rappelé au début du IVe siècle par les Éléens, de ne pas consulter le dieu « à l'occasion d'une guerre de Grecs à Grecs ».
4. Cf. Hérodote, V, 22. La signification de ces fêtes n'a pas échappé au grand panhelléniste qu'était Isocrate. Cf. *Panég.*, 43. Leur rôle survivra jusque dans la création de la ligue de Corinthe puis, plus tard, dans son renouvellement par Démétrios (302), ou dans la proclamation de la liberté grecque par Flaminius (195).
5. Sur le « panhellénisme » de Cimon, cf. Plutarque, *Périclès*, 16 et 18.
6. Certains placent aussi à cette époque une décision faisant d'Éleusis un centre religieux pour tous ; mais le décret en question semble plus tardif.
7. Hérodote, VIII, 3.
8. Cf. l'ambition dévoilée dans Thucydide, à VI, 18, 4 et 90, 3.
9. Voir, dès le début de la guerre, à I, 68, l'idée qu'Athènes « viole les droits de la Grèce » ; cf. II, 8, 4 ; III, 63, 3 ; IV, 85, 1 ; 108, 2 ; 121, 1.
10. II, 64, 3, avec l'effet stylistique délibéré : Ἑλλήνων τε ὅτι Ἕλληνες πλείστων δὴ ἤρξαμεν.
11. Rapprocher τῶν φύσει πολεμίους dans la Vie de Cimon,

18, et ἐζ ἀνάγκης καθεστῶτας πολεμίους dans Thucydide, III, 40, 3.

12. C'est en effet un des points communs entre la Grèce ancienne, et l'Europe contemporaine que, par suite de la structure même de la Cité-État, jamais la première n'envisagea que l'association, plus ou moins volontaire.
13. Ce seul point commun n'établissant, bien entendu, aucune espèce d'assimilation entre les deux tentatives.
14. Un décret, imposant son usage chez tous les alliés, fut pris en 435 ; et, pendant la guerre, les particuliers furent priés d'apporter et d'échanger leurs monnaies.
15. Cf. Thuc., IV, 20, 4 : τό γε ἄλλο Ἑλληνικὸν ἴστε ὅτι ὑποδεέστερον ὂν τὰ μέγιστα τιμήσει ; cf. Aristophane, *Paix*, 1082 : ἐξὸν σπεισαμένοις κοινῇ τῆς Ἑλλάδος ἄρχειν. On retrouve le même caractère dans le dualisme de 371, tel que le présente Xénophon, *Helléniques*, VI, 3.
16. Cf. Meredith-Hugill, *Panhellenism in Aristophanes* (Chicago, Univ. of Chicago Press, 1936), qui d'ailleurs nous semble forcer les choses.
17. I, 23, 6 ; cf. 88 ; 118, 2 ; on rapprochera aussi l'argument utilisé par les Corinthiens à I, 122, 2.
18. Les Corinthiens disent (I, 68, 1) : « Vous voyez bien les uns asservis, les autres en butte à leurs menées », puis (I, 123, 1) : « Tous les autres pays grecs lutteront à vos côtés, les uns par crainte, les autres par intérêt » ou encore (I, 124, 3) : « [Athènes] commande aux uns et y songe pour les autres. » Et Thucydide précise lui-même (II, 8, 5) : « Telle était la colère que la plupart nourrissaient contre Athènes, les uns parce qu'ils voulaient échapper à la domination, les autres parce qu'ils craignaient de s'y voir soumis » ; cf. encore VI, 18, 3, et VII, 56, 2.
19. Cf. J. de Romilly, « *Eunoia* in Isocrates, or the political importance of creating good-will », *J.H.S.*, 78 (1958), p. 92-101.
20. *Paix*, 134.
21. On trouve dans l'analyse politique de Thucydide d'autres principes plus précis encore. G. Ténékidès, dans *La notion juridique d'indépendance et la tradition hellénique*, p. 157, trouve ainsi chez lui l'éthique de la notion moderne de sécurité collective (cf. I, 69, 1, VI, 80, 2).
22. Peut-être en 388 et 384. L'authenticité du discours de Lysias a été contestée, mais sans raison vraiment décisive.

23. Lysias, *Ol.*, 2 : ἡγήσατο τὸν ἐνθάδε σύλλογον ἀρχὴν γενήσεσθαι τοῖς Ἕλλησι τῆς πρὸς ἀλλήλους φιλίας, cf. Isocrate, *Panég.*, 43.
24. Lysias, *Ol.*, 6.
25. *République*, V. 470 c — 471 c.
26. *Panégyrique*, 173 ; pour la réciproque, *Philippe*, 83-88.
27. Voir par exemple le débat existant en Angleterre sur la priorité à accorder soit à l'union politique européenne soit à l'entente avec l'Amérique. [Mais on rappelle que ces divers exemples n'avaient leur sens qu'au moment où ce texte fut écrit, à savoir en 1964.]
28. Τὸ κοινὸν τῶν Ἑλλήνων συνέδριον.
29. Le statut du sanctuaire de Delphes ressemble par certains côtés à ce que certains proposaient pour la Sarre.
30. Une nouveauté est la défense de modifier le régime politique en cours : c'était une restriction à la liberté des cités, mais ce pouvait aussi être une mesure empêchant les interventions indiscrètes.
31. L'aspiration à laquelle correspondent ces « paix communes » évoque, fût-ce de loin, la grande *pax romana* de l'avenir : cf. A. Momigliano, *R.F.I.C.*, 1934, p. 514.
32. *La notion juridique d'indépendance et la tradition hellénique : autonomie et fédéralisme aux* V^e^ *et* IVe *siècles avant J.-C.* (1954) ; *Droit international et communautés fédérales* (1956). [La phrase de notre texte est antérieure à la mort de Georges Ténékidès.]
33. Cf., pour un bon résumé, Tarn-Griffith, *Hellenistic civilization* (1952), p. 66-79.
34. Sans doute l'unité économique qui avait fait la cité n'était-elle point encore vraiment dépassée au profit d'une économie nouvelle.
35. Thèbes est la seule grande cité appartenant à une confédération de ce genre — mais elle en était le centre. On n'imagine pas une telle communauté avec deux cités d'importance équivalente.
36. Cf. A. Aymard, *Les assemblées de la confédération achaïenne* (1938). Voir aussi J.A.O. Larsen, *Representative Government in Greek and Roman History* (1955). On relèvera d'ailleurs que les premières ligues ayant adopté un système représentatif au IIe siècle ne semblent pas l'avoir fait pour des raisons de trop grande extension géographique : Tarn-Griffith, *op. cit.*, p. 77.
37. Cf. Duroselle, dans l'*Encyclopédie Française*, p. 11 de

cette section : « Le supra-État européen devrait se constituer sans qu'il y ait au préalable une super-nation, ce qui n'exclut pas définitivement, pour l'avenir, l'avènement d'un sentiment national européen. »

38. Ce caractère de l'État est d'ailleurs ce qui permit l'extension territoriale des Romains, cf. Claude Mossé, *La fin de la démocratie athénienne* (Paris, PUF, 1962), p. 478, disant que, pour les Romains, « l'État constituait déjà une entité, un concept extérieur à la communauté civique et que symbolisait l'*imperium* des magistrats. Dès lors, il était possible d'étendre indéfiniment, en théorie du moins, les limites territoriales de la cité ».
39. Ainsi, toujours dans Euripide, le passage d'*Oreste*, 487, donnant cette définition du caractère grec : « ne pas vouloir être au-dessus des lois », ou bien celui d'*Iphigénie à Aulis*, 1401, opposant Grecs et Barbares : τὸ μὲν γὰρ δοῦλον, οἱ δ'ἐλεύθεροι.
40. Cf., entre autres, Thucydide, III, 59 ; IV, 97 ; Euripide, *Héraclides*, 1010 ; *Suppliantes*, 311, 526, 671 ; Plutarque, *Vie de Périclès*, 29 ; Diodore, XIII, 23-24 ; XIX, 63, etc.
41. Cf. d'ailleurs Thucydide, I, 6, 6 : « Le monde grec ancien vivait de manière analogue au monde barbare actuel. »
42. Cf. Euripide, *Oreste*, 485 : « Ta vie chez les Barbares t'a changé en Barbare » (βεβαρβάρωσαι).
43. C'est dans le même sens qu'il faut comprendre la formule de l'épitaphe d'Euripide appelant Athènes « la Grèce de la Grèce », Ἑλλάδος Ἑλλάς.
44. Cf. son progrès à Chypre, dans *Evagoras*, 47, 50.
45. Le mot est d'Isocrate. Mais Thucydide pense à quelque chose d'équivalent lorsqu'il explique la grandeur d'Athènes en disant (II, 36, 4) : « Mais quels principes de conduite nous ont menés à cette situation, avec quel régime et grâce à quels traits de caractère elle a pris son ampleur, voilà ce que je montrerai... » Et il poursuit bientôt : « Nous pratiquons la liberté, non seulement dans notre conduite politique, mais pour tout ce qui est suspicion réciproque dans la vie quotidienne... »
46. Et, de façon pratique, il y eut, à défaut de « panhellénisme » un « philhellénisme ». L'éducation romaine se fit sous l'inspiration grecque ; bientôt, Hadrien voulut être le « restaurateur de la Grèce », le « second fondateur d'Athènes ». Et l'on sait assez que d'autres époques connurent des élans de philhellénisme non moindres.

47. Pour la dernière forme de cet article, cf. *Œuvres*, tome D : *Variétés*, vol. I. Nous aurions d'ailleurs tendance à donner à l'héritage grec une signification moins purement intellectuelle.
48. Cf. B. Baudry, *Euro-America* (1962), p. 200 : « Il n'existe pas de mystique occidentale parce qu'il ne peut pas en exister, parce que la notion d'une mystique occidentale est une contradiction dans les termes. »
49. Cf. Hérodote, I, 4.
50. Cf. A. Momigliano, « L'Europa come concetto politico presso Isocrate e gli Isocratei », *RFIC*, 1933, p. 477-487. Pour cette importance de l'Europe, chez Isocrate, on se reportera, plus particulièrement, à *Hélène*, 51 ; *Panégyrique*, 179-180, 187 ; *Philippe*, 132, 137, 151-152 ; *Panathénaïque*, 47.

14

LA GRÈCE ANTIQUE ET L'EUROPE*

Le mot « Europe » est un mot grec. Et il a été employé, dès le IVe siècle avant J.-C., pour désigner la Grèce, par opposition avec les royaumes asiatiques groupés sous l'autorité du roi de Perse. La coupure géographique entre Europe et Asie passait par les détroits et la mer de Marmara. Mais l'opposition n'était pas seulement géographique : au cours de l'affrontement, en 490 et 480 avant J.-C., les Grecs prirent conscience d'une réelle opposition de culture entre leurs adversaires et eux ; et ce sont bel et bien les valeurs européennes qu'ils ont alors incarnées, revendiquées, et définies, pour les siècles à venir.

Le point de départ en est la liberté politique de citoyens responsables. Nous possédons deux témoignages éloquents d'hommes qui ont vécu les guerres médiques dans leur jeunesse et ont écrit à leur sujet quelque temps après : le poète tragique Eschyle, dans la tragédie des *Perses*, qui est de huit ans après la guerre, et l'historien

* Conférence faite à l'Institut français de La Haye, le 28 janvier 1991.

Hérodote, qui en a écrit l'histoire. Or tous deux ont prêté au souverain de Perse un même étonnement devant cette liberté grecque. Chez Eschyle, c'est la mère du roi qui s'informe et s'entend répondre que les Athéniens « ne sont esclaves ni sujets de personne ». Et pourtant, ils combattent le roi ! Mieux encore : elle a rêvé que son fils voulait atteler à son char deux femmes, l'une grecque et l'autre barbare — évidemment la Grèce et l'Asie ; or, si cette dernière accepte volontiers le joug, l'autre femme, elle, trépigne, brise le joug, renverse le roi. Ce rêve — annonciateur — ouvre la tragédie. Chez Hérodote, c'est le roi lui-même qui interroge un Lacédémonien et ne peut comprendre comment les Grecs, qui sont si peu nombreux, pourraient résister à ses troupes, s'ils n'ont pas de maître qui les contraigne à obéir ; le Lacédémonien explique alors que les Grecs ont pourtant un maître auquel ils obéissent en tout — la loi.

Des hommes soumis à un maître ou des hommes groupés en collectivités responsables : voilà donc la grande distinction. Tout le reste en découle, et tout le reste est déjà présent dans ces deux premiers textes. Les Barbares se prosternent devant leur maître : les Grecs ne se prosternent que devant les dieux (on retrouvera ce contraste, des siècles plus tard, entre des voyageurs anglais et la Chine !) De même les Barbares, habitués à obéir contre leur gré, n'ont pas de vrai courage, ni de vraie discipline. Les Barbares, peu habitués à respecter autrui, seront cruels, à l'exemple de leur maître ; au contraire, les Grecs, habitués à confronter leurs droits respectifs, seront portés à user de justice, et même à respecter, à côté des lois écrites, des lois non écrites, imposant un certain respect des gens, lois qu'ils appelaient volontiers « helléniques ».

Il va de soi que les Grecs n'agissaient pas toujours conformément à ces principes. Mais, en les définissant, en les analysant, ils ont ouvert la voie à ce qui allait devenir, politiquement et moralement, la marque de notre Europe.

Politiquement, l'idéal de liberté défini par les Grecs a pu s'appliquer à des régimes divers, puisque Sparte était une oligarchie et Athènes une démocratie. Elles se firent même la guerre. Mais comment ne pas s'arrêter au mot de « démocratie » ? Comme « Europe », c'est un mot grec, inventé, forgé par les Grecs, au Ve siècle avant J.-C. Et, si d'autres régimes du même genre ont pu exister dans d'autres parties du monde avant cette date, les Athéniens sont les premiers à en avoir défini l'esprit : la participation de tous aux affaires communes, l'égalité devant la loi, la compétition des meilleurs en vue du bien public... Ils ont écrit des traités ; ils ont discuté ; parfois en plein théâtre, sur les mérites respectifs des divers régimes ; entre autres ils ont dit les torts monstrueux de la tyrannie et les dangers de la dictature populaire. L'Europe d'aujourd'hui se fait autour de ces idées, autour de ces mots.

Encore s'il ne s'agissait que de ces formes fixes, définies une fois pour toutes et que chacun utilise à son gré ! Mais c'est d'une prise de conscience bien plus profonde qu'il s'agit. Et, à travers le latin quand ce n'est pas directement, celle-ci n'a pas cessé de nourrir nos modes de pensée européens. Car les Grecs, même s'ils ne suivaient pas toujours les règles qu'ils découvraient, les ont du moins formulées et analysées, dans tous les détours de leurs œuvres ; et la pensée européenne s'est formée de leur réflexion à propos de la vie démocratique — ainsi sur le rôle du respect des lois, celui de la tolérance, les précautions à prendre pour respecter la liberté et l'anonymat d'un vote, sur la question des châtiments et celle des récompenses, sur les dangers de l'arbitraire, ou les devoirs de l'hospitalité ; tout cela est sorti des analyses de l'Athènes du Ve siècle, et par l'intermédiaire de Cicéron, puis des érudits de la Renaissance ou des philosophes qui ont suivi, est devenu la matière même de la conscience politique de l'Europe — et, sans doute, ce qu'elle peut apporter de meilleur au monde.

À cela s'ajoute enfin que ces diverses idées, liées à la prise de conscience de la liberté politique, se sont trouvées associées chez les Grecs à des modes d'expression destinés à les perpétrer. Habitués au mythe, les Grecs les ont incarnées dans de grandes figures, prêtes à devenir des symboles vivants. Thésée le roi libéral et libérateur, Andromaque, qui ferait à tous détester la guerre, Antigone, la jeune fille qui se dressa seule pour défendre certaines valeurs, Socrate, la victime d'une condamnation injuste, qui meurt si sereinement, et, dont la mort soulève encore, dans notre siècle gorgé d'horreurs, l'indignation. La Grèce n'a pas seulement fourni les idées, mais le support qui assure leur rayonnement.

Mais ceci nous mène déjà à un second aspect du rôle de la Grèce antique dans notre Europe d'aujourd'hui. Car la politique n'est pas tout. Avant les guerres médiques, il y avait eu Homère, Hésiode, Sapho, Pindare ; il y avait eu tous les philosophes présocratiques. Et, dans ce soudain sursaut qui lui fit inventer et définir la démocratie, Athènes inventait également tous les genres littéraires, toutes les formes de pensée dont nous vivons encore aujourd'hui. Elle inventait la tragédie et la comédie, l'histoire, la rhétorique, et une nouvelle philosophie, centrée sur l'homme — sans parler du nouvel esprit scientifique qui régnait alors.

Ces genres, ces modes d'expression, ces problèmes ont séduit Rome, qui a tout imité. À Rome toutes les personnes cultivées parlaient grec. C'est en grec que César mourant s'est adressé à Brutus. Et c'est auprès des maîtres grecs que les philosophes et les orateurs latins se sont formés.

Chaque peuple qui accédait à la culture latine, était donc, même sans le savoir, indirectement nourri de grec. D'ailleurs, chaque fois que, en Europe, le latin reprenait de l'importance, le grec ne tardait pas à revenir à ses côtés, si bien qu'il a joué doublement dans la formation des divers pays d'Europe : de façon directe et indirecte.

Tout ceci est connu et évident. Mais on ne réfléchit pas toujours assez à ce que cela implique pour le rôle actuel que peut avoir en Europe la Grèce antique et, par voie de conséquence, la Grèce tout court.

Il n'a été question jusqu'ici que d'une tradition que l'on pourrait appeler verticale : la Grèce, à un moment donné, a inventé et nous a légué le fond premier de notre culture européenne. Mais, parce que cette tradition s'est exercée, plus ou moins profondément, sur des peuples divers, elle a suscité ainsi une parenté entre eux, qui constitue comme un lien horizontal, et indélébile.

Prenons l'enseignement : le latin et le grec, dans des proportions inégales, et avec des débuts placés plus ou moins tôt, ont joué un rôle dans tous les pays d'Europe. Cela n'est pas vrai seulement des pays qui ont un temps, parlé le latin ou le grec. Les érudits des Pays-Bas ont toujours été célèbres ; et on l'ignore peut-être, mais en Finlande, il existe, à la radio, des émissions régulières, qui se donnent en latin (le latin n'est pas le grec ; mais le latin laisse voir le grec en transparence). Or il se crée ainsi entre gens de divers pays une parenté de souvenirs, une fraternité d'expérience commune et une entente à demi-mot, dont on ne mesure pas assez le prix. J'ai raconté ailleurs l'émotion qui m'a saisie quand, pendant la dernière guerre, un juif allemand hébergé dans un camp en Provence, et ne sachant pas du tout le français, a compris que j'étais helléniste : alors, cet homme de cinquante ans, bonnetier à Berlin, fit un effort visiblement intense, et finit par retrouver, et me réciter, les deux premiers vers de l'*Odyssée* : nos destins séparés se rejoignaient par la grâce d'une enfance tout à coup commune.

D'autre part, il est clair que la littérature de tous ces pays d'Europe a été et est encore largement nourrie de grec. On peut passer sur le cas des pays latins prédisposés de tout temps à poursuivre une culture qui était la leur. On peut même passer sous silence le cas qui nous touche le plus, à savoir celui de la France. Malgré le discrédit où est tombée l'étude des textes du passé, chacun sait ce que fut la Renaissance, comment, dans toute la suite des siècles, on vit Ronsard imiter Pindare, Racine Euripide, en attendant Leconte de Lisle, puis Valéry ou Giraudoux. Mais il faut penser qu'il en allait de même ailleurs que, Shelley ou Keats, mais aussi Hobbes, sont pénétrés de grec, que Goethe ou Hölderlin mais aussi Nietzsche ne se comprennent pas sans le grec et que, de nos jours encore, Peter Handke est helléniste en même temps qu'écrivain et dramaturge. D'ailleurs la Renaissance quand elle s'est faite, s'est faite sans frontières. Érasme était de Rotterdam, mais il vécut en France, en Angleterre, en Italie, à Bâle. Les humanistes étaient partout chez eux, apportaient partout la culture grecque, prenaient même parfois des noms grecs, comme ce Schwarzerd que l'on connaît sous le seul nom de Melanchton.

On objectera que ce sont là des érudits, des exceptions. Mais qui veut étudier le thème de *Médée* rencontre des pièces qui se succèdent dans tous les pays de l'Europe, et de même pour les *Antigone* diverses, qui n'ont pas de patrie. Le Palais de la Musique d'Athènes avait consacré récemment tout un mois de représentations et de conférences relatives à *Électre*. Il y avait là, bien entendu, les pièces-mères, à savoir les trois tragédies de la Grèce ancienne, mais il y avait aussi des tragédies classiques, des opéras, de la musique très moderne (sans parler des films). Toutes ces œuvres venaient se rejoindre à l'endroit même d'où l'inspiration était partie ; mais le résultat était aussi une grande fraternité polyglotte entre fervents d'un même mode de pensée. Athènes redevenait le lieu du rassemblement.

Ceci permet de mesurer les deux sottises dont nous somme aujourd'hui menacés. Dans l'enseignement des divers pays européens, on court aux échanges rapides, faisant apprendre aux enfants les langues dans leur diversité, avant de leur fournir ce qui demeure commun à la plupart. Or un petit Français apprend bien plus facilement l'allemand ou l'espagnol s'il a fait des langues anciennes ; et il comprend bien mieux beaucoup d'œuvres anglaises ou italiennes s'il connaît, fût-ce un peu, leurs modèles antiques.

Mais, par-delà ces problèmes d'enseignement, la place même de la Grèce, aujourd'hui, peut être assez scandaleusement méconnue. On entend parler d'histoires de l'Europe qui feraient tout partir de Rome, et oublieraient les origines. Et l'on s'étonne d'une pareille injustice. Les héritiers de l'ancien empire romain d'Occident oublieraient-ils que le monde, alors, s'était scindé en deux moitiés complémentaires et qu'il existait un empire romain d'Orient, où l'on parlait le grec ? L'a-t-on oublié parce que la Grèce a été longtemps asservie et tenue à l'écart ? A-t-on oublié du même coup les pays voisins où le grec a pénétré directement, avec l'orthodoxie ? Il y a longtemps que la Grèce a retrouvé son indépendance, et la langue grecque se continue en notre temps, plus fidèlement que langue au monde. Qui plus est, avec ses prix Nobel réitérés, la Grèce a renoué avec la grande tradition du passé.

On a ici parlé de ce passé, si essentiel pour notre Europe, mais il n'y a jamais eu de coupure : ce passé vit encore et commande notre avenir.

15

LE GREC DANS NOTRE VIE ACTUELLE*

Mon intention n'est pas, aujourd'hui, de vous entretenir sur la place du grec dans notre enseignement actuel : je traite ce sujet assez souvent ailleurs — à la fois pour déplorer la crise que subit cette étude et dire l'espoir avec lequel nous luttons pour la préserver. Mon thème de ce soir sera plus général. Je voudrais en effet montrer que tous — que nous ayons ou non fait du grec —, nous sommes à chaque instant de notre vie pénétrés par le grec ancien et inspirés par lui ; dans les mots que nous employons, les idées que nous discutons ou les réactions qui sont les nôtres, nous en vivons sans le savoir. C'est cela que je voudrais vous montrer aujourd'hui, en partant du simple vocabulaire et en choisissant deux domaines qui ne sont pas négligeables : d'une part les sciences et les lettres, de l'autre la politique. Et nous tenterons de voir ce qui caractérise cet apport grec par rapport aux élaborations postérieures.

---

* Conférence faite aux Amis des Lettres, le 10 mai 1994.

*

Toute notre vie intellectuelle, toute la recherche, toutes les sciences ont gardé leurs noms grecs, parce que, pour la civilisation occidentale, les Grecs les ont inventées.

Soudain, avec eux, un éventail s'ouvre : toute la série des connaissances s'organise.

Ne parlons d'abord que des noms hérités du grec. Les uns sont en *-ique* (j'allais dire en *-ikos*), selon le suffixe dont les Grecs se servaient pour classer. Voyez : les « mathématiques ». Voyez : la « physique ». Et, pour les sciences nouvelles, nous continuons. Voyez l'« électronique » ou l'« informatique ». À l'intérieur de ces disciplines nouvelles, les termes techniques (« technique », mot grec !) seront refaits, en anglais, sur des racines anciennes, comme « terminal » ou « logiciel ». Mais le grec définit l'esprit, le principe, le type de connaissance dont il s'agit. Tel est l'apport grec, acquis à jamais.

Quand ce n'est pas un mot en *-ique*, ce peut être un mot formé sur le *logos* grec, la réflexion qui rend compte. Ils existaient en grec ancien, mais ils étaient rares, et leur sens a parfois dévié (il y avait théologie, physiologie, météorologie...) ; mais nous nous sommes précipités sur ces traces, avec la pathologie et la cosmologie, mais aussi la sociologie et la psychologie : les modèles grecs ne sont pas passéistes !

Mais attention ! Si l'on emprunte au grec des formations de mots, c'est parce qu'on lui a emprunté le principe des sciences, du désir même de la connaissance. En ce Ve siècle où surgissent beaucoup de ces noms naissaient, en fait, les *technai*, comme une aspiration irrésistible à la maîtrise du savoir. Ces noms ont été inventés dans l'Athènes du Ve siècle quand naissaient les études elles-mêmes, quand les *technai* rivalisaient entre elles dans un zèle éperdu pour la connaissance et la clarification. Cet essor aboutit, au siècle suivant, à Aristote : nous vivons, aujourd'hui encore, sur cette lancée.

Et cette aspiration à la connaissance valait aussi pour les sciences de l'homme. J'ai déjà cité pour la formation des termes, la psychologie et la sociologie, qui n'avaient alors ni le statut ni l'importance qu'elles ont pris depuis. Mais il y en a trois autres qui ont pris dans l'Athènes du Ve siècle un développement sans pareil : l'histoire, la philosophie, la rhétorique. La rhétorique (encore un mot en *-ique*) est liée à l'existence d'un régime politique dans lequel la parole est essentielle ; mais, très vite, on l'étudia sous ses aspects techniques ; on découvrit la logique, la dialectique (*-ique*, toujours !). Par là, nous touchons déjà à la philosophie, ce beau mot grec, et à ses diverses parties, éthique ou métaphysique (*-ique*, toujours !). Quant à l'histoire... ah ! son nom est éloquent ! « Histoire », ἱστορίη en grec, c'est simplement « l'enquête ». Mais, parce qu'Hérodote et Thucydide ont choisi de mener leur enquête sur des faits politiques que l'on pût connaître et comprendre, oui, pour cette raison, nous appelons tous « histoire » ce qu'ils ont eu l'idée de pratiquer, et que nous pratiquons encore.

Et il ne faudrait pas croire qu'en nous laissant ces disciplines et ces ambitions, la Grèce nous ait laissé des cadres vides. À l'intérieur de chacune interviennent des concepts, des problèmes, des arguments, qui ont été revus ou modifiés au cours du temps, mais dont la plupart servent toujours. Les Grecs ont parlé des irrationnelles en mathématiques, des empires et des hégémonies en histoire ; ils se sont exercés à définir les différentes parties de l'âme humaine, les différents aspects de l'amour, du beau, du bien. Comment vivrions-nous, penserions-nous sans ces notions et ces problèmes, même si nous y revenons pour les retoucher ou les compléter ?

J'ajoute que, contrairement à d'autres peuples, ils ont voulu que ce savoir fût ouvert à tous, contrôlable, discutable, démontrable. Leur médecine a cessé de reposer sur des secrets familiaux pour devenir objet d'enseignement et de controverse. Leur philosophie a pris la forme du dialogue. Parce qu'ils ont donné à leurs recherches ce tour universel, ils les ont rendues accessibles à tous, aux Romains, aux Français d'autrefois, à nous. Quiconque pense pense en grec, même s'il ne s'en doute pas.

Or il en va de même dans les lettres. Un seul exemple : celui du genre qui convenait le mieux à la cité démocratique — le théâtre. Avoir créé, dans ce même Vᵉ siècle, la tragédie et la comédie, cela compte. Et nous avons gardé les noms de ces deux genres littéraires, même quand ces noms ne nous sont guère clairs. D'ailleurs « théâtre » est un mot grec, qui désigne le spectacle ; « odéon » est aussi un mot grec, qui désigne le chant ; « drame » aussi est un mot grec, qui désigne l'action. De même la scène et l'orchestre, bien que leur rôle ait changé. De même encore prologue, épisode, péripétie, protagoniste. Notre théâtre n'est plus celui du temps de Périclès, mais, ici encore, nous avons gardé l'armature, les genres, les concepts. Et on apprécie bien la nature de cet apport, si l'on regarde les mots non grecs qui sont intervenus. Ils désignent des éléments nouveaux, comme la farce, ou l'opéra (le premier de ces mots apparaît au XIIIᵉ siècle), des distinctions nouvelles comme l'acte, des réalités nouvelles, comme le parterre ou le balcon — voire l'acteur.

Mais de même que dans les sciences, la Grèce nous a transmis, outre les noms, des concepts et des méthodes : il nous est resté du théâtre grec beaucoup plus que des cadres vides. Car ce théâtre a traversé les siècles sous la forme de grands mythes et de héros.

Le théâtre français du XVIIe siècle, comme plus tard celui de ma jeunesse, a vécu de ces mythes. Comment parler de la guerre, sans la guerre de Troie, de la captivité et de l'exil sans Hécube et Andromaque, de la culpabilité sans Oreste, de l'ironie du sort sans Œdipe, de l'amour sans Phèdre, de la rage jalouse sans Médée ?

C'est fini, direz-vous. Voire.. Nous n'écrivons plus beaucoup de théâtre sérieux et tragique, en France. L'absurde a un temps pris la place du tragique ; et depuis, il y a une sorte de silence. Mais attention ! Si la veine semble, en nous, épuisée, qui n'a vu des films, des films célèbres sur Médée, sur Iphigénie, sur Électre ? Je parle des quinze ou vingt dernières années. Et je signale qu'à l'heure actuelle, ce mois-ci, tout autour de Paris, se jouent onze pièces antiques. Onze en même temps !

Et pourquoi ces survies sans cesse changeantes ? Pourquoi, en notre temps où les études grecques sont si décriées, cette ruée des petites troupes ou des éditions à bon marché vers ces mêmes tragédies ? Parce qu'au Ve siècle, les Athéniens qui fondaient toutes ces sciences vouées à la connaissance du monde, ou de l'homme consacraient de même leur théâtre à l'analyse de grandes situations humaines, qu'ils les traitaient pour tout le peuple, les considérant sous l'aspect le plus universel, en y voyant toujours le rapport de l'homme avec les dieux ou avec la justice ; chaque personnage devenait symbole, chaque tragédie exemple.

Cela ne veut pas dire qu'il s'agisse d'un théâtre engagé : au contraire, tout théâtre engagé risque de se périmer avec le changement des circonstances. Cela veut dire plutôt que les personnages sont ramenés à leurs lignes essentielles et les thèmes mis en relief par de grands débats ou par les commentaires du chœur.

Je citerai un seul exemple : *Antigone.* Voilà une pièce qui a été imitée, reprise, récrite, dans tous les pays et à toutes les époques. Or la comparaison est éloquente. Rappelez-vous Anouilh, sa « petite Antigone », ses jeux d'enfant, ses traits d'humeur, de tempérament : rien de tel dans Sophocle. Là, Antigone est humaine, certes — et même si elle accepte de mourir, elle regrette la vie et se lamente au moment de la quitter (tous les héros grecs — contrairement à nous — aimaient la vie !). Mais elle n'agit pas par tempérament ni par humeur. Nous ne savons rien de sa vie concrète, de ses jeux. Nous ne savons même rien de son amour pour Hémon, bien qu'Hémon soit un des personnages de la pièce ; mais, dans la pièce de Sophocle, ils ne se rencontrent que dans la mort. Nous ne savons d'Antigone, que le principe sacro-saint, auquel elle obéit, auquel elle ne peut pas ne pas obéir. Et elle l'énonce en termes forts, généraux, éclatants. Tout le monde a entendu citer les vers, sur les lois divines, qui ont plus d'autorité que les décrets du souverain : « Je ne pensais pas », dit-elle à Créon, « que tes défenses à toi fussent assez puissantes pour permettre à un mortel de passer outre à d'autres lois, aux lois non écrites, inébranlables, des dieux ! Elles ne datent, celles-là, ni d'aujourd'hui ni d'hier, elles sont éternelles et nul ne sait le jour où elles ont paru. Ces lois-là, pouvais-je donc, par crainte de quelque homme, m'exposer à leur vengeance chez les dieux ? » (454 et suiv.)

Mais ce n'est pas tout : dans la pièce, tous les aspects des problèmes posés par sa conduite sont discutés dans des débats aussi généraux que le texte cité à l'instant. On voit ainsi s'affronter la prudence et l'audace (Antigone et sa sœur), l'exigence politique et le principe moral (Créon et Antigone), mais aussi l'autorité du souverain et les droits de l'opinion (Créon et Hémon). Car j'ai dit qu'Antigone agissait au nom d'un principe : son jeune fiancé, Hémon, lorsqu'il plaide pour elle, plaide aussi au nom d'un principe. Il ne parle pas de son amour ; il ne supplie pas. Contre son père qui veut être obéi en maître, il soutient l'opportunité d'écouter les avis du peuple. Il lui dit qu'il est sage de ne pas s'obstiner. Il lui dit même, en un bref dialogue vers à vers : « Il n'est point de cité qui soit le bien d'un seul — Une cité n'est donc pas la chose de son chef ? — Ah ! tu serais bien fait pour commander tout seul dans une cité vide ! » (737 et suiv.) : les débats, dans le théâtre grec, font le tour des thèses, confrontent les arguments, en des termes si généraux que les problèmes traités se mettent d'emblée à nous concerner tous.

Et de même que le contraste avec Anouilh permettait de mieux saisir l'originalité de la présentation si forte et schématique des personnages chez Sophocle, de même la comparaison avec les modernes fait ressortir ce que ces débats d'un ton si élevé et si décanté ont de remarquable. Pas un des imitateurs modernes d'*Antigone* ne les a repris. Quand Hémon parle, chez les modernes, il parle d'amour ; les grandes tirades ont disparu ; et même un auteur qui se tient très proche du texte, comme Brecht, y fait des coupures saisissantes — comme de supprimer les quelques vers que je vous ai lus sur les lois non écrites des dieux. Pourquoi ? Oh ! pour des raisons diverses, dont certaines sont d'ordre littéraire ; mais avant tout, je crois, pour les deux raisons que voici : aucun moderne ne se situe plus à un niveau si élevé et n'aspire à tant de lucidité ; et d'autre part, corollaire, aucun moderne n'arrive à se dégager des circonstances de son temps. Seule l'*Antigone* de Sophocle, la première, reste, comme un symbole tout pur et toujours valable.

Ceci est, à mon sens, un des traits caractéristiques de l'esprit grec d'alors. J'ai parlé tout à l'heure de Thucydide. Je rappelle — pour le plaisir — la fière déclaration par laquelle il entend, dans son récit, transcender le particulier afin d'atteindre à l'universel : « Si l'on veut voir clair dans les événements passés et dans ceux qui, à l'avenir, en vertu du caractère humain qui est le leur, présenteront des similitudes ou des analogies, qu'alors on les juge utiles et cela suffira » (I, 22, 4). Cette déclaration venue en tête d'un livre d'histoire, qui devrait viser le particulier, et être tourné vers le passé, mesure assez la force de cette originalité grecque, qu'*Antigone* nous a laissé percevoir.

Pour en revenir à la tragédie, j'ajouterai qu'elle faisait le tour d'un problème et ne soutenait pas une thèse. Aussi chacun a-t-il tiré l'interprétation dans le sens de son propre engagement. On s'est déclaré pour Antigone, modèle de tous les résistants, ou bien contre Antigone, modèle de toutes les rébellions ; mais on n'a pas manqué de se reconnaître en elle. Et je me souviens d'une représentation d'*Antigone* dans la cour de la Sorbonne en 1940 : la guerre allait commencer, et tout nous parlait de la guerre et de ses victimes, de la dictature et de ses menaces. À cet égard *Antigone*, comme toutes les autres œuvres grecques, est toujours actuelle — actuelle pour nous.

Mais, si elle nous rejoint, elle nous apporte aussi ce dont notre temps a trop souvent — et depuis peu — perdu le sens et le respect — à savoir la confiance en l'homme, la flamme, la ferveur. On peut l'appeler héroïsme, ou bien idéalisme. On peut aussi l'appeler humanisme. Mais ce quelque chose qui rayonne est ce que réclame notre temps, qui lui manque, et que le contact avec le grec, dans notre enseignement, peut lui rendre dans tout son éclat.

*

Mais déjà dans ce que je viens d'évoquer, la politique a commencé de poindre. L'histoire était politique ; la rhétorique allait avec les débats de l'assemblée ou du tribunal ; le théâtre était une manifestation publique, s'adressant à toute la cité ; et, les débats d'*Antigone*, on vient de le voir, tournent en partie à la politique — comme en fait foi le débat d'Hémon et de Créon.

La politique était la vie d'Athènes. C'est très largement la nôtre. Et le fait est que nous retrouvons en ce domaine la même présence du grec que pour les sciences et les lettres.

Les Grecs venaient de découvrir la vie politique et la démocratie ; et ils venaient de forger ces deux mots, voués à un bel avenir. Du coup, ils se mettaient à réfléchir (l'éventail et le classement, ici encore), à propos des divers régimes, cherchant les principes sur lesquels chacun d'eux reposait, leurs avantages, leurs inconvénients. D'Hérodote à Isocrate, ou à Platon et Aristote on retrouve des classements divers, dégageant, pour chaque régime, les formes saines ou malsaines. Encore une fois, par conséquent, le cadre, la forme théorique, le moyen d'analyse. Et voyez : les noms des régimes sont restés les noms grecs : la monarchie et la tyrannie s'il y a un seul maître, pour le bien ou le mal — l'aristocratie ou l'oligarchie, si c'est un groupe ; la démocratie, enfin, d'invention alors récente. Avec ces grandes catégories vont aussi les concepts et les mots, pour dire les défauts à craindre. Quand nous parlons d'anarchie ou de démagogie, nous parlons grec : nous employons des mots dont l'apparition peut être datée, et dont la définition a été donnée à Athènes une fois pour toutes. De même ploutocratie, qui est dans Xénophon. Et, là aussi, nous avons pris la suite, en nous mettant à parler, par analogie, d'énarques et de phallocrates ! Assurément, il y a, aussi, des mots latins dans notre politique. Certains ont été pris parce que la religion avait retenu les mots grecs — à commencer par « église », « l'assemblée » des Grecs, ou le « Seigneur » (*Kyrie eleison*) : la langue a donc adopté les mots latins d'assemblée et de souverain. Elle l'a fait aussi pour les institutions auxquelles Rome a donné son lustre — le sénat, le tribun, le consul — ou pour les notions sur lesquelles reposaient ses valeurs — la République, la loi, la concorde, le civisme — sans parler de mots refaits sur le latin, comme l'État, qui apparaît au XIVe siècle. On n'en est pas encore aux réalités plus modernes, aux noms anglo-saxons, comme le *lobby* ou le *brain-trust.* La comparaison illustre bien la nature de l'apport grec, qui définit l'essentiel et auquel on est obligé de remonter toujours.

Et avec les mots vont les analyses. Toute la réflexion politique sur la démocratie, ses principes, ses dangers, a été structurée par les Grecs ; et nos théoriciens d'aujourd'hui sont obligés, qu'ils le veuillent ou non, de s'appuyer sur elle. Ainsi pour les notions qu'ont peu à peu dégagées les Athéniens d'alors : celle de la liberté, qui se définit par le fait de décider soi-même, celle des lois, qui assurent cette liberté. Même quand les mots sont latins, les analyses sont grecques.

Qui plus est, elles s'imposent à travers les temps, par la simplicité des formulations et par la force des symboles. Car elles s'incarnent, ces idées. Elles vivent. Et voici que, nous retrouvons nos auteurs de tragédie, engagés dans la réflexion politique.

Les tragédies traitent des beautés et des risques de la démocratie. La beauté tient en un seul principe : c'est le peuple qui décide. Ce principe a été défini, affirmé, commenté. Et il est devenu vivant. Même lorsqu'un roi gouverne, ce qui arrive du fait que l'on est dans le mythe, il s'y soumet obstinément. Témoin ce roi des *Suppliantes* d'Eschyle, qui veut bien accueillir les femmes poursuivies, au risque d'une guerre, mais ne veut pas prendre cette décision sans l'avis du peuple : « Pour moi, je ne saurais te faire de promesse, avant d'avoir communiqué les faits à tous les Argiens », ou « Je te l'ai dit déjà : quel que soit mon pouvoir, je ne saurais rien faire sans consulter le peuple » (368-9, 398-400). Mais tous n'ont pas le sens démocratique de ce roi, ni celui de Thésée ou de Démophon à Athènes. Et il faut compter avec l'ambition. Euripide a laissé de l'ambition une peinture extrême et éclatante avec Étéocle, un des deux fils d'Œdipe qui s'entre-tuent pour obtenir le pouvoir. Étéocle avoue cette ambition, il la proclame : « Je monterais au ciel jusqu'au lever des astres, je descendrais sous terre, si j'en étais capable, pour avoir la Souveraineté, de toutes les divinités la plus grande. Ce bien-là, ma mère, je refuse donc de le céder à un autre, au lieu de le garder pour moi. Lâche, qui perd le plus pour recevoir le moins ! [...] S'il veut d'autre façon habiter cette terre, libre à lui ! Mais ce bien-là je ne le lâcherai pas de mon plein gré. Quand je puis commander, serai-je son esclave ? [...] Et maintenant vienne l'incendie et viennent les glaives ! Attelez les chevaux, emplissez les plaines de vos chars ! Je ne lui céderai pas ma souveraineté ; car s'il faut violer la justice, c'est pour la souveraineté qu'il est le plus beau de le faire, la piété doit s'appliquer au reste » (*Phéniciennes*, 504-525).

Cette expression de l'ambition, incarnée dans Étéocle, devait rester célèbre ; César la citait ; d'autres, plus modernes, auraient pu la citer. Mais sa force vient en grande partie de ce qu'elle se détache des circonstances pour chercher l'image abstraite et fondamentale. D'ailleurs Jocaste lui répond en plaidant le partage et l'égalité, en invoquant l'univers, la nuit et le jour, l'hiver et l'été. Le débat peut toucher tout homme, en tout pays. Et, dans les époques où le débat politique est intense, il retrouve une actualité accrue... On en arrive même à voir à travers le mythe ce que donne l'ambition dans une démocratie. Puisque nous vivons en une période continuellement préélectorale, laissez-moi vous citer la conduite d'Agamemnon, vue par Ménélas, dans *Iphigénie à Aulis* : « Lorsque tu aspirais à commander les Danaens contre Ilion — sans le souhaiter en apparence, mais le désirant au-dedans de toi —, comme tu étais humble devant tous ! Tu serrais les mains à la ronde, ta porte était ouverte à tout venant parmi tes compatriotes, tu adressais la parole à tous, l'un après l'autre, qu'ils en aient envie ou non. Par tes manières, tu cherchais à acheter du public cette distinction. Et puis une fois en possession du pouvoir, tu changes de façons... » (337 et suiv.). Les deux frères des *Phéniciennes* peignaient l'ambition sous son jour tragique ; les deux frères d'*Iphigénie à Aulis* l'évoquent sous son jour comique. Qui pourrait prétendre que ces images ne rejoignent pas notre expérience moderne et ne l'éclairent pas ?

Mais les derniers textes que j'ai cités évoquent une réalité politique différente, présente dans tous les textes grecs — la réalité de la guerre.

Les mots, ici, ne sont pas grecs : on ne classe pas, on ne structure pas la guerre. Mais des analyses, oui ! Et des symboles, aussi !

Avec Thucydide, j'ai vécu au contact de ces analyses. Elles aussi sont générales, et semblent à chaque fois nous concerner. Il y en a qui portent sur l'importance de la maîtrise des mers ; et Thibaudet, lors de la guerre de 14, s'émerveillait d'y reconnaître la puissance britannique ; il écrivait alors *La campagne avec Thucydide*. Mais, dans la guerre de 40, comment n'aurais-je pas été saisie de voir ces analyses montrant comment le progrès du conquérant finit par grouper les peuples contre lui et le mène à la défaite ? Comment n'aurais-je pas été retenue par le paragraphe qui analyse la difficulté d'un débarquement dans un pays tenu par l'ennemi ? Comment, aujourd'hui encore, ne serions-nous pas arrêtés par le chapitre qui analyse le désordre moral qu'entraîne la guerre. Ce désordre est pourtant moins atroce que celui qui résulte de la guerre civile, quand deux partis s'affrontent dans chaque ville et que le soutien international vient attiser les luttes. Thucydide a décrit ces massacres entre voisins et parents, et il en a analysé la violence.

Et la pitié de la guerre ? Pour elle, ce sont des symboles qui s'offrent, à chaque instant, dans Homère ou dans les tragédies. Pitié pour les massacres du combat, dans les *Perses*, pitié pour les captives, qui craignent d'être arrachées à leur pays dans les *Sept contre Thèbes*, où le sont effectivement : Hécube, Andromaque... Baudelaire s'écriera en tête d'un poème : « Andromaque, je pense à vous. » Quand les réfugiés arrivent de pays qui s'entre-tuent, chacun de nous peut de même penser à Andromaque.

La guerre ne porte pas un nom grec. Son nom grec, *polemos*, ne se retrouve que dans des dérivés, comme « polémique » ou « polémologie » ; mais toutes nos images fortes de la guerre sont grecques. Et je me souviens qu'un spécialiste de notre époque moderne, Raymond Aron, lorsqu'il reçut son épée d'académicien, y avait fait graver une phrase sur la guerre, une phrase grecque, une phrase d'Hérodote : « Pendant la paix les enfants ensevelissent leurs pères : pendant la guerre, les pères ensevelissent leurs enfants » (I, 87).

Les Grecs auraient voulu — et de plus en plus — éviter les horreurs de la guerre — et d'abord celles de la guerre entre Grecs, que Platon identifiait à la guerre civile. Faire l'unité... Au IVe siècle, ils ont essayé. Ils ont fondé des ligues, des alliances, des fédérations. En fait ils avaient acquis, lors des guerres médiques, le sentiment aigu de ce qui les unissait. Ce n'était pas seulement qu'ils avaient même sang, même langue, mêmes dieux : c'était surtout les usages et en particulier la grande tradition de la liberté politique ; nous le voyons dans Hérodote et dans Eschyle : contre la Perse puissante, dominée par un monarque absolu, les Grecs représentaient des cités d'hommes libres soumis seulement à la loi.

Il serait facile de montrer que cette définition est celle de notre idéal occidental et que par conséquent notre fierté d'Occidentaux, à sa manière, parle grec. Mais on peut aller plus loin : car pour une fois, dans ce domaine des relations entre les États, la Grèce nous a laissé un nom — un nom qui nous occupe fort —, l'Europe.

Europe est le nom d'une ou de plusieurs héroïnes grecques. Il devint nom géographique aux contours assez flous. Cependant, quand Isocrate prône l'union des cités contre le Barbare, quand il donne à cette union une valeur culturelle, il pense à la Grèce, mais il dit « l'Europe ».

Je n'insisterai pas sur ce fait : il ne s'agit pas, comme ailleurs, d'un concept clairement défini. Et pourtant l'extension du mot confirme bien que tout notre présent est parti de Grèce et que le grec survit, affirmé ou latent, intellectuel ou affectif, dans notre vocabulaire, notre pensée, nos émotions.

*

J'ai parlé du grec. Avec notre Association SEL (Sauvegarde des enseignements littéraires), je me bats ardemment et obstinément pour que cesse la crise que connaît cet enseignement et qu'il revive dans nos classes. Vous avez pu, chemin faisant, relever au passage des raisons justifiant cette lutte.

J'ai souvent cité des mots, des mots grecs en français. J'aurais pu en citer pendant des heures. À partir du moment où un jeune a fait un peu de grec, si peu que ce soit, ces mots du français vont devenir transparents. Impossible de se tromper sur leur sens exact, sur leur orthographe. En apprenant du grec, on éclaire le français — qui en a terriblement besoin.

Mais avec les mots allaient les analyses (encore un mot grec « analyse » : c'est le fait de délier les éléments de quelque chose, de le décomposer en ses parties). Le grec, langue de clarté et de raisonnement, s'est employé à chercher en tout la clarté et la raison. D'où la valeur d'entraînement que prend l'étude de chaque phrase et la valeur de modèle que prennent ces réflexions encore simples, visant toujours à l'essentiel. La valeur d'entraînement joue dès la première phrase traduite ; la valeur de modèle et de stimulant s'accroît avec la qualité des œuvres lues, jusqu'aux plus abstraites et aux plus denses.

Et en même temps, j'ai parlé de symboles ; et la valeur de ces symboles n'a pas à être démontrée. C'est grâce à eux que l'élève se forme le sentiment des grandes valeurs humaines et des vertus diverses incarnées dans les personnages du mythe. C'est ainsi aussi qu'il acquiert le sentiment de la variété des temps (ce qui enseigne la tolérance), mais aussi de certaines permanences (ce qui crée une sorte de sympathie humaine plus large). Il y forme sa sensibilité, sa raison, son courage — parce que ces textes entendaient, au seuil de notre histoire occidentale, s'ouvrir à l'homme.

Le grec court sous notre vie quotidienne : il serait barbare de laisser se perdre dans l'obscurité cette source si claire. De toutes les fâcheuses conséquences d'un matérialisme aveugle, ce serait une des plus absurdes. J'ai dit « matérialisme » : il s'agit là d'un mot latin ; mais l'idéalisme, l'idéal, l'idée tout court, voilà encore du grec. Faites-les revivre, Mesdames et Messieurs, et je vous dirai, en grec, que je vous rends grâce — εὐχαριστῶ, qui a donné l'eucharistie, sera mon dernier mot grec et mon dernier mot : il signifie simplement « merci ».

INDEX DES PASSAGES CITÉS OU COMMENTÉS DANS LE LIVRE

On trouvera ici, classées, les références à tous les passages cités ou mentionnés dans le livre ; beaucoup sont plus précises que dans le texte lui-même. En revanche, on a laissé de côté les textes cités ou mentionnés seulement dans les notes, car cela eût alourdi beaucoup pour un maigre avantage.

Les chiffres en italique indiquent les références, les autres les pages du livre. Les chiffres soulignés indiquent des passages comportant des références diverses à un texte étudié de plus près.

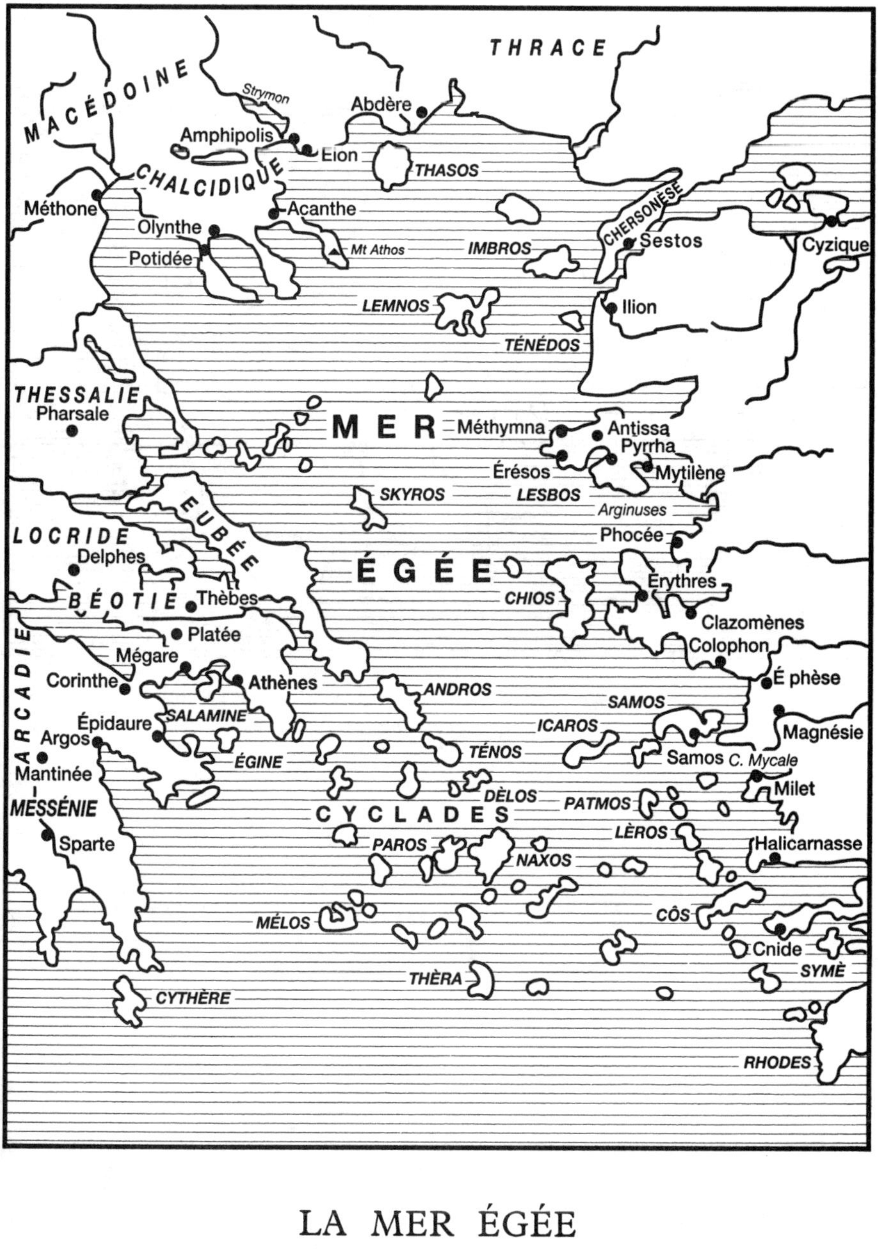
THRACE
MACÉDOINE
Strymon
Abdère
Amphipolis
Eion
THASOS
CHALCIDIQUE
CHERSONÈSE
Méthone
Acanthe
Olynthe
Sestos
Cyzique
Potidée
Mt Athos
IMBROS
LEMNOS
Ilion
TÉNÉDOS
THESSALIE
Pharsale
MER
Méthymna
Antissa
Pyrrha
Érésos
Mytilène
SKYROS
LESBOS
Arginuses
EUBÉE
LOCRIDE
Phocée
Delphes
ÉGÉE
Erythres
BÉOTIE
Thèbes
CHIOS
Clazomènes
Platée
Colophon
Mégare
ARCADIE
Corinthe
Athènes
ANDROS
É phèse
SAMOS
Épidaure
SALAMINE
ICAROS
Magnésie
Argos
TÉNOS
Samos
C. Mycale
ÉGINE
Mantinée
Milet
DÈLOS
PATMOS
MESSÉNIE
CYCLADES
LÈROS
Sparte
PAROS
Halicarnasse
NAXOS
CÔS
MÉLOS
Cnide
SYMÈ
THÈRA
CYTHÈRE
RHODES

LA MER ÉGÉE

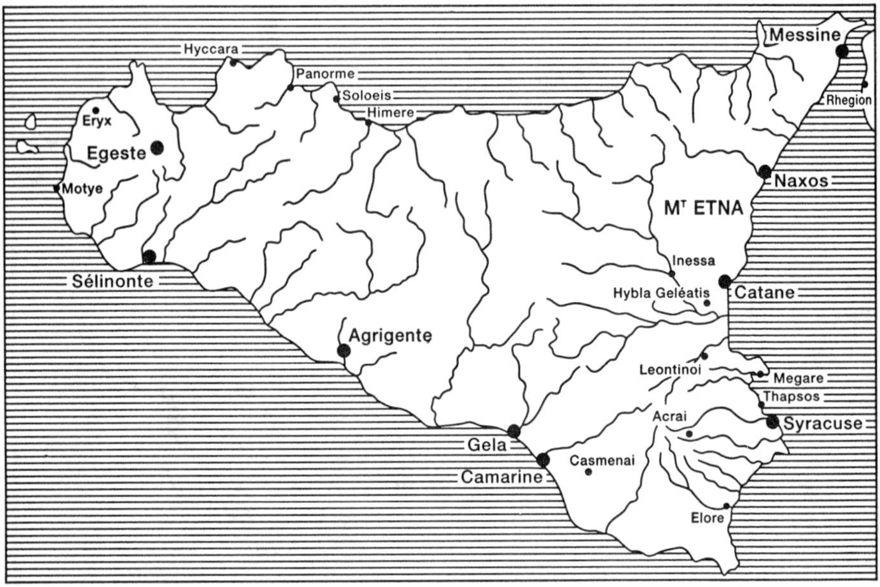
Hyccara
Panorme
Soloeis
Himere
Messine
Rhegion
Eryx
Egeste
Motye
Naxos
Mt ETNA
Inessa
Hybla Geléatis
Catane
Sélinonte
Agrigente
Leontinoi
Megare
Thapsos
Acrai
Syracuse
Gela
Casmenai
Camarine
Elore

LA SICILE

TABLE

III. –LA GRÈCE ET NOUS

PAO éditions
Achevé d'imprimer sur presse CAMERON
dans les ateliers de B.C.I.
à Saint-Amand-Montrond (Cher)
en janvier 1995

N° d'édition : 224. N° d'impression : 1/270
Dépôt légal : janvier 1995

Imprimé en France